KAIFENG JINGJI
LANPISHU 2020

开封经济蓝皮书

2020

高保中 ◎ 主编

企业管理出版社
ENTERPRISE MANAGEMENT PUBLISHING HOUSE

图书在版编目（CIP）数据

开封经济蓝皮书. 2020 / 高保中主编. —北京：企业管理出版社，2021.8

ISBN 978-7-5164-2402-5

Ⅰ. ①开… Ⅱ. ①高… Ⅲ. ①区域经济发展—研究报告—开封—2020 Ⅳ. ①F127.613

中国版本图书馆 CIP 数据核字（2021）第 103287 号

书　　名：	开封经济蓝皮书 2020
作　　者：	高保中　等
策划编辑：	刘一玲
责任编辑：	侯春霞
书　　号：	ISBN 978-7-5164-2402-5
出版发行：	企业管理出版社
地　　址：	北京市海淀区紫竹院南路 17 号　　邮　编：100048
网　　址：	http://www.emph.cn
电　　话：	编辑部（010）68701322　发行部（010）68414644
电子信箱：	Liuyiling0434@163.com
印　　刷：	北京市青云兴业印刷有限公司
经　　销：	新华书店
规　　格：	710 毫米×1000 毫米　16 开本　16.25 印张　220 千字
版　　次：	2021 年 8 月第 1 版　　2021 年 8 月第 1 次印刷
定　　价：	68.00 元

版权所有　翻印必究·印装有误　负责调换

《开封经济蓝皮书2020》编委会

顾　　问　侯　红　高建军
主　　任　付　磊　刘　震
编委会委员（排名不分先后）
　　　　　　　耿明斋　申建立　叶　郁　任青山
　　　　　　　李　兵　刘　杰　高保中　娄春杰
　　　　　　　纪鸿超　曹　孜　朱世欣　陈祥祥
　　　　　　　陈雯娟

主　　编　高保中
副 主 编　娄春杰

前 言

中原发展研究院是在河南省委省政府的支持和关怀下，由省政府研究室、省发展改革委与河南大学共建，依托河南大学运转的一家新型高端智库研究机构。为使地方智库更好地发挥作用，2016年4月，中原发展研究院被聘为开封市政府智库，率先开创了地方智库建设的新模式，拓展了高校智库发展的新空间，打开了融入地方发展的新通道。

为贯彻落实市委市政府的重大战略部署，中原发展研究院与开封市政府发展研究中心共同拟定了包括热点专题和重大战略研究专题等内容的系列研究计划。《开封经济蓝皮书》是系列研究计划的重要组成部分，旨在客观反映开封经济社会发展的最新进展，是快速、全面了解开封经济社会发展和运行情况的工具书。2017年《开封经济蓝皮书》首次出版，本书是蓝皮书系列的第四本。

开封作为千年古都，长期在中原地区政治、经济、文化和社会发展中占据重要位置。特别是2005年郑汴一体化战略实施以来，开封焕发出勃勃生机，各项指标均走到了河南省的前列。作为全面反映开封经济社会发展和运行情况的著作，《开封经济蓝皮书2020》重点反映了开封市2019年经济社会发展情况，以专题形式探讨了开封市重点领域、行业的发展状况及未来应努力的方向，并提出了针对性的发展建议。同时，还对中原发展研究院承担的开封市政府 2019 年度智库课题的部分成果进行梳理，提炼主要观点并提出政策建议。

《开封经济蓝皮书 2020》自 2019 年 12 月启动撰写，2021 年 3 月末定稿及交付出版社，由笔者主编，提出编撰思路和基本框架，并最终审定书稿。娄春杰教授任副主编，负责组织编撰并承担相应部分的撰写任务。纪鸿超、曹孜、朱世欣、陈祥祥等负责资料搜集整理、基础研究和分工撰写。全书分"总论篇""产业篇""开放篇""生态篇""县域篇"及"战略篇"六部分。

总论篇（高保中）。产业篇：开封市文旅融合发展现状及发展思路研究（朱世欣）。开放篇：中国（河南）自由贸易试验区开封片区建设成果及发展方向（纪鸿超）。生态篇：开封市资源环境建设发展现状与趋势分析（曹孜）。县域篇：开封市县域经济发展的方向和对策（娄春杰）；开封市乡村振兴的模式探索——基于祥符区西姜寨乡的调查与思考（任青山）。战略篇由陈祥祥和陈雯娟负责整理，具体如下：①大都市背景下开封功能定位和发展方向（陈祥祥）；②"十四五"期间开封面临的重大机遇与应对方案（陈祥祥）；③开封空间布局再研究（陈雯娟）；④宋文化深度挖掘和打造魅力古都目标与途径研究（陈雯娟）；⑤黄河流域开封段生态保护和高质量发展问题研究——"以黄河带全局，以生态提质量"的发展战略（陈祥祥）。

高保中

2021 年 6 月 10 日

目 录

第一章　总论篇 /1

一、2019 年开封市经济社会发展工作成绩 …………………（1）

二、开封市经济社会发展中存在的主要问题 ………………（6）

三、2020 年开封市经济社会发展工作重点 …………………（8）

第二章　产业篇 /17

开封市文旅融合发展现状及发展思路研究

一、开封市文旅融合发展情况 ……………………………（17）

二、开封市文旅融合发展现状评价 ………………………（27）

三、开封市文旅融合发展政策建议 ………………………（30）

第三章　开放篇 /35

中国（河南）自由贸易试验区开封片区建设成果及发展方向

一、自贸区建设的基本情况 ………………………………（35）

二、坚持以制度创新为核心，持续深化改革 ……………（46）

三、坚持以营商环境建设为抓手，不断提升服务水平 …（48）

四、文化和产业双轮驱动，促进经济高质量发展 ………（49）

五、未来工作重点 …………………………………………（51）

第四章　生态篇 /53

开封市资源环境建设发展现状与趋势分析

一、总体概况 ………………………………………………（53）

二、开封市环境各领域发展现状与趋势 …………………… (54)

　　三、开封市生态环境优化提升方案 ………………………… (73)

第五章　县域篇（一） /78

开封市县域经济发展的方向和对策

　　一、发展县域经济的历史背景和重大现实意义 …………… (78)

　　二、开封市县域经济发展现状 ……………………………… (81)

　　三、外地先进做法和经验 …………………………………… (87)

　　四、对策及建议 ……………………………………………… (92)

第六章　县域篇（二） /97

开封市乡村振兴的模式探索
　　　　——基于祥符区西姜寨乡的调查与思考

　　一、西姜寨乡推进乡村振兴的实践与启示 ………………… (97)

　　二、关于实施乡村振兴战略的思考 ………………………… (100)

　　三、当前开封市乡村振兴面临的困难和问题 ……………… (102)

　　四、推进开封市乡村振兴的对策建议 ……………………… (104)

第七章　战略篇（一） /108

大都市背景下开封功能定位和发展方向

　　一、引言 ……………………………………………………… (108)

　　二、城市功能结构及核心 …………………………………… (110)

　　三、从城市到大都市：功能分化与多核结构 ……………… (115)

　　四、大都市和大都市区：多区域主体之间的功能组合 …… (118)

　　五、为什么郑州大都市区的核心区只能是郑汴港 ………… (120)

　　六、如何做大做强开封文化核 ……………………………… (122)

　　七、深度一体化制度设计方案 ……………………………… (128)

　　八、保障方案落地的措施 …………………………………… (132)

目 录

第八章　战略篇（二）/133

"十四五"期间开封面临的重大机遇与应对方案

一、中原城市群战略和郑州大都市区建设下郑开同城化
机遇 ·· （133）

二、主动融入郑洛新国家自主创新示范区，打造郑州大
都市区科技创新中心副中心 ························· （142）

三、充分利用郑州航空港经济综合实验区和河南自贸区
的通道与制度叠加优势，在融入"一带一路"建设
中打造开封对外开放新格局 ························· （148）

四、大力推进黄河流域生态保护和高质量发展国家战略，
以古城保护与修缮和文旅融合为契机打造开封历史
文化名城 ··· （155）

五、开封市"十四五"时期制造业高质量发展机遇 ········ （162）

第九章　战略篇（三）/176

开封空间布局再研究

一、开封空间布局历史演化与现状分析 ············· （176）
二、开封空间演进的战略机遇 ······················· （184）
三、开封空间发展取向与举措 ······················· （188）
四、开封空间发展战略举措 ························· （190）

第十章　战略篇（四）/197

宋文化深度挖掘和打造魅力古都目标与途径研究

一、魅力古都的文化积淀和核心区域 ··············· （197）
二、开封文化旅游发展状况 ························· （199）
三、魅力古都打造的指导思想和核心要义 ··········· （203）
四、古都整体打造的主题：高品质的体验经济 ······ （205）

五、开封古都的竞争力：打造融合价值链 …………………（216）

第十一章　战略篇（五）/217

黄河流域开封段生态保护和高质量发展问题研究
——"以黄河带全局、以生态提质量"的发展战略

一、引言 ………………………………………………………（217）
二、以黄河带全局、以生态提质量的发展思路 …………（218）
三、以黄河带全局的路径和措施 …………………………（230）
四、以生态提质量的路径和措施 …………………………（239）

第一章 总论篇

一、2019年开封市经济社会发展工作成绩

2019年，开封充分利用中部地区崛起、黄河流域生态保护和高质量发展、大运河文化保护传承利用、郑汴港核心引擎区建设、宋都古城保护与修缮等一批新的重大战略机遇，坚持稳中求进的工作总基调，坚持新发展理念，以高质量发展为根本方向，以供给侧结构性改革为主线，按照"贯穿一主线一保障、确保两稳定、打好三攻坚、抓实五突破"的工作布局，围绕"两城两都一支点"的发展定位，担当作为，务实重干，经济社会发展呈现出"稳中有进、持续向好"的良好态势。全市生产总值增长7.5%；一般公共预算收入154.86亿元，增长10.1%；社会消费品零售总额1087.6亿元，增长10.9%；规模以上工业增加值、固定资产投资分别增长8.8%、10.8%；居民人均可支配收入增长9.1%，实现了"三个同步""三个高于"的预期目标。

（一）"三大攻坚战"效果显著

坚持以"三大攻坚战"为统领，全力守底线、补短板，高质量发展的基础更加牢固。精准促脱贫。建立"三包三联三访"机制，聚焦"六个精准"，严格落实"四个不摘"，着力解决"两不愁三保障"突出问题，全市又有4.46万农村贫困人口脱贫，406个建档立卡贫困村全部出列，贫困发生率由2013年底的4.65%下降至2019年底的0.32%。黄河滩区5个迁建安置区全部建成，2万多名滩区居民陆续乔迁新居。铁腕治污染。扎实推进"四大战役"，全面打好蓝天、碧水、净土保卫战。开展"三散"治理，严格落实"六控"，整治取缔"散乱污"企业1526家，完成"双替代"8.9万户，环境空气质量综合考核

居全省前列；开展"四水同治"，严格落实河（湖）长制，推进黑臭水体治理，成功创建省级节水型城市，饮用水水源地水质达标率保持100%；加快森林开封建设，完成国土绿化33万亩，森林覆盖率提升至28.34%。常态化防风险。政府债务总体可控，守住了不发生区域性、系统性金融风险的底线；安全生产形势总体平稳，事故起数、死亡人数实现"双下降"；扫黑除恶专项斗争综合排名全省前三，"一书一档"工作经验在全国推广；信访总量持续下降，一批久拖不决的信访案件成功化解。

（二）经济结构调整继续推进

深化供给侧结构性改革，三次产业结构调整为13.4∶38.6∶48.0，经济发展协调性进一步增强。加快一、二、三产融合。扛稳粮食安全重任，新建高标准农田23万亩，粮食总产307.38万吨，实现"16连增"，粮食安全市长责任制考核全省优秀。稳步推进"五优四化"，25个农产品入选2019年全国名特优新农产品名录，入选数量全国第一；杞县大蒜、兰考蜜瓜进入中国农业品牌目录，杞县被评为第二批中国特色农产品优势区；新增标准化万头养猪场15家，实现了生猪市场保供稳价。加快农业产业化步伐，市级重点农业产业化龙头企业年销售收入达236亿元，新增省级农业产业化联合体6家，国家级农业产业化龙头企业实现"零"的突破。尉氏县成功创建河南省"好粮油"示范县。加快工业提速发展。出台支持"四个50"企业发展政策，建立"六个一""首席服务员"等机制，八大工业产业链累计产值、主营业务收入、利润总额分别增长18.8%、23.6%、21.4%，"四个50"企业实现工业总产值468亿元，增长23%，奇瑞汽车成为开封市首个年产值突破百亿元的企业。强化"三大改造"，218个技术改造项目完成投资183亿元，新创建省级智能车间5个，平原智能装备、亚普（开封）公司分别成功创建省级智能工厂和绿色工厂，单位地区生产总值能耗下降3%以上，国家级两化融合贯标企业达到34家。加快服务业转型升级。推进文旅融合，宋都皇城旅游度假区开放运营，鼓楼夜市入选全国

"游客喜爱的十大夜市"，夜游经济蓬勃发展，全年游客接待量、旅游综合收入分别增长16.9%、18.5%，服务业增加值增长7.5%。楼宇经济、总部经济、电子商务等新经济新业态初具规模，成功创建河南省跨境电子商务人才培训暨企业孵化基地，自贸大厦成为开封市首个税收超亿元的楼宇。

（三）体制机制改革持续深入

着力以改革破难题、强动力，经济社会发展活力持续迸发。深化国资国企改革。建立国有企业"6+3+N"分级管理体系，市场化招聘高素质专业化企业高管12名，"投融建营"一体化的国有企业培育成效明显。开封发投公司与上海均和集团合资经营，实现贸易额19.7亿元。

深化土地综合利用改革。供应各类建设用地1.66万亩，储备土地1.48万亩，土地出让收入218.8亿元，保障了重点项目建设用地和民生需求。深化金融改革。健全"一平台四体系"，发放普惠金融贷款393.9亿元，资本市场累计融资99.8亿元，新增债券44.1亿元；加快科技与金融结合试点地区建设，累计为163家科技型企业授信贷款超60亿元；新引进金融、类金融机构13家；新增上市企业6家，寓泰控股收购鸿博股份，开创本土民营企业入主A股上市公司的先河。深化"放管服"改革。实行"5+2"政务服务无休日办事，在全省率先实现公共资源交易全流程网上招标，行政审批事项实现100%网上办理；工程建设项目行政审批缩短至68个工作日以内；119个乡镇（办事处）综合便民服务大厅建成投用，首批100个高频民生事项实现"全城通办"，政务服务指标评价全省第一。深化人才管理体制改革。实施"汴梁英才计划"，签约人才科技项目30个，引进人才项目14个，培养各类技能人才2.5万人，人才储备更加充实。市县机构改革顺利完成，财税、教育、卫生、医保、文化、农村、市场监管等领域改革扎实推进。

（四）对外开放释放新动能

坚持以开放为引领、以创新为驱动，促进发展动能更加强劲。拓宽开放平台。制订打造郑州大都市区核心增长极的42项任务举措，加快筹建开封海关，国际陆港铁路专用线成功获批，河南省首个国际艺术品保税仓和首家离境退税文创商店顺利落地，深圳文交所河南自贸区运营中心挂牌运营，入驻自贸区开封片区企业达5210家，是挂牌前的29倍，新增注册资本金876.2亿元。加强招商引资。全年共签约项目156个，总投资874亿元；累计新增省外资金项目193个，中城投、益海嘉里等一批大项目、好项目落户开封。新设外资企业8家，实际利用外资完成7.1亿美元，增长8.2%。全市进出口总值、出口总值分别增长23.2%、22.9%。强化项目建设。实施"6590"投资促进计划，502个重点项目累计完成投资977.3亿元，恒大健康休闲度假中心、开封炭素二期等161个项目竣工，昌升物流信息港等271个项目开工建设。加速创新发展。编制完成《开封市数字经济发展规划（2019—2025年）》；实施一批科技研发项目，获得河南省科技进步三等奖2项，大规格超高功率石墨电极填补国内空白，紧凑型飞秒激光再生放大器等科研成果领先国际；121家企业成功备案国家科技型中小企业，全市高新技术企业达85家，科技"小巨人"企业和创新型龙头企业达33家，研发平台和机构达280家，技术合同交易额增长48%，高新技术产业增加值增长17.2%，较上年提高5个百分点。

（五）城乡融合推进乡村振兴

统筹推进乡村振兴战略和百城建设提质工程，常住人口城镇化率达50.55%，提高1.7个百分点，城乡结构实现历史性转变。坚持规划先行。启动国土空间总体规划修编，编制完成《乡村振兴战略规划（2019—2022年）》《宋都古城保护与修缮规划》，并通过省政府常务会议审议。扎实推进乡村振兴。实施"一十百千"示范工程，乡村振兴"1+6"示范带初具规模，西姜寨村入选2019年中国美丽休闲乡村。大力整治农村人居环境，推广保洁市场化机制，改造农村危房7999户、户厕22.8万户，建成"四好农村路"120千米，累计解决333.7万人的饮水安全问题。农村集体资产清产核资全面完成，承包地"三权分置"制度改革持续深化。全域推进百城提质。坚持"五个全域"，深入开展"五城联创",强化"城市双修",整治背街小巷108条,完成老旧小区改造148个,城墙贯通工程取得突破性进展;完善"八网"基础设施,打通迎宾路北延等11条断头路,完成金耀路等街景整治,背街小巷装灯率达100%;城区天然气普及率、集中供热覆盖率分别达97%、92.8%;涧水河蓄水成景,西湖二期等工程稳步推进,水系绿廊达33千米,城区绿地率达36%,城市魅力更加彰显。

(六)民生福祉持续改善

坚持以人民为中心的发展思想,着力破解民生"八需八难",累计投入民生资金近300亿元,省、市民生实事全部落实见效。稳定扩大就业。建成15分钟就业服务圈,新增城镇就业人口7.03万人,新增农村劳动力转移就业人口2.06万人,新增返乡下乡创业人口1.28万人,城镇登记失业率控制在4%以内。优先发展教育事业。推进优质教育资源倍增工程,出台《中小学幼儿园规划建设条例》,新建、改扩建中小学幼儿园69所,新增学位1.8万个,补充师资2900人;实行市区公办小学课后延时服务,中小学教师"一补两贴"全部发放到位,启动农村教师周转宿舍和保障性住房规划建设。优化医疗卫生服务。打造城市15分钟院前急救黄金圈;公立医院全面实施药品零差价销售;"两癌""两筛"超额完成省定任务;人均基本公共卫生服务经费补助标准提高到60元;城乡居民医保财政补助标准提高到520元,足额发放困难群众医保补贴。提升养老服务水平。城乡居民基础养老金最低标准提高到103元,80岁以上老年人高龄津贴在全省率先实现"掌上办"。推进文体惠民。组织各类送文化下基层活动2.5万场,24小时电子图书借阅服务网覆盖全市,综合性文化服务中心整体建成率达100%。新建全民健身工程100处、社会足球场地12块,改扩建校园足球场地57块,成功举办中国郑开国际马拉松赛、首届"蹴鞠杯"国际青少年足球邀请赛和市十运会。强化食品药品安全监管。落实"四个最严"要求,严厉打击非法添加、假冒伪劣等违法行为。整治提升农贸市场6个,"互联网+明厨亮灶"上线企业达1842家。通许县、城乡一体化示范区、龙亭区被命名为省级食品安全示范县（区）。改善群众出行条件。优化公交线路27条，建成公交专用道21.2千米，新增停车泊位1.2万个，全市建制村通客车率达100%。加强住房保障。建成各类保障性安居住房6727套，竣工6251套。提升社会治理能力。实施"雪亮工程"，联网监控探头达2.2万路，兰考县公安局坝头派出所被评为全国"枫桥式公安派出所"；社会福利园区建设水平持续提升，困扰多年的园区取暖问题彻底解决；社区建设"四抓四强"工作模式在全国推广，人民群众的获得感、幸福感、安全感持续增强。

二、开封市经济社会发展中存在的主要问题

2019年，开封市经济下行压力依然较大，县域实力普遍较弱，高质量发展面临很多困难；创新驱动发展还有不少短板，新旧动能转换不快，高技术产业和战略性新兴产业发展明显不足，产业转型升级任务艰巨；营商环境需持续优化，制约发展的资金、土地、人才等瓶颈问题依然突出；民生保障距离群众期盼还有很大差距，污染治理和生态环境建设任重道远；风险防控压力较大，潜在的不稳定因素需时刻高度警惕。

（一）开封市在全省的战略地位逐渐弱化

从河南省级层面的战略看，曾经作为全省"唯一"的郑汴一体化，逐步被郑汴、郑新、郑许和郑焦的"1+4"取代，更有被"郑许、郑新"赶超的趋势，同时，随着2020年年初省政府大力推进洛阳副中心城市建设，较长一段时期内，省内各种资源又会将重心转向洛阳。

（二）开封市经济总体规模偏小，增幅放缓

郑汴一体化实施十多年来，开封市经济得到飞速发展，但经济总体规模仍然较小。统计显示，2019年开封市GDP总量为2364.1亿元，在河南18个地市中仅排第12位，在"郑汴洛焦新许"城市圈中，排在末位（见表1-1）。

表1-1 河南省相关地市GDP总量

单位：亿元

年份	郑州市	开封市	新乡市	焦作市	许昌市
2008	3004.00	691.10	949.73	1032.28	1062.05
2009	3300.00	778.72	991.98	1071.87	1130.75
2010	4040.90	927.16	1189.95	1245.93	1316.49
2011	5004.10	1072.42	1489.41	1442.62	1588.75
2012	5549.78	1207.05	1619.78	1551.35	1716.19
2013	6201.85	1363.55	1766.10	1707.36	1903.32
2014	6776.97	1492.06	1917.82	1844.31	2087.23
2015	7315.19	1605.84	1975.03	1926.08	2171.16
2016	8025.40	1755.10	2166.97	2095.08	2377.71
2017	9130.20	1934.95	2384.81	2342.79	2642.10
2018	10143.30	2002.20	2526.60	2371.50	3140.90
2019	11589.70	2364.10	2918.20	2761.10	3395.70

数据来源：《河南统计年鉴》。

另外，开封市GDP增速也有下降趋势，从2011年的12.9%逐渐下降至2019年的7.2%（见图1-1），在河南省的增速位次也明显下滑。

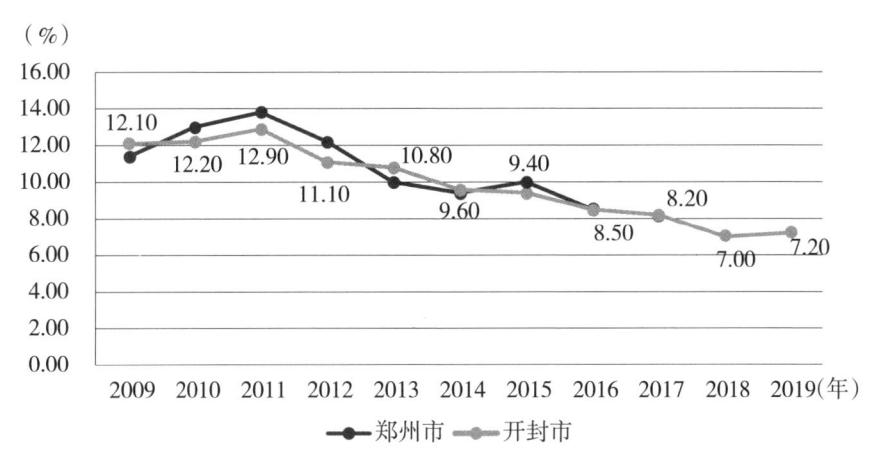

图1-1 GDP增速比较

数据来源：《河南统计年鉴》。

（三）空间拓展有待优化

从空间拓展来看，开封集全市之力，将财政、政策、用地指标等向汴西新区大量倾斜，但发展速度、效益和质量并不理想，落后于周边市区，甚至落后于其他市区和县市。同时，开封市近些年极力推动的郑开双创走廊和开港经济带建设也不温不火，没有实质性进展，空间拓展的质量堪忧。

三、2020年开封市经济社会发展工作重点

2020年，开封市按照"贯穿一主线一保障、确保两稳定、打好三攻坚、抓实五突破"的工作布局，坚决打赢三大攻坚战，全面做好"六稳"工作，抢抓机遇，做强优势，补齐短板，统筹推进稳增长、促改革、调结构、惠民生、防风险、保稳定，保持经济运行在合理区间，确保全面建成小康社会和"十三五"规划圆满收官。

（一）打好"三大攻坚战"

全面打赢脱贫攻坚战。切实解决"两不愁三保障"突出问题，狠抓"三落实"，深入开展产业扶贫、就业扶贫、消费扶贫、金融扶贫等专项行动，强化"五个一批"，确保现行标准下农村贫困人口全部脱贫。落实好"四个不摘"要求，做好返贫人口和新发生贫困人口的监测和帮扶，确保贫困群众能脱贫、不返贫。全面完成黄河滩区居民迁建任务。建立解决相对贫困的长效机制，推动脱贫攻坚与实施乡村振兴战略的有机衔接，响鼓重锤，尽锐出战，坚决打赢脱贫攻坚这场硬仗。

强化污染防治攻坚。坚持精准治污、科学治污、依法治污，打好蓝天、碧水、净土保卫战。加快产业、能源、交通运输和用地结构调整，强化"六控"和"三散"治理，推进高污染、高能耗企业关停并转，完成清洁取暖试点城市项目建设和东大化工等工业企业"退城进园"。优化环境治理方式，对企业既依法依规监管，又主动帮扶指导。加强智慧环保建设，推动技防监控全覆盖，确保完成年度空气质量改善指标。开工建设北区污水处理厂、运粮河污水处理厂，完成"一渠六河"综

合治理，全面消除城区黑臭水体。严格土壤监测、农用地污染防治和建设用地风险管控，保持土壤环境质量总体稳定。

防范化解重大风险。有序化解隐性债务，严控政府债务风险；全面加强金融监管，防范和处置非法集资，促进各类金融机构平稳健康发展。加强安全生产、社会治安、信访工作、网络舆情等的风险防控，打好信访矛盾化解"四大战役"，开展"6+3"专项整治，解决好遗留问题。健全自然灾害、重大突发事件的防范和应急处置机制，保护好人民群众的生命财产安全。深化扫黑除恶专项斗争，严厉打击各类违法犯罪，维护社会大局和谐稳定。

（二）释放需求潜力

扩大有效投资。开展"项目建设效率提升年"活动，落实重大项目推进"六项机制"，实施"7610"投资促进计划，围绕产业转型、基础设施、社会民生、生态环保、乡村振兴、文化旅游、商贸物流七大领域，实施600个以上重点项目，确保完成投资1000亿元以上。落实"三个100"工程，建立重点项目储备库、招商线索生成库、项目建设库、项目达效库，开工建设益海嘉里、中原数据湖等重大项目，加快推进数字化建筑产业园、恒大文化旅游城等项目建设。争取国家、省项目资金和引导性基金支持，用足用好地方政府专项债券扩大发行政策，激发民间投资活力。

挖掘消费潜力。顺应消费新趋势，增加优质产品和服务供给，培育更具活力的消费市场。争创国家文化和旅游消费示范城市，建成"乐在宋潮"等文商旅综合体，实施一批商业步行街改造提升工程；发展夜游经济，打造3~5个国家级夜间大型旅游消费集聚区。培育教育、动漫等新兴消费热点，策划举办高水准的足球、乒乓球等体育赛事，发展吸引年轻人消费的经济模式。鼓励传统商场、老旧厂区等改造为多功能、综合性新型消费载体，打造星级旅游民宿品牌，促进社区商业发展。激活农村消费市场，支持品牌连锁服务企业向乡村延伸，扩大电商、快递农村覆盖面。

提升对外贸易。积极承接国内外产业转移，提高开放型经济的比重。充分利用开封海关和郑州航空港经济综合实验区等平台，主动融入"四条丝绸之路"，推动更多企业和产品进入国际市场。加快大蒜、汽车及零部件、纺织服装等产业出口基地发展，培育化工产品、木制品等生产和出口基地，大力支持自贸区开封片区申建国家文化出口基地、兰考县申建木材指定口岸。

(三) 加快产业转型升级

加快传统产业转型升级。紧扣"四个50"企业、"8+1"产业链，实施产业创新发展"五大计划"，推动产业链向中高端延伸，新培育主营业务收入超5亿元的企业50家以上。加快建设炭素新材料产业园，推动汽车及零部件产业形成500亿级产业集群，打造一批主导产业优势明显、大中小企业协同配套的百亿级、千亿级产业集群。开展"互联网+工业"试点建设，鼓励工业企业推广应用5G、区块链等新技术，推动20家企业实施智能化改造，新增省级智能工厂2家、智能车间4个。开展质量标准进企业活动，弘扬企业家精神和工匠精神，支持企业提升品质、创造品牌。

培育发展新兴产业。实施优势新兴产业培育壮大计划，聚焦"数字开封"建设，重点培育信息产业、数字经济等战略性新兴产业。加快发展法律、商务、咨询等专业服务业。推动现代物流、研发设计、电子商务等生产性服务业向专业化和价值链高端延伸，促进现代服务业与先进制造业深度融合。支持制造业企业向生产性服务业和服务型制造领域延伸链条，发展纺织服装、家居等产业的规模化、个性化定制服务，培育一批服务型制造示范企业，推动自贸区开封片区打造服务贸易创新发展区。提升生活性服务业，聚焦"一老一小"，扩大家政服务、医疗健康、养老服务、普惠托育服务等供给，满足群众多样化需求。

强化一、二、三产融合。持续推进"五优四化"，抓住粮头食尾、农头工尾，延伸产业链，提升价值链，打造供应链，构建现代农业产业体系、生产体系、经营体系。支持特色农产品主产区建设农副产品加工产业集群，有条件的县区至少培育1个现代农业产业园。坚持"稳猪、壮禽、扩牛、增羊"，提升农林牧副渔综合生产能力。深挖农业景观和体验功能，在临郑、临港、近郊等区域，发展都市现代农业，培育一批田园综合体、电商产业园。推动省级农产品质量安全县创建工作。承办好"中国农民丰收节"河南主会场活动。

提升县域经济发展水平。坚持分类指导，制定实施支持县域经济发展的政策措施。突出产业带动，推动各县区产业集聚区和商务中心区转型升级。创新产业集聚区开发运营模式，加快"二次创业"。支持兰考县现代家居、循环经济，尉氏县纺织服装、临空经济，杞县铝型材、大蒜，通许县农副产品深加工，祥符区高端物流，鼓楼区特色商业，龙亭区文旅融合，顺河回族区新材料，禹王台区精细化工，城乡一体化示范区汽车及零部件、装备制造等主导产业发展，推动每个县区培育1~2个辐射带动能力强的龙头企业，加快形成产业集群发展新优势。

(四) 推进区域协调发展

突出规划引领。结合黄河流域生态保护和高质量发展、大运河文化带、郑州大都市区建设等规划，科学编制"十四五"规划、国土空间总体规划，谋划建设"六大片区"，形成郑汴港深度融合发展的规划体系。明确西部高质量发展区、北部生态涵养区、东部产业聚集区、南部产城融合区、中部古城保护修缮区的功能定位，形成"西强、北美、东兴、南融、中保"的城市空间布局。

加快推进郑汴一体化。持续实施"533"工程，聚力推动郑汴"五个一体化"。推动交通一体化，加快郑开科学大道、沿黄大道等工程建设，2019年年底前实现开港大道全线贯通；探索郑开城际铁路公交化运营模式。推动生态一体化，加强黄河生态屏障、郑汴港生态绿心建设，打造郑州大都市区黄河流域生态保护和高质量发展示范区。推动公共服务一体化，建立健全教育、医疗等公共服务共建共享机制。推动产业一体化，开展汽车、文旅、智能终端、大数据等产业对接，加快建设开港经济带、郑开双创走廊。推动国土空间规划一体化，促进郑汴港核心引擎区在更大范围、更高层次集聚利用高端要素。

扎实实施乡村振兴战略。坚持"四个优先",强化土地、资金、政策等要素保障,全面推进产业、人才、文化、生态、组织"五个振兴"。做强粮食产业。坚持"藏粮于地、藏粮于技",实施优质粮食工程,落实粮食安全市长责任制,建成高标准农田18万亩,守好耕地红线,稳定粮食生产能力,推动粮食产业提质增效。改善农村人居环境。高标准实施"一十百千"工程,进一步推动乡村振兴"1+6"示范带建设,完善100个示范村的基础设施和公共服务设施,提升兰考县省级乡村振兴示范县建设水平,打造9条县区示范带。加强农村生活垃圾和污水治理,创新推进农村户厕改造,全面推行保洁市场化机制,提升"两容两貌",大力创建美丽乡村。深化农村改革。衔接落实第二轮土地承包到期后再延长30年政策,持续开展农村承包地"三权分置"、集体产权制度改革,做好乡村土地全域综合整治试点工作,盘活农村土地资源,壮大农村集体经济。提升乡风文明。培养新型职业农民,开展文明村镇、文明庭院、星级文明户、好媳妇、好婆婆等群众性精神文明创建活动,推进移风易俗,培育优良家风、文明乡风和新乡贤文化。

促进城市提质发展。坚持以"五城联创"为抓手,加快建设人民满意的城市。改善城市环境,再实施一批街景整治,集中治理城市"蜘蛛网",着力提升夜市、美化夜景。构建"五环九横十二纵"交通网,打通夷山大街北延、百塔东路等一批断头路,启动开柳路改造提升项目,推进复兴大道西延等7条城市道路建设,完成连霍高速龙亭站主体工程及迎宾路、国道310提升改造工程,实现内顺城路全线贯通,加快构建智能绿色交通体系。高标准、全方位完成117个老旧小区和50条背街小巷改造任务,完善老城区、旧小区生活和公共服务功能,提升居民生活便捷性和舒适度。加快建设海绵城市,推进城市地上地下一体规划建设,新增改造供水管网150千米,开工建设新区二水厂;建成110千伏变电站6个,新增燃气民用户2万户,新增供热面积300万平方米,2019年年底实现县城以上城区5G全覆盖。合理布局城市公厕、书房、便利店及公共健身设施。加强"四治",建成公安交通指挥中心,拓展数字城管平台功能,以"绣花"功夫把城市管理做精、做细。

深化城乡融合。以县城为中心,规范引导小城镇、特色小镇和中心村发展,加快土地、资金、劳动力等要素的城乡双向流动,建立城乡一体的教育、医疗、养老、文化等公共服务保障机制,实现城乡公共服务均等化,推动农业转移人口市民化。落实"百县通村入组工程"和"万村通客车提质工程",新改建"四好农村路"120千米,优化城乡公交网络布局,促进城乡互联互通。

(五)推动创新发展和改革开放

坚持创新驱动发展。把创新作为增强发展动能和提升区域竞争力的关键,下大气力补齐创新短板、聚集创新资源,催生新的增长点。以理念创新为先行。积极推动思想观念、工作理念的创新,紧跟时代发展步伐,及时把握新思想、新机遇,创新发展思路,把增强企业盈利能力、改善百姓福祉作为衡量创新发展的标准,坚决消除不利于创新发展的思想障碍。以机制创新为保障。结合发展实际,找准阻碍发展的"中梗阻",探索推动发展的创新性机制,破除阻碍创新发展的制度藩篱,提升创新的开放性、便利性、宽松性和包容性,大力营造充满活力的创新创业生态,让全社会崇尚创新、鼓励创业。以科技创新为主体。实施转型升级创新专项计划,推进"十百千"工程,构建集科技研发、创业孵化、知识产权等服务于一体的科技服务体系,新培育科技创新人才团队20个,新增省市级工程技术研究中心、重点实验室、创新创业孵化平台30个,加快建设国家检验检测研究中心。实施市校产学研紧密合作计划,提升现有创新中心和重点实验室建设水平,培育新型研发机构和技术转移示范机构10个,新增高新技术企业、创新型龙头企业、科技"小巨人"企业20家以上,打造一批"专精特新"中小微企业。

深化重点领域改革。及时跟进落实中央、省做出的改革新部署,大胆创新,大胆探索,使改革精准对接发展所需、基层所盼、民心所向。针对影响治理效能的突出矛盾,建立有效管用的体制机制,提高预测预警预防各类风险的能力。针对影响高质量发展的突出障碍，推进土地规划改革，盘活土地资源，优先保障工业、民生等领域重点项目用地，提高土地集约节约利用水平。推进国资国企改革，突出去行政化、强市场化，完善企业治理结构和运营机制，全面打造"投融建营"一体化的国有资本投资运营公司。妥善做好市属国有"僵尸企业"处置后续工作。推进金融改革，加快发展普惠金融、科技金融、绿色金融、文化金融，优化金融环境，推动"引金入汴"取得更大成果，打造更多上市公司。推进人才管理体制改革，突出事业引人、环境留人导向，完善人才引进、评价、流动、激励等机制，重点引进高端急缺人才、优秀高校毕业生，每年吸引万名以上优秀年轻人到开封就业创业，逐步把开封变成人口净流入城市。针对人民群众反映强烈的突出问题，深化司法体制、行政执法体制、生态环境体制、文化旅游体制、产业工人队伍建设等改革，进一步推进医疗卫生、社会保障、教育、科技、价格等领域改革。

扩大高水平开放。全面强化开放理念，全方位打造开放环境。发挥自贸区开封片区对外开放桥头堡的作用，主动融入国际化中心城市，加快申建综合保税区，全力打造内陆开放高地。推进国际艺术品保税仓建设，搭建具有区域特色和市场空间的文化贸易平台。推进健康乐谷建设，打造中部地区国际医疗旅游示范区。开展产业大招商，建立项目引进正、负面清单，重点围绕"8+1"产业链谋划项目，采取规划招商、股权招商、以商招商等方式，引进总投资5亿元以上项目55个、总投资10亿元以上项目15个。

优化营商环境。贯彻国务院出台的《优化营商环境条例》，落实好"六个一""便捷开工""首席服务员"等机制，动态调整"四个50"企业，完善三大改造、产销对接、"企业上云"等扶持措施。不折不扣落实减税降费政策，进一步降低企业成本。毫不动摇地支持非公有制经济高质量发展，保护民营企业和企业家的合法财产，引导民营企业聚焦实业、做精主业；针对拖欠民营企业账款情况，建立清理和防治长效机制；对坚守主业、技术产品有优势但流动性遇到暂时困难的民营企业，主动服务，加强政银企衔接，鼓励共克时艰、共赢共生。建立规范的政企沟通渠道和银企对接长效机制，多听取企业家的意见，多理解企业家的不易，多帮助企业破难解困，让企业家舒心、安心以及专心于事业发展。

（六）着力加强生态文明建设

践行绿水青山就是金山银山的理念，编制《黄河流域生态保护和高质量发展规划》，谋划建设"三区一基地"，扛稳黄河流域开封段生态保护和高质量发展重任，真正守住生态，守住幸福生活。

加强生态保护修复。深入实施"四水同治"，建立"河（湖）长+三长"管理机制，常态化开展河湖"清四乱"。加强黄河河道工程和堤防建设，完善防灾减灾预案，确保黄河安澜。加快实施赵口灌区二期、南水北调入汴、惠济河综合治理等项目，推动"十湖连通"取得更大进展。加强集中式饮用水水源地保护，创建国家节水型城市，2019年年底前达到省级水生态文明城市创建条件。做好生态保护红线、永久基本农田、城镇开发边界三条控制线划定工作，实施生态环境损害终身追究制。

全域推进国土绿化。深入开展国土绿化提速行动，高标准落实"八个专项"任务，大力提升沿黄等生态廊道建设，加强城区、县城、乡村及河湖渠绿化，开展绿色单位创建、全民植树等活动，打造100座以上城市小微绿地公园，建成宋外城二期和三期绿地公园、复兴大道南侧绿地公园，对金明大道、公园路等5条主干道进行绿化提升，冬春造林20.7万亩，构筑生态屏障，全力创建国家生态园林城市、国家森林城市，让开封三季有花、四季常绿。

发展循环经济。推进垃圾分类处理设施建设，全面开展生活垃圾分类工作，引领低碳生活新时尚。加快建设静脉产业园，开工建设餐厨垃圾无害化处理场、污泥无害化处理场，推动固体废物循环利用。实施绿色园区创建行动，加快产业集聚区内部循环改造，开展工业企业能效提级、水效提升等活动，推动开封空分、兰博尔化工、艾瑞环保等企业打造绿色制造体系。支持兰考县创建"无废城市"、尉氏县建设循环经济产业园。

（七）推动文旅融合发展

加强宋都古城保护与修缮。坚持"五个全域"，落实《宋都古城保护与修缮规划》，制定《开封市古城保护条例》。围绕"三条文化带"，开展文物保护性修缮，实施州桥—相国寺、汴河堤—朱仙镇、繁塔—东水门三大遗产区保护利用项目。加快推进明清城墙贯通、千年中轴线展示、街坊复兴、宋都水系等工程建设，做好明清城墙联合申遗工作，创建国家考古遗址公园、国家文物保护利用示范区。推进双龙巷、顺河坊等历史文化街区保护修缮和文庙综合体等项目建设，传承和保护汴绣、盘鼓等非物质文化遗产，建立城市文化基因库，延续历史文脉。

创新文化供给。充分发挥河南大学、黄河水院、开封大学、开封文化艺术职业学院等高校的研学优势，传承和弘扬黄河文化、宋文化、民俗文化，争创河南省研学旅行基地。大力支持中央美术学院、北京大学在开封建设国家黄河文化研究院。鼓励广大文艺工作者创作文艺精品，讲好黄河故事、大运河故事和开封故事。健全现代公共文化服务体系，建设一批城市书房，开工建设黄河悬河文化展示馆、市科技馆、市青少年活动中心，推动县级图书馆、文化馆、博物馆全部达到部颁三级标准。实施文化惠民工程，开展送戏下乡、戏曲进景区等活动，扩大文化服务供给范围。

深化文旅融合。出台大运河文化保护传承利用实施方案，积极申建大运河国家文化公园及重点项目，加快朱仙镇国家文化生态旅游示范区建设。充分挖掘开封优秀传统文化，推进"开封礼物"示范工程，办好清明文化节、菊花文化节、国际动漫节、收藏文化论坛等特色节会，筹办国际美食节，高标准打造宋都皇城旅游度假区，不断提升文化旅游服务和管理的国际化水平。

第二章 产业篇

开封市文旅融合发展现状及发展思路研究

随着经济社会发展，文化发展越来越凸显重要性。开封市作为黄河文化核心传承城市、八大古都之一，文旅融合发展对于推进文化自信、建设社会主义新文化具有更深层次的意义。

在习近平新时代中国特色社会主义思想指引下，开封市进一步坚定文化自信，彰显文化特色，筑梦诗和远方，赋能出彩开封，借助文旅融合新动能，实现古城焕发新活力，在高质量发展的新征程中续写新华章。

一、开封市文旅融合发展情况

（一）文旅产业发展基础良好

开封市地处中原腹地、黄河之滨，拥有中部六省唯一一个国家级文化产业示范园区——宋都古城文化产业园区。"琪树明霞五凤楼，夷门自古帝王州。"开封作为八朝古都，迄今已有4100多年建城史，夏，战国时期的魏，五代时期的后梁、后晋、后汉、后周，北宋和金相继在此建都。悠久的历史在这里孕育了上承汉唐、下启明清，影响深远的宋文化，留给开封"汴京富丽天下无"的辉煌和"开封城，城摞城，城下埋着几座城"的沧桑。

进入新时代，开封市紧紧围绕"两城两都一支点"和构建郑州大都市区文化核的战略定位，强化新型工业化城市和国际文化旅游名城"两个定位"，抢抓"一带一路"、中部崛起，以及郑汴大都市区、郑州航空港经济综合实验区建设重大机遇，坚持"贯穿一主线一保障，确保两稳定，打好三攻坚，抓实五突破"的工作布局，经济社会发展取得了新成就，城市建设呈现新面貌，文化旅游融合发展焕发新活力。

开封市文旅资源非常丰富，文旅事业基础较好，拥有中国历史文化名城、中国优秀旅游城市、中国书法名城、中国菊花名城、中国收藏文化名城、中国成语典故名城、国家旅游标准化示范城市、国家园林城市、国家卫生城市等称号。现有各类不可移动文物1940余处，馆藏文物10万余件，国保文物22处，国家级非物质文化遗产9项，各类博物馆30家；现有国家级历史文化名镇1个，中国特色商业街区2个，国家级节会2个，国家4A、5A级旅游景区10个。

2017年，文化产业增加值占GDP的比重为5.64%，高于全省（3.01%）2.63个百分点，居全省第2位。2018年，全市共接待游客6806.8万人次，同比增长16.1%；全市实现旅游综合收入602.2亿元，同比增长24.6%。2019年，全市累计旅游接待总量7959.6万人次，同比增长16.9%；全市累计旅游综合收入713.5亿元，同比增长18.5%。

(二) 文化、旅游、广电发展迅速

1. 文化事业成果丰硕

立足于繁荣创作，提高公共文化服务水平，2019年文化事业成果丰硕。公共文化服务标准化建设顺利完成；基层综合性文化服务中心建设成效明显，全市综合性文化服务中心整体建成率达100%，实现了市、县（区）、乡镇（街道）、村（社区）四级公共文化服务网络全面覆盖；总分馆制建设稳步推进，4个县区已建有公共图书馆分馆，8个县区建有文化馆分馆；法人治理结构改革基本完成；旅游厕所改扩建工作顺利完成，其中，新建16座、改建6座；新设置26套旅游景区道路指引标识。

组织创作脱贫攻坚题材文艺作品24个（部），助力脱贫攻坚；大型杂技剧《槐树爷爷》荣获河南省第十二届精神文明建设"五个一工程"奖；现代豫剧《党的女儿》入选"河南省2019年度中原文艺精品创作工程"重点项目，并得到时任省委书记王国生同志的批示，即将该剧作为河南省在主题教育中开展红色教育、讲好"四个故事"的一项内容。

立足文化惠民，开展"舞台艺术送基层、文化扶贫到农家"演出102场次、政府购买公益性演出305场次、"中原文化大舞台"演出30场次，到基层送书22次，农村公益性电影放映20340场，社区公益性电影放映4500场。新建"爱心书屋"2所，新建基层服务点2个，在开元名都大酒店建成第一座城市书房，形成覆盖全市范围的24小时电子图书借阅服务网。成功举办第四届开封艺术节，有3万人次观众走进剧场，100多万观众通过新媒体平台关注和参与了本届艺术节。

讲好开封故事，传播古都文化。开封市杂技团多次赴日本、泰国、韩国、美国等国家和地区，进行商业演出和友好访问；开封佛乐在2018年英国"大宋文化年"的展演令英国民众惊叹不已；汴绣、朱仙镇木版年画等开封非遗先后参加中原文化港澳行、中原文化韩国行、韩国首尔鼓乐艺术节、埃及鼓乐节等国内外文化交流活动，受到国内外媒体的广泛关注和欢迎。开封市还发起成立了"一带一路"城市旅游联盟，截至2019年联盟城市已达43座（其中国外城市8座）。连年承办"一带一路"城市旅游联盟年会，丰富国内国际文旅交流活动。

2. 广电服务保障能力不断提升

利用好主流媒体。在中央广播电视台发稿58篇次，在河南广播电视台发稿440余篇次，被"学习强国"学习平台采用稿件263篇，被全国学习平台采用7篇，综合供稿量居河南省各地市前列。假日旅游期间开封市上镜央视逐步成为常态，带动开封成为热点城市、话题城市。

发挥新媒体作用。携手腾讯，全面启动"开封城市焕新计划"；联手携程，首次推出"缤纷汴凉·今夏开封"夏季精品旅游线路，引爆开封暑期旅游市场；牵手抖音，成功举办"看城墙，知开封"系列征文、摄影和微视频大赛及颁奖仪式。

深化交流合作。持续做好在英国开展的"大宋文化年"活动；赴中国香港参加《清明上河图3.0》艺术展；市文化馆盘鼓艺术团受邀赴埃及交流演出，取得圆满成功；组织汴绣等非遗项目参加海峡两岸台北夏季旅游展。多个国内外交流活动持续提升开封城市形象的知名度、美誉度和影响力。

时政新闻栏目主旋律突出。狠抓广播电视新闻形式的内容创新，提升"市民考察团""出彩开封人""在习近平新时代中国特色社会主义思想指引下——开封大地春潮涌"等品牌的宣传质量。全面报道"不忘初心，牢记使命"主题教育，全面报道打赢脱贫攻坚战，深入报道破解民生"八需八难"，亮点报道第二届开封文化奖章颁奖活动，精彩报道中国开封第37届菊花文化节。

创新新闻宣传形式，提升新闻宣传质量。通过编辑、记者、播音员一起"蹲点"采访，深入一线，挖掘基层最鲜活、最生动的新闻题材，推出了一批有高度、有深度、有温度、有情怀的新闻作品。

民生类栏目更接地气。结合"壮丽70年"主题报道，介绍一批为新中国建设做出贡献的开封人。通过讲述一批与共和国同龄的开封人的故事，展示了70年来新中国翻天覆地的变化。系列电视节目《出彩开封人》截至2019年底已连续播出160集，"扶人哥"于清旺荣登九月份中国好人榜。

3. 遗产保护日益完善

2019年，开封市着力推动遗产保护利用改革，让遗产亮起来、文物活起来。突出三条文化带（城墙文化带、千年中轴线文化带和古运河及水系文化带），连点成线，以线带面，做好古城文物古迹的保护、利用和展示，加强非物质文化遗产传承和保护。持续做好州桥及古运河遗址考古发掘工作。2019年，开封市新增全国重点文物保护单位5处，涵盖了建筑遗产、教育遗产、军事遗产、铁路文物等遗产类别，填补了开封市国保单位门类部分领域的空白。开封城墙贯通工程中的开封城墙北墙维修工程（万岁山南门至文昌后街段）已基本完工。

强力推进文物保护单位保护规划和维修方案的编制工作，《祥符县文庙大成殿维修方案》等5个方案已获省文物局批复，《北宋东京城遗址保护规划》已报国家文物局审核批复。申报顺天门遗址等7处遗址建设为河南省考古遗址公园。博物馆收藏文物近10万件（套），2019年共举办50余个专题展览，开展文博类社会教育活动94场，接待观众近150万人次。利用大宋年文化节、清明文化节、文化和自然遗产日等节日，组织各类非物质文化遗产宣传展示活动50余场。

构建科学严密的古城保护展示体系。2002年确立"灰色基调，简约仿古，小式建筑、限高15"和"外在古典，内在时尚"的古城保护原则以来，开封市坚守坚持，砥砺奋进，最大限度地保持了古都风貌，传承了文脉，留住了乡愁。开展顺天门（新郑门）遗址、州桥遗址考古发掘工作并取得重要考古发现。2010—2019年，修缮开封城墙外墙体10.9千米、内墙护坡3.8千米，修建了长约10千米的环城墙绿地公园，为市民提供了静享文化成果、美化日常生活的休闲文化广场，使文物资源保护工程成为实实在在的惠民工程。

全市继续全力推进让遗产亮起来、让沉睡的文物活起来。开封市现有博物馆32家，其中，国有博物馆6家、行业博物馆5家、非国有博物馆21家，形成了以国有博物馆为主体，非国有博物馆为补充的主体多元、结构优化、地域文化特色鲜明、富有活力的博物馆体系。新建的5.4万平方米的博物馆新馆，是目前河南省建成且对外开放的面积最大的博物馆，也是目前全国最大的地级市博物馆。博物馆收藏文物近10万件（套），2019年举办50多个专题展览，接待观众近150万人次，让遗产亮起来、文物活起来，成为古都开封新的风景线。

4. 旅游产业破茧成蝶

突出高端引领，激活文化基因。牢固树立全域保护、全域规划、全域管理、全域经营、全域旅游"五个全域"理念，着力构筑"处处是景、步步留人、日日有节、时时消费、线线有故事、链链相融合"的景城一体全域发展大格局，彰显城市的独特魅力。开封市文化广电和旅游局认真贯彻落实市委市政府制定的"十个一"推进机制，坚持"文化+"战略引领，形成了覆盖古城13平方千米的全域文旅发展新格局。

坚持项目优先，盘活文旅资源。"一河两街三秀""一湖两巷三园九馆"陆续建成开放，使开封市文旅资源不断转化为新的生产力。2019年以来，以文旅机构整合和产业融合为契机，重点抓好23个文旅项目，总投资达到1198亿元。2019年，累计完成年度投资116.6亿元，完成年度计划的100%。小宋城二期、清明上河园三期、开封府二期等景区转型升级项目进展顺利，融合发展的新动能日趋显现。深入开展"项目推进效率年"活动，建立了重大项目领导分包、县区会商、联席会议等六项机制，"一对一"组建专班，"一企一策"搞好服务。推出"便捷开工"审批事项流程图，持续优化营商环境，为重点项目开绿灯。

聚焦宋文化，打造核心景区。整合景区资源，打造宋都皇城国家文化旅游休闲度假区，2019年10月顺利投入运营，推动开封"慢生活"和休闲度假城市建设取得新突破。坚持问题导向，引入第三方机构对全市A级景区暗访评估，明确部门和属地管理责任，全力以赴打好"保A"攻坚战。推动余店民俗文化村、岳家湖宋韵千菊园、西姜寨等打造乡村旅游A级景区。成功举办2019年全省旅游景区文旅融合发展现场会。深挖18—22时这一"黄金四小时"的消费潜力，依托传统夜市优势，通过主题公园演出、实景演出、剧场演出三管齐下，培育夜游产业，并得到央视新闻的多次报道。

成功举办"2019中国旅行服务产业发展论坛暨'一带一路'城市旅游联盟年会"等多个节会，节会旅游收益占全年的比重超过1/4。特别是清明文化节成功登上美国纽约时代广场纳斯达克大屏，微博点击率突破7000万人次。在全省率先开展"非遗"进景区活动，"景区+非遗"引爆假日旅游，带动全市研学游市场持续火爆。牵头举办了首届金犀奖·中国（开封）国际动漫节，为开封市动漫产业发展创造了良好机遇。

(三) 开封市文旅融合的主要做法

近年来，开封市深入贯彻落实习近平总书记关于文化和旅游融合发展的重要论述，坚定文化自信，彰显文化特色，做好古城保护与开发这篇大文章，高度重视文化旅游融合发展工作，切实加强领导，从工作理念、工作机制、产业布局方面进行一系列的统筹、谋划和设计。

1. 突出顶层设计，做好文旅融合高位推动

把推动"十个一"工作机制和"五个全域"发展理念的落实作为重大任务。在2019年新一轮机构改革中，市委高度重视古城保护利用和文旅融合发展工作，成立了"中共开封市委古城保护和文化旅游发展委员会"，统筹协调全市古城保护、利用开发和文旅融合发展中的重大问题和项目，2019年共召开例会3次，研究重大议题24个。加强顶层设计，出台《中共开封市委 开封市人民政府关于促进文化事业、文化产业和旅游业高质量发展的若干意见》("文旅30条")、《中共开封市委 开封市人民政府2019年开封市文化和旅游产业发展行动方案》，并召开全市首届文化和旅游产业转型发展大会，为文旅融合发展提供全方位政策保障。建立文旅产业重点项目库，由10位市级领导分包首批入库的23个重点文旅项目，有效促进市文化和旅游深度融合发展。

在工作理念上，牢固树立全域保护、全域规划、全域管理、全域经营、全域旅游"五个全域"理念，着力构筑"处处是景、步步留人、日日有节、时时消费、线线有故事、链链相融合"的景城一体全域发展大格局，彰显城市独特魅力。在工作机制上，健全完善"十个一"推进机制：①一个战略引领，坚持"文化+"战略引领；②一个高规格议事机构，成立市委古城保护和文化旅游发展委员会，定期研究古城保护和文旅发展重大问题；③一个权威规划体系，研究制定覆盖古城保护和城市建设、产业发展的多规融合的规划体系；④一个国家级文化产业示范园区，做大做强宋都古城文化产业园区；⑤一个投融资平台和运营管理平台，充分发挥市文投集团的作用，构建覆盖古城13平方千米的全域文旅运营管理公司；⑥一批文化产业项目，每年确定一批古城保护与文化旅游重大项目，年年滚动推进；⑦一个文化奖章城市荣誉评选，每两年隆重开展一次开封文化奖章评选活动；⑧一批文化节会，办好清明文化节、菊花文化节等国家级文化节会；⑨一个宋文化研究院，发挥河南大学宋文化研究院研究、传承和弘扬宋文化的作用，使其当好市委市政府的"智库"；⑩一批文化旅游相关行业协会，组建餐饮、文创、住宿等行业协会，强化行业监管，畅通建言和信息渠道。在产业布局上，坚持工业旅游双轮驱动，聚焦延链补链强链，聚焦做大做强，聚焦高水平转型提升，将装备制造、精细化工等8个工业产业链作为"基石"，与作为"柱石"的文化旅游产业链形成"8+1"产业链，建立健全"一链一清单、一链一专班、一链一协会、一链一政策、一链一平台、一链一园区（基地）"的"六个一"培育机制。

2. 着眼景区提升，拓展融合发展新空间

加强品牌监管，提升景区品质。认真贯彻国家文旅部、省文旅厅A级景区提升工作会议精神，坚持问题导向，引入第二方机构对A级景区逐一暗访评估，由文广旅局17个县级干部分包17个A级景区，明确部门和属地管理责任，健全"1+3+N+1"综合监管平台管理办法，全力以赴打好"保A"攻坚战。强化市场导向，推动景区升级。适应游客消费多样化需求，指导景区丰富业态，向休闲度假游转型，使一大批景区通过内部挖潜实现门票占比下降，逐步摆脱门票依赖。立足消费新需求，以"景区+演艺"为突破点，营造新消费场景。清园景区已形成大型演出震撼化、中型演出精品化、小型演出景观化的剧目表演体系。《大宋·东京梦华》演出场次达301场，共接待游客34万人次，成为河南旅游演艺的标杆之一。2018年清明上河园总收入达到3.58亿元，其中非门票收入占比首次突破30%大关；万岁山景区实现门票、商业、直营、团队等收入多样化，2018年收入7000万元，其中非门票收入占比达到35%。推动门票降价，倒逼景区转型。为促进大众旅游消费，开封市各景区针对节假日推出旅游惠民政策。自2018年10月1日起，龙亭公园门票价格由45元/人次降为35元/人次（节会期间除外）；铁塔公园门票价格由40元/人次降为30元人次（节会期间除外）；禹王台公园、汴京公园实行免费开放。培育夜游项目，挖掘景区潜力。深挖18—22时这一"黄金四小时"的消费潜力，依托传统夜市优势，通过主题公园演出、实景演出、剧场演出三管齐下，加快培育夜游产业。《大宋·东京梦华》、《大宋·汴河灯影》、满庭芳民宿塑造了"夜游清园"品牌。2018年景区夜游游客接待量近18万人次，占景区全年游客增量的比重为30.18%，夜游门票收入近1100万元，占景区全年门票收入增加额的9.35%，为景区转型发展和精品化建设发挥了引擎作用。清园股份2016年5月挂牌新三板，2018年8月从新三板主动退市，全力筹备主板上市，且推进顺利。

3. 突出宋文化，让厚重历史形成文化生产力

北宋王朝在开封历经168年，创造了彪炳史册的宋文化。近年来，社会上兴起了宋文化热。宋文化无疑是开封市最重要的文化IP。开封市站在创建华夏文明传承创新示范区的高度，深挖宋文化内涵，致力于创造性转化、创新性发展，为文旅融合赋能。一是加强宋文化研究阐发。与河南大学联合成立宋文化研究会，每年出版一批宋文化研究专著。与杭州市联合举办两宋论坛，轮流主办，开展一系列以宋文化为主题的文化交流活动。二是创新宋文化展示载体。开发宋文化主题公园和旅游度假区，如国家5A级景区清明上河园、国家4A级景区开封府、包公祠、铁塔公园、大宋御河，截至2019年，以宋文化为主题的景区旅游人次占比达90%以上；将清明上河园、龙亭公园、天波杨府、翰园碑林、960非遗产展示中心、万岁山等整合打造为宋都皇城国家文化旅游休闲度假区。三是围绕讲好大宋故事，开发旅游演艺。如大型情景剧《大宋·东京梦华》《大宋·东京保卫战》《枪挑小梁王》《三打祝家庄》，光影秀《铁塔传奇》，大型室内歌舞剧《千回大宋》等使游客步入汴京、梦回千年。

4. 主推国际化，打造国际文化贸易和人文旅游合作平台

利用好联盟大平台。发起成立了"一带一路"旅游联盟，连续承

办"一带一路"城市旅游联盟年会、旅行服务业年度峰会,成功加入联合国WTO可持续发展观测点,增进与友好城市的交流合作,不断扩展开封的海外朋友圈,提升开封旅游的国际辨识度、知名度、美誉度。建好自贸区"桥头堡"。立足开封片区的国际化定位,出台专项扶持政策,设立文创产业发展专项引导资金,高标准打造文创艺谷;借助智库等第三方资源,加强重点项目招引;建好深圳文交所文化产业板河南自贸区(开封)专区、艺术品资产托管平台,推动文旅金融产品创新;与中央美术学院合作,筹办国际动漫节;筹办国家文化旅游投融资大会等具有国际影响力的峰会;促进开封本地文创产品及服务深度融入国际市场,加强互学互鉴与交流合作,促进文化"走出去"、旅游"走进来"。

5. 市场提升,规范文化旅游大环境

不断深化"放管服"改革,推进行政审批规范化建设,2019年共受理审批件434件,办结率100%,群众满意率100%。加大监督检查力度,全年共出动执法人员6178人(次),出动执法车辆1379余台(次),检查文化市场各类经营单位8854家(次),下达整改通知书74份,没收违法地面卫星接收设施4套,督促违规单位自行拆除小前端机房3个,取缔非法销售出版物摊点9个,收缴各类非法出版物2000余本(册),对执法人员开展各种培训5次,开展交叉检查2次。推进诚信建设,推行"黑名单""重点关注名单"制度;加强安全防范工作,扎实推进双重预防体系建设,深入开展文物安全隐患排查工作;严格落实监管责任,对辖区内行业部门开展扫黑除恶日常巡查和专项督查,扎实推进文化和旅游市场扫黑除恶专项斗争。

以创建促提升。强化问题导向,聚焦民生"八需八难",着力解决游客和市民反映的热点问题,巩固创卫创园成果,持续开展国家文明城市、国家生态园林示范城市、国家食品安全示范城市、国家森林城市、公交优先示范城市"五城联创",抓好创建统筹,实施"六个专项整治",着力提升游客满意度,打造新的城市名片。以改革促提升。深入推进文化领域"放管服"改革,全面实施"先照后证"联审联批,提高营商便利度;成立高规格旅游市场监管调度指挥中心,在省内首创"1+3+N+1"旅游综合监管模式;对全市 300 多家上网服务营业场所进行信用等级评定,评出 A 级场所 32 家、B 级场所 125 家。以标准促提升。发布了《国际文化旅游名城划分与评定》《开封市夜市服务质量等级规范》《"开封礼物"旅游商品要求与评定》等 16 项具有开封特色的旅游业地方标准,在全省首创"金、银枕头"住宿企业和"汴梁人家"家庭旅馆评定办法,成功培育了一批特色精品民宿;统筹露天、室内夜市发展,促进传统夜市向观光夜市升级,对夜市实行标准化、网格化管理,规范管理,提升服务,使得以鼓楼为代表的 16 家夜市成为"开封小吃"的聚集地,以小宋城、老味吃街为代表的室内夜市成功晋升 A 级景区,成为游客追捧的网红打卡地。以志愿服务促提升。组织开展文明旅游进景区、进社区、进校园等"六进"活动,设立了"文明旅游""诚信企业"红黑榜,扎实开展"最美导游"评选、"文明旅游先进单位"创建活动;文化、文博、旅游志愿者队伍不断壮大,服务实现常态化,增加了城市温度,成为古都一道道亮丽的风景线。

二、开封市文旅融合发展现状评价

(一)缺乏对稀缺性资源的有效挖掘

古都文化是人类悠久历史的产物和遗存,就其文化内涵而言,具有广泛性;而就遗存而言,则具有极大的稀缺性。此种广泛性和稀缺性就使古都文化具有旅游开发的重大价值。开封是八朝古都,尤以北宋首都闻名。宋代是中国文人的黄金时代,既是"雅"文化的巅峰,又是"俗"文化的繁盛时期,市井生活多彩有趣,值得大力挖掘与利用。遗憾的是,开封市虽一直致力于打造大宋品牌,却缺少对城市核心价值的明确定位,更缺少对城市品牌的塑造与传播。

宋代文化的精髓是什么?在士大夫阶层、市井生活、商业、政治、经济中都是如何表现的?这些都需要凝练、集萃。目前,只有清明上河园还有比较集中的宋文化体现，其他景点对宋文化的复原或重现都很欠缺，在目前的城市建设中亦是乏善可陈。

再看其他旅游城市，杭州被誉为"休闲之都""电子商务之都"，成都的城市品牌定位是"美食之都、休闲之都"，武汉则不断推进"文化五城（读书之城、博物馆之城、艺术之城、设计创意之城、大学之城）"建设，青岛致力于打造"品牌之都、工匠之城"，并成功申创"电影之都"，长沙聚焦于打造"媒体艺术之都"等。相比之下，开封市显然也应找到自己的核心定位，并提出响亮的口号，内聚人心，外汇资源。

（二）忽视对精神文化的系统提炼

古都文化可分为资源性古都文化和知识性古都文化。2019年10月10日，河南省政府常务会议通过了《开封宋都古城保护与修缮规划（草案）》，提出了"双创双修"：以文化"创造性发展、创新性传承"推动古城创新发展，以古城"生态修复、城市修补"促进城市转型发展。而目前开封市发展中只注重了物质层面的修复修补，缺乏在文化方面的提升提炼及融合。而且，文化性相关活动的内部缺乏融会贯通，文人阶层审美、古代文学、市民美术、市井娱乐等未系统梳理。这难免让外地游客觉得，有关八朝古都辉煌过去的内容有些支离破碎，缺乏线索感、条理性。以开封市旅游景点为例，其导游词多年不变。中国早已进入学习型社会，群众的知识水平提升迅速，导游词依然无大的进步，降低了古都开封的品位。再如，作为八朝古都，开封至今没有以朝代命名的专题旅游线路，这就未跟上当今文化旅游"深度"游的潮流。

（三）悠闲业态发展滞后

2019年，国内一批5A级景区被摘牌。这从一个侧面说明，纯粹的自然资源游已不符合时代发展要求，正被逐步取代。这样的背景下，开封市必须静心反思，大力发展游客参与型、文化塑造型悠闲业态旅游。例如，宋代是公认的中国古典文人文化的巅峰，"雅"之审美的集大成者。目前开封市缺乏对宋代古典审美的提炼与运用，如能将勾栏瓦肆的外在条件与富有文化气息的美容美发、酒吧、茶社、诗词雅集、戏曲茶楼等休闲业态结合起来,让游客坐下来、躺下来、静下来,玩一玩、品一品,将会增加他们的旅游回味。周邦彦曾在《少年游》中描绘过宋代的夜经济:"并刀如水,吴盐胜雪,纤手破新橙。锦幄初温,兽烟不断,相对坐调笙。低声问:向谁行宿?城上已三更。马滑霜浓,不如休去,直是少人行。"将古典文化的雅韵与商业结合起来,能够使游客沉浸于对古典文化的怀想中,回甘无穷。毕竟,历史底蕴的"体现",很多来源于对古典文化的想象性运用。

(四) 文旅产品创新不足

别具一格的文旅产品既能带动整个旅游业发展,也能让一个城市丰富有趣起来,让人念念不忘。开封市文游产品缺少创新,政府对一些龙头企业缺乏设计方面的支持,对一些有创新倾向的商家也缺乏鼓励性引导。目前,开封市有一些工艺品设计大赛,但产品都是老旧之作,无法适应今日的市场竞争,推向市场亦带不来惊喜,更无法带动行业发展。

(五) 软服务能力亟待提升

虽然开封市目前缺少好的古典文化主题游的硬件,如缺少大的古代主题旅游线路、公园等,但是开封市目前最亟待提升的并非硬件,而是服务意识和服务水平。开封是历史文化名城,以"慢生活"为主,决定了到开封旅游的老人、孩子很多,街上处处可见扶老携幼的全家游,他们需要的是更便利的吃住行服务。但遗憾的是,目前开封的旅游设计并不人性化。例如开封北站,其出租车站、地下停车场、公交站台等都相距太远,对老年与低龄游客而言,是劳累的行走。如若修建传输带,上面带遮雨棚,就会带来许多便利。再比如,网络上开封市各旅游景点的介绍偏于"公式化",缺少详细的、富于人情味的介绍;住宿上,节假日酒店贵且爆满,平时又罕无人迹,缺少富有人情味儿的民宿等住宿类型;饭店混乱、脏、闹,服务态度欠佳现象时有发生;交通上,公共交通路线设置不合理,出租车随意宰客等。

三、开封市文旅融合发展政策建议

（一）打造定位明确的魅力古都

1. 加强学习与整合研究，找到开封核心定位

在开封魅力古都建设中，要加强对相关部门和行业的培训，学习如何抛开部门性、区域性、行业性限制，大胆提升自身站位，站在传播中华文化的角度考虑问题、设计产品、构思活动，勇敢承担起传承创新的责任，敢当领头羊。还要整合相关研究，找准核心定位。我们的建议定位是"大宋都、风雅城、市井地"。大宋是中国古代文化发展的高峰，其对雅的追求、审美标准至今都是艺术界之翘楚。宋时期，文人最受优待，市井生活耀眼夺目。所以，开封的核心定位应该是风雅和市井"两端"的兼容并存。在高雅文化建设中，将风雅作为开封复振宋文化的抓手之一，追求少而精，既要有历史感，又要符合社会发展方向；将古代市民文化和今日市民生活结合起来，以各种民俗活动、非物质文化遗产为载体，复活有趣的民间传统，让历史文化生气勃勃地体现在老百姓生活中。打造上承历史之风雅、下接地气的社会主义市民文化，对全国将具有示范意义。

2. 大力发展悠闲业态

由于历史熏陶、"皇城文化"的原因，开封人喜欢悠闲。那么，也应将这种古代文化遗风传递给外来游人，使他们流连忘返，而"流连忘返"本身将带来旅游收入的增长。开封有河南大学这样的百年名校，其人文、艺术专业的研究者、学生应在政府的引导和扶持下贡献其最新研究成果、表演才能、艺术设计产品等。例如，在建业七盛角或鼓楼附近，开设酒吧、茶社、戏院等各类非遗体验场所。可实行免税、房租补贴等优惠政策，助力其快速成规模，以发展文化休闲旅游避免开封一日游的尴尬。

3. 打造文旅产品生产交易高地

开封市文游产品缺乏艺术与文化创意，政府对一些创新活动和创新商家也缺乏鼓励和引导。因此，要推动开封市文化产品市场建设，围绕生产和交易，打造传统文化产品生产交易平台。具体说来，首先，要将河南大学老校区的师生资源和铁塔公园的文物背景整合起来，引进全国博物院系统资源等，建立全国文化产业创新创业基地，让文创工作围绕中华文化传承及"雅""俗"两个主题，集中公关，凝聚力量，上层次、上台阶。其次，动员多主体，举办各类设计大赛。要动员多种社会力量，尤其是巧用河南大学的资源，实现共赢。大胆策划各类活动，如举办比赛、各类展览、模特走秀等，鼓励艺术人才多创作，真正适应市场。例如，打造全国汉服、宋服设计中心，举办全球中华传统服饰展，举办汉服、宋服设计大赛等，对于设计较好的企业，推广其产品。

4. 以游客为本，重整旅游服务软硬件

魅力古都，其实也意味着"便利"古都。应以游客为本，重整旅游服务软硬件。例如，建议开封市公共交通管理部门认真调研开封市不同区域人流量、人流方向、高峰时段，真正满足游客和市民不同的交通需求。目前开封市旅游软硬件建设中的一个通病是以管理方便为取向，而不是以游客方便为导向。建议开封市政府举办"我做三天游客活动"，让各个局委一把手以游客身份在开封进行旅游体验，真正把自身的服务与外地游客的需求结合起来，改变工作态度，改造硬件设施，真正打造游客宜居城市。

总之，中华民族的伟大复兴离不开文化复兴。打造定位明确的魅力古都，是历史传承之根、文化复兴之魂，有助于中华文化复兴与文化自信建设。开封是八朝古都，宋代又是中华民族文化发展的高地，因此，开封对中华民族伟大复兴负有重大责任，责无旁贷。将开封市打造为宜居宜游的魅力古都，要充分发掘古典文化，创新发展社会主义新文化，将开封这座古都对中华民族的伟大意义表现出来。思想的引领力量是无限的，开封市要从更深层次考虑，从更高层次谋划对中华民族复兴的贡献。当开封对新时代中国特色社会主义文化建设的贡献体现出来之时，也自然是开封成为魅力古都，进而成为更具吸引力及发展更长久的旅游

名城之日。

(二) 开封市魅力古都建设的项目建议

1. 谋划开封古都保护与展示项目

古都开封首创了"三重城"的城市格局和"坊市合一"的城市发展理念,在中国城市建设史上具有重要意义。城市中轴线历经千年未变,是国内外古都城市中为数不多的整体风貌保存相对完整的古都城池。古都城市骨架与风貌的保护与展示,是开封市魅力古都建设的重中之重,应当综合考虑开封市古都历史风貌和现存遗址遗迹情况,谋划开封古都保护与展示项目。该项目主要包括"一环、一轴、四区"的修复保护与功能提升。

"一环"。加快推进开封古城墙修缮保护与贯通工程,建设曹门、宋门等遗址展示项目;进行三大"环道"建设——环城墙的交通环道、怡人游道、生态廊道;沿城墙选择若干"节点",配置公共服务、商业服务、游憩服务、文化展示等设施,将古都城墙建设成为"一环·多节点·多功能"的内城游憩带和文化产业走廊。

"一轴"。修复改造御街中山路千年城市轴线的景观风貌,将其打造成为凸显城市轴线的宋文化传承展示主轴。

"四区"。以"基础设施综合改造、景观风貌修复、服务业业态拓展与品质提升"为主要内容,打造展现宋代都城不同城市功能区景观风貌与文化特色的文化展示与游憩区。具体包括:围绕东京城遗址、龙庭湖等,打造人宋皇城宫廷文化展示与游憩区;依托大相国寺等,打造宗教文化展示与游憩区;依托开封府衙、包公祠等,打造府衙与政治文化展示与游憩区;围绕双龙巷、马道街、书店街、御街中山路、鼓楼田字块、保定巷等历史街区,打造再现宋代街坊市井景观、具有文化体验功能的市坊文化展示与游憩区。

2. 谋划文化创意与创业孵化基地建设项目

具体内容包括:①依托河南大学明伦校区、铁塔公园及周边片区,引进全国博物院、文旅创意企业、高等学校等文创研发方面的资源,建立全国性传统文化创新创业基地和孵化基地；②建设文创产品的线上线下市场交易平台，创新文创产品交易平台运营机制，使创意研发产品和孵化的文化创意企业快速进入市场；③谋划以宋服、宋词等为主题的各类文化节事与创意赛事活动，并形成常态化运行机制，打造节事活动品牌，为文化传播与开发利用创造平台。

3. 实施古都水系贯通与生态修复工程

全面恢复贯通城内外五湖十河水系，修复河湖水系生态。重点工作包括：加快推进河道疏浚、贯通及黑臭水体整治等生态修复工程；推进运粮湖引黄调蓄工程、惠济河和马家河流域生态综合治理；完善水系码头、游船等基础设施建设，完善全市河湖连通及通航能力，做好水系廊道观光休闲项目开发，再现历史上的古都生态水系格局和北方水城风貌。

4. 谋划宋文化传播与古都城市营销项目

充分发挥宋都的历史底蕴和文化内涵优势，考虑古都生态特色，提炼城市形象，借助多种媒介展示和传播宋文化。依托宋文化，紧扣时代主题，结合宋代文学、科技、经济、传统工艺等文化元素，加强文化产品、旅游商品等创新创作，助力宋文化传播。具体内容包括：一是树立明确、鲜活的古都城市形象，在央视、主流报刊、飞机及高铁杂志等媒介上对古都城市形象进行总体宣传与营销，提高城市的影响力；二是创作、出版宋文化主题系列图书，包括绘本、少年漫画、故事集、画卷、字帖集等，以及打造宋文化主题的文娱产品，并推向市场，丰富文化和旅游产品，扩大宋文化的影响力；三是联合优秀新闻传媒单位，精心组织、策划、创作文化特色鲜明、彰显古都魅力的高品质微电影、短视频、动漫、网游等作品，利用网络新媒体进行传播，促进旅游和城市营销，传播宋文化，提升古都影响力；四是策划、创作以宋文化、宋都为主题的影视作品。

5. 谋划古都文化旅游品质提升项目

（1）完善和提升文博旅游。具体包括：加快虹桥、州桥等遗址的开发利用，建设博物馆、美术馆、文化馆、汴梁名人馆、宋词馆、大宋中医博物馆等，完善文博旅游产品；运用数字化手段活化展示文物（如人机互动式展览、展览文物模型的手工制作等参与式项目），提升文博旅游产品参与度和体验感；以"博物馆+演艺"的发展路径创新文博旅游运营模式，开发文博旅游产品的衍生品，包括城摞城遗址模型、精装宋词礼盒、活字印刷模型、名人画册等，延伸文博旅游产业链。

（2）依托古都历史街区文化资源和非遗物质文化遗产，打造庭院非遗或民俗文化休闲产品，推动古都旅游由"大众观光游"走向"深度文化体验度假游"。

（3）古都文化节事和演艺产品的升级换代。邀请专业的会展与文化设计企业，对开封市现有文化节事和演艺产品进行诊断和更新升级，提升产品的文化内涵，推出更高规格、更高品质、更具文化气息、可参与可互动的开封菊花节、清明文化节、大宋年文化节等文化节事活动和演艺产品，并设计节事活动期间的全方位营销方案。

（4）深挖宋文化内涵，精心策划独特的研学主题，建设好研学场所，培训研学旅游产品从业人员，设计、推出一系列主题鲜明、品质高端、市场指向明确的研学旅游产品，丰富古都文旅产品谱系。

（5）推出服务业从业人员的培训计划，提升文旅服务业从业人员的服务意识、礼仪与技能。

第三章 开放篇

中国（河南）自由贸易试验区开封片区建设成果及发展方向

中国（河南）自由贸易试验区开封片区实施范围约20平方千米，位于城区西部，毗邻郑州，以郑开大道为轴心两侧布局，处于国家级开封经济技术开发区及开封城乡一体化示范区的核心区域。

自2017年4月挂牌以来，在制度创新的引领下，牢记"为国家试制度，为地方谋发展"的重要使命，突出内陆对外开放先行区的使命和特色，秉承"高起点、高标准、高效率"的发展理念，通过大胆试、大胆闯、自主改，推进政府职能转变，以打造营商环境国际化引领区为目标，把制度创新作为核心任务，形成了一批可复制、可推广、可辐射的经验，从而不断激发市场活力和发展动能，逐步落地一批新产业、新项目、新业态，初步形成了"234"产业框架，发挥了自贸区的磁吸效应和辐射效应，撬动开封经济转型升级，有力带动了开封经济社会稳中有进、稳中向好，已成为推动开封经济转型发展的新动力、新引擎。

一、自贸区建设的基本情况

（一）开封自贸区的基本情况

2017年4月1日，自贸区开封片区正式挂牌运行。同年5月8日，中共中央政治局常委、国务院总理李克强来到自贸区开封片区调研。李克强对开封市的发展思路及经济社会发展取得的成绩给予充分肯定，指出开封过去以"古"闻名，今天通过自贸区要以"新"出彩，共同努力开创开封更加美好的明天。在自贸区开封片区综合服务中心，李克强察看了各个服务窗口的运行情况。得知自贸区开封片区通过"放管服"改革，新登记注册企业时间缩短4/5，已经显现出"政策洼地、服务高地"的磁性效应后，李克强称赞说，开封既不沿海又不沿边，但通过自贸区试验照样创出了一流经验。创建自贸区的目的是打造改革开放高地，最终要让审批程序越来越简、监管能力越来越强、服务水平越来越高。

根据河南自贸区开封片区产业发展定位和功能布局，在河南自贸区开封片区19.94平方千米的核心区域，规划出中央商务中心、文创艺谷、健康乐谷、高新智造谷、创智孵化谷、国际物流港、国际商务信息港"一心四谷两港"的产业布局。中央商务中心占地约3.14平方千米，重点建设行政办公场所、商务楼宇，主要承载河南自贸区开封片区的行政办公和金融服务业、服务外包等新兴服务业的发展，着力集聚企业总部、区域总部或功能性总部等，充分体现河南自贸区开封片区作为平台经济发展载体的功能。文创艺谷占地约1.11平方千米，重点规划建设文化艺术创作工作室、中国（开封）文化艺术品交易中心、动漫城、文化创客中心等载体，主要承载以创意设计、文化传媒、文化金融、文化贸易为主的文化创意及相关产业业态的发展，着力吸引中原地区具有经济价值的传统文化资源开发企业集聚，形成集文化资源挖掘、开发、贸易于一体的文化产业集聚区，积极争创国家对外文化贸易示范基地。健康乐谷占地约1.92平方千米，重点规划建设医疗旅游服务平台、中医药国际贸易交流中心、国际医疗康养旅游示范项目，实施轻医疗旅游和重医疗旅游并举，着力集聚特色中医药文化养生机构、国际性临床医疗机构、健康保健机构、医学科研单位等，积极打造中部地区国际医疗旅游示范区。创智孵化谷占地约1.49平方千米，重点规划建设开封产业国际创新研究院、海外高层次人才创业基地、产业技术交易中心等创新创业载体，重点承载高新技术产业研发、设计、创业孵化、技术咨询服务，以及文化创意、金融服务、商务服务等功能，集聚一批国内外研发机构、实验平台、创新团队和组织，打造成为引领中部地区经济发展的创新创业集聚高地。高新智造谷占地约 7.64 平方千米，重点规划建设高新技术产业发展集聚区，积极承接加工贸易产业转移，重点发展高端装备及汽车零部件、新兴制造业、农副产品及食品加工，积极布局技术研发、工业设计、高新企业创业孵化等业态，构建开放型的制造业产业体系。国际物流港占地约 2.53 平方千米，重点规划建设开封综合保税区、保税物流园，重点承载"总部+物流""生产+物流""电商+物流"等商贸物流功能，着力集聚大型物流企业、商贸企业、外贸商务服务机构，建成集内陆口岸、货物集散、流通加工、商品配送等功能于一体的大型综合现代物流枢纽。国际商务信息港占地约 1.33 平方千米，重点规划建设河南自贸区开封片区会展中心、信息服务中心及商务楼宇，重点承载会展服务、商务咨询、法律、会计、资产评估、信用评估等专业服务业，集聚综合性展会服务机构、中介服务机构等支撑性商务服务单位，为河南自贸区开封片区产业发展提供展示和服务的平台。

(二) 开封自贸区 2019 年的建设情况

截至 2019 年年底，自贸区开封片区入驻企业达 5207 家，是挂牌前的 29 倍；注册资本达 876.19 亿元，其中内资 866.79 亿元、外资 9.4 亿元；注册资本超亿元企业 154 家，其中超 10 亿元企业 13 家。这与开封片区打造服务贸易创新发展区的产业发展功能定位高度契合。

2019 年，自贸区开封片区实现进出口总值 186630.21 万元，比上年同期增长 132.25%，占全市的 25.42%；出口总值 154978.27 万元，比上年同期增长 158.43%，占全市的 24.29%；带动全市进出口总值同比增长 31.5%、出口总值同比增长 31.3%，跃居全省前列。截至 2019 年，自贸区开封片区累计吸引外资 40280.88 万美元，合同利用外资约 9969.43 万美元。2019 年，自贸区开封片区实现税收收入 11.12 亿元，挂牌以来累计实现税收收入达 26.3 亿元，年增幅近 100%。

坚持以开放为引领、以创新为驱动，促进发展动能更加强劲。拓宽开放平台。制定打造郑州大都市区核心增长极的 42 项任务举措，加快筹建开封海关，国际陆港铁路专用线成功获批，河南省首个国际艺术品保税仓和首家离境退税文创商店顺利落地，深圳文交所河南自贸区运营中心挂牌运营。加强招商引资。全年共签约项目156个，总投资874亿元；累计新增省外资金项目193个，中城投、益海嘉里等一批大项目、好项目落户开封。新设外资企业8家，实际利用外资完成7.1亿美元，增长8.2%。全市进出口总值、出口总值分别增长23.2%、22.9%。

(三) 开封自贸区挂牌以来的变化

根据商务部网站，河南自贸区成立以来，建设成效显著。

(1) 多项创新成果获得复制推广。累计形成280多项创新成果，"一码集成服务"和"跨境电商零售进口正面监管模式"入选国家自贸试验区第三批"最佳实践案例"；企业登记身份管理实名验证系统、"服务八同步"、"拿地即开工"建设模式等4项举措被国务院自贸试验区部际联席办推广；"营商环境体系建设"、"电子口岸企业入网联审优化改革"、"电子汇总征税保函"服务模式等案例在全省复制推广；向全省公布第一批15个改革创新案例，涉及投资服务、贸易便利化、金融服务创新等多个领域，作为各地复制推广的参考依据。

(2) 256项改革创新试点任务完成率达94%，居第三批自贸试验区各片区前列。

(3) 营商环境进一步优化。深化行政审批制度、商事制度和投融资体制改革，构建权责明确、透明高效的事中事后监管机制，建立以社会信用为核心的市场监管体系。在全国率先试行"一枚印章管审批、一支队伍管执法、一个专网搞服务"的"三个一放管服"改革新模式，实现"网上可办"和"一网通办"100%达标；实现"证照分离"改革全覆盖，设立企业开办"单一窗口"，最快60分钟内办完；开设企业简易注销"单一窗口"，实现企业注销"一窗受理、一次办妥"，公告期由45天缩短到20天。

(4) 市场主体增长迅速。截至2019年年底，河南自贸试验区累计入驻企业6.94万家，新增内资注册资本累计8099.98亿元，外资企业累计 400 家，实际利用外资累计 19.95 亿美元；实现进出口累计 591.3 亿元；92 家世界 500 强企业入驻自贸试验区。开封、郑州、洛阳片区新注册企业数分别是片区成立前的 29 倍、近 3 倍、2 倍。

在这些建设成果中，开封做出了重要贡献，尤其是在营商环境优化和市场主体培育方面，开封在三个片区中表现突出。

（1）市场主体增长迅猛。随着开封片区投资、贸易、金融等各项改革创新举措的有序推进，区内产业发展平台加速搭建，产业功能进一步完善，营商环境持续优化，吸引了大量企业落地开封片区长远发展。2017 年 4 月 1 日挂牌前，开封片区区域内企业存量 180 家，2016 年新增注册企业 47 家，占开封全市同年新增注册企业数（8569 家）的 0.55%；2017 年 4—12 月，开封片区新增注册企业 2212 家，占全市新增注册企业数（11804 家）的 18.74%；2018 年，开封片区新增注册企业 1738 家，占全市新增注册企业数（14123 家）的 12.31%；2019 年，开封片区新增注册企业 1257 家，占全市新增注册企业数（20192 家）的 6.23%；截至 2020 年 5 月底，开封片区拥有企业 5617 家，较挂牌前增加 30 倍（见图 3-1、图 3-2）。

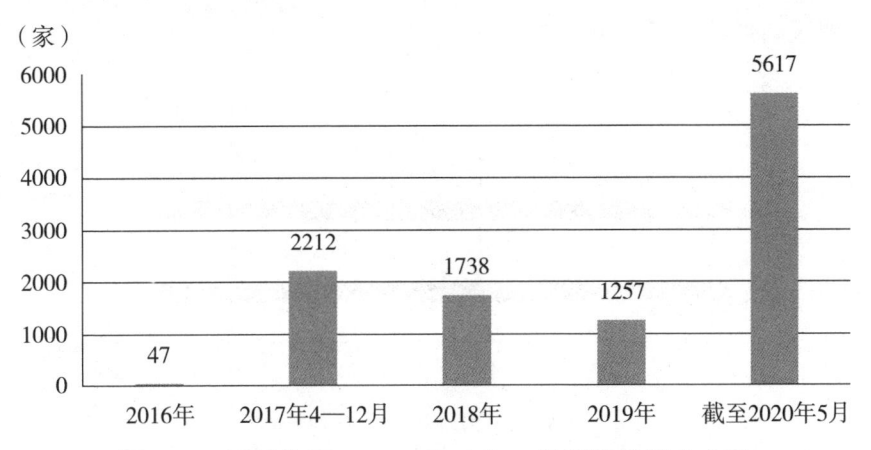

图 3-1　开封片区 2016—2020 年 5 月新增注册企业数

数据来源：河南自贸区开封片区。

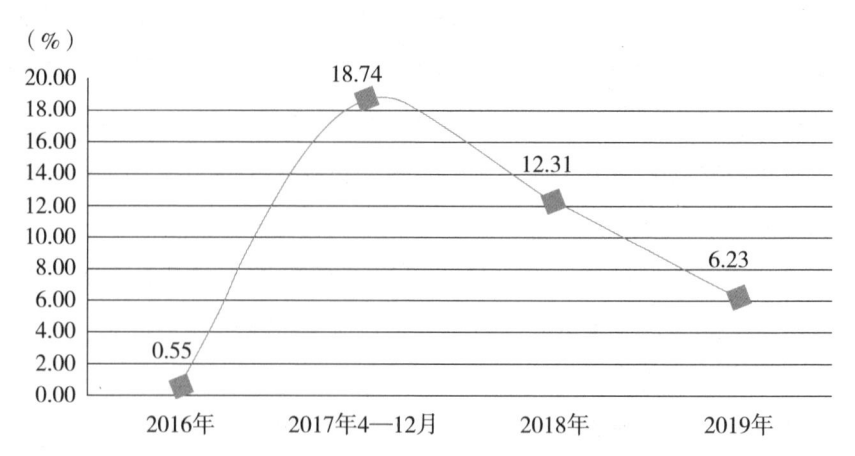

图 3-2 开封片区 2016—2019 年新增注册企业数占全市的百分比

数据来源：河南自贸区开封片区。

截至 2020 年 5 月底，开封片区累计注册资本 930.11 亿元，比挂牌前（47.83 亿元）增加 18.45 倍，其中，内资 920.71 亿元，比挂牌前（47.79 亿元）增加 18.27 倍，外资 9.4 亿元，比挂牌前（0.04 亿元）增加 234 倍，实现了较大幅度的增加。其中，内资注册资本 2017 年更是占开封市同年新增注册内资（8544221.56 万元）的 57.06%，凸显了自贸区的带动作用（见图 3-3）。

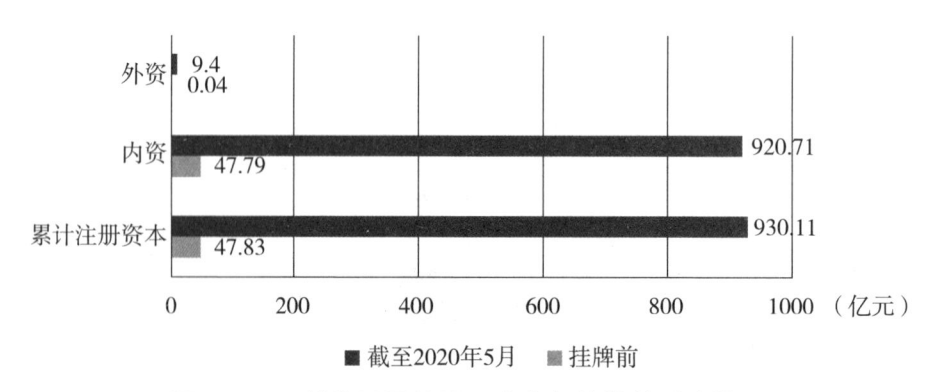

图 3-3 开封片区累计注册资本与挂牌前对比情况

数据来源：河南自贸区开封片区。

（2）税收收入增速强劲。2016 年，开封片区区域内企业新增税收收入 465.95 万元，占 2016 年开封企业新增税收收入（1149000 万元）的 0.04%；2017 年，开封片区企业新增税收收入 59000.00 万元，占 2017 年开封企业新增税收收入（1455000 万元）的 4.05%；2018 年，开封片区企业新增税收收入 67365.65 万元，占 2018 年开封企业新增税收收入（1820000 万元）的 3.7%；2019 年，开封片区企业新增税收收入 108230.00 万元，占 2019 年开封企业新增税收收入（2001000 万元）的 5.41%；2020 年 1—5 月，开封片区实现税收收入 57292.00 万元，同比上年（51657 万元）增长 10.91%；从挂牌至 2020 年 5 月底，累计实现税收收入 285749.79 万元，是 2016 年（465.95 万元）的 613.26 倍。

挂牌以来，2017—2019 年，开封片区年税收收入同比增长分别是 12562.30%、14.18%、60.66%，尤其是自贸试验区挂牌伊始，带动区域税收收入实现几何级数增长（见图 3-4）。

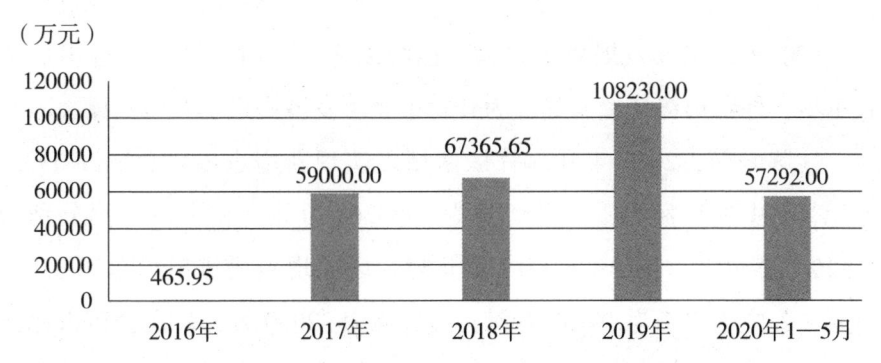

图 3-4　开封片区 2016—2020 年 1—5 月税收收入情况

数据来源：河南自贸区开封片区。

挂牌之前，2016 年，开封片区区域内企业户均纳税 2.59 万元；挂牌之后，2017—2019 年，开封片区企业户均纳税分别是 24.67 万元、16.31 万元、20.09 万元，显著高于全市企业户均纳税额 6.41 万元、6.81 万元、6.42 万元，特别是挂牌初年，开封片区企业户均纳税额同比上年增长 852.5%，充分显示出自贸区作为全市经济核心增长极的引领带动作用（见图3-5）。

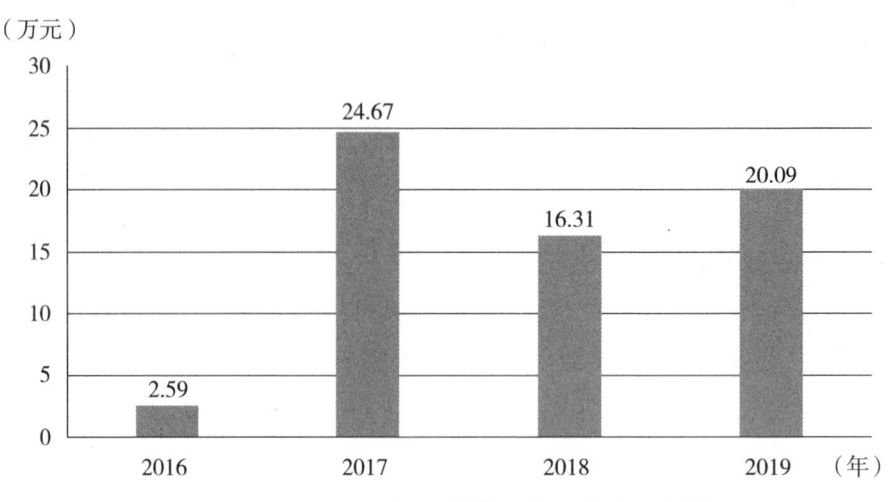

图 3-5　2016—2019 年开封片区企业户均纳税情况

数据来源：河南自贸区开封片区。

（3）对外贸易发展势头强劲。挂牌以来，开封片区外贸进出口增长迅猛，外贸形势持续向好，为开封市经济发展提供了有力支撑。

挂牌之前，2016年开封片区区域内实现新增进出口总额3733.68万元，其中进口额为零，出口额为3733.68万元，在全市占比分别为1.12%、0.00%、1.22%；2017年开封片区实现新增进出口总额42100万元，其中进口额为10100万元，出口额为32000万元，在全市占比分别为11.25%、36.00%、9.24%；2018年开封片区实现新增进出口总额81224.36万元，其中进口额为20839.20万元，出口额为60385.15万元，在全市占比分别为14.10%、29.40%、11.95%；特别是2019年实现新增进出口总额186630.21万元，占开封全市（含兰考，下同）进出口总额（734259万元）的25.41%，其中进口总额31651.94万元，同比增长51.89%，占开封全市进口总额（96239万元）的32.89%，出口总额154978.27万元，同比增长156.65%，占开封全市出口总额（638020万元）的24.29%（见表3-1）。开封片区在河南省进出口值增速放缓的情况下实现了逆势飘红，拉动开封市进出口总值增长 18.4 个百分点，对开封市进出口增长的贡献率高达 67.3%。截至 2020 年 5 月底，开封片区累计进出口总额 391477.18 万元，其中，进口总额 78130.18 万元，出口总额 313347.00 万元，有效拉动了全市经济增长。

表 3-1 开封片区 2016—2019 年进出口情况

年份	进出口（万元）	占全市比重（%）	进口（万元）	占全市比重（%）	出口（万元）	占全市比重（%）
2016	3733.68	1.12	0.00	0.00	3733.68	1.22
2017	42100.00	11.25	10100.00	36.00	32000.00	9.24
2018	81224.35	14.10	20839.20	29.40	60385.15	11.95
2019	186630.21	25.41	31651.94	32.89	154978.27	24.29

数据来源：河南自贸区开封片区。

从进出口总额增速看，2017—2019 年，开封片区进出口总额增长率分别为 1027.57%、92.93%、129.77%，分别比全市高出 1015.01 个百分点、38.99 个百分点和 102.35 个百分点，自贸区开封片区作为全市对外开放高地，对区域外向型经济发展的作用进一步凸显（见图 3-6）。

（4）金融高地初具规模。挂牌以来，开封片区新引入作为河南自贸区首家内资融资租赁试点企业、注册资本 15 亿元的豫资芯鑫，河南规模最大、注册资本 10 亿元的中原小贷，河南自贸区首家商业保理公司大河财立方，中原金象科创成长股权投资基金，鸿博股权投资，全银投资管理等数十家金融、类金融企业。

（5）楼宇经济优势明显。截至 2019 年年底，自贸大厦已入驻企业 2007 家，上缴税金约 4.3 亿元，成为开封市新产业、新业态、新技术的聚集地。自贸大厦 A 座、东汇名城 12 号楼成为全市仅有的 2 座税收超亿元楼宇，开封日报社大厦、海汇中心、枫华大厦成为税收超千万元楼宇。

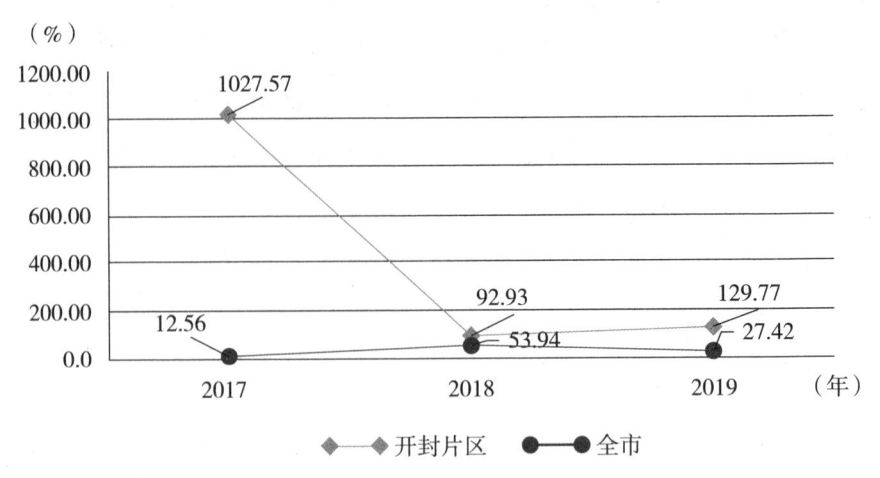

图 3-6　2017—2019 年开封片区进出口总额增长率与全市对比图

数据来源：河南自贸区开封片区。

（6）产业特色鲜明。根据国民经济行业分类，检索区内市场主体第一项经营业务可以看到，截至 2020 年 6 月底，现存的 5667 家市场主体中：文化、体育和娱乐业 102 家，房地产业 198 家，电力、热力、燃气及水生产和供应业 12 家，建筑业 374 家，交通运输、仓储和邮政业 13 家，金融业 15 家，居民服务、修理和其他服务业 19 家，科学研究和技术服务业 615 家，农、林、牧、渔业 34 家，批发和零售业 1888 家，水利、环境和公共设施管理业 15 家，卫生和社会工作 5 家，信息传输、软件和信息技术服务业 182 家，制造业 104 家，住宿和餐饮业 48 家，租赁和商务服务业 612 家，其他 1431 家（见图 3-7）。

另外，因企业存在多领域经营，按照现存企业经营范围进行分类可以看到：截至 2020 年 6 月底，开封片区文化、科技及相关类企业达 3626 家，占企业总数的 63.98%；文化、旅游及相关类企业达 2177 家，占企业总数的 38.42%。其中，文化及相关类企业 3119 家，占企业总数的 55.04%；科技及相关类企业 1775 家，占企业总数的 31.32%；旅游及相关类企业 197 家，占企业总数的 3.48%（见图 3-8）。

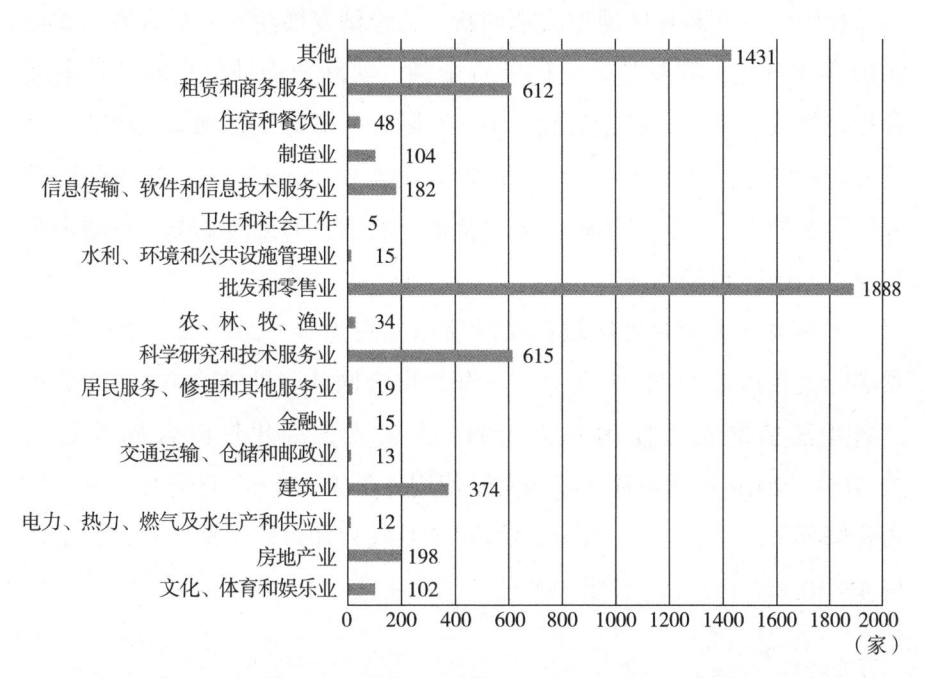

图 3-7　截至 2020 年 6 月底开封片区行业分类情况

数据来源：河南自贸区开封片区。

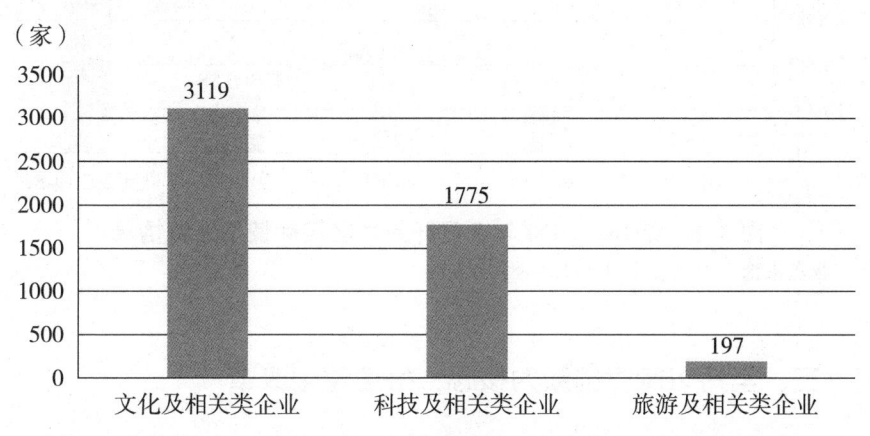

图 3-8　截至 2020 年 6 月底开封片区现存企业经营范围分类情况

数据来源：河南自贸区开封片区。

（7）自贸优势突出。开封片区挂牌前，区域内经济发展相对落后；挂牌后，开封片区通过改革创新，为经济发展注入了新活力。截至2020年5月底，开封片区合同外资金额、实际使用外资金额、备案境外投资机构、中方协议投资额、中方实际投资额分别达到了9969.43万美元、47830.88万美元、1个、3700万美元和850万美元。同时坚持以开放为引领、以创新为驱动，大力营造充满活力的创新生态，协助企业广泛参与国际市场竞争。

2016年，开封片区区域内实际使用外资为零。2017年开封片区新增实际使用外资11283万美元，占开封市合同外资的18.44%。2018年开封片区新增实际使用外资15711万美元，占开封市合同外资的22.76%。2019年开封片区新增实际使用外资13309.88万美元，占开封市合同外资的18.53%。截至2020年5月底，开封片区累计实际使用外资47830.88万美元（见图3-9）。

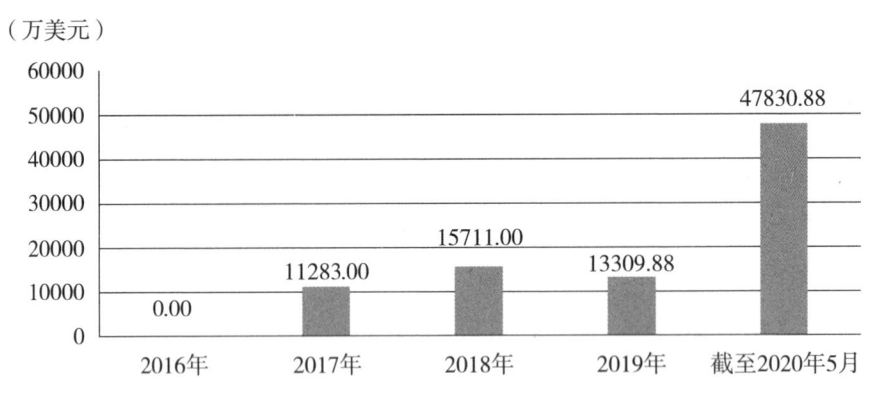

图3-9 2016—2020年5月开封片区实际使用外资情况

数据来源：河南自贸区开封片区。

二、坚持以制度创新为核心，持续深化改革

(一) 探索多项制度创新，部分改革领跑全国

自贸区建设的目的就是探索开放道路，相比商品和要素流动型开放，制度型开放是更深层次、更加全面、更为持久的开放。相比以往的开放政策，自贸区的建设更加强调以制度保障国际国内要素自由流动、

资源高效配置、市场深度融合的全面开放。从2013年9月29日上海自贸试验区挂牌设立以来，截至2019年我国已经先后分5批设立了"1+3+7+1+6"共计18个自贸试验区，形成了覆盖东西南北中的改革开放创新格局。自2013年以来，自贸试验区建设探索了以制度创新为核心的发展模式，在投资管理、贸易监管、金融改革和"放管服"改革等领域形成了一大批向全国复制推广的制度创新成果，适应了我国由商品和要素流动型开放向规则等制度型开放转变的需要，推动我国开放水平和营商环境的全面提升。

作为河南自贸区建设的重要组成部分，开封片区全面完成承接的改革创新试点任务，并探索形成了100多项制度创新成果，开创了诸多第一。其中，"22证合一"改革领跑全国，成为全国"放管服"改革领域的亮点和品牌；"建设项目联合精准监管"作为住建部第一批工程建设项目审批制度改革经验向全国复制推广；"一码集成服务"入选第三批"最佳实践案例"并在全国推广；企业投资建设项目承诺制等多项经验被国务院自贸试验区工作部际联席会议、国务院推进职能转变协调小组办公室在全国通报；"电子口岸企业入网联审优化改革"、"电子汇总征税保函"服务模式等在全省复制推广。开封片区推出了一系列走在全国、全省前列的创新举措，并梳理提炼了24项改革经验分两批向全市复制推广，持续释放改革红利。

2020年7月21日，在国务院发布的《关于做好自由贸易试验区第六批改革试点经验复制推广工作的通知》中，河南自贸试验区探索形成的"跨境电商零售进口退货中心仓模式""建设项目水、电、气、暖现场一次联办模式"位列其中。"建设项目水、电、气、暖现场一次联办模式"由开封片区探索推出。在工程建设项目申报市政公用基础设施时，建设单位需在水、电、气、暖等多个服务大厅往返跑，占用时间长，为解决这一问题，开封片区创新推出水、电、气、暖等市政公用基础设施"现场一次联办"。通过"一步完成"模式，进一步减少了中间环节，实现企业报装市政公用基础设施"零跑腿"；通过优化流程、压缩时限、减少材料，申请材料平均减少60%，办理时限压缩至6—10个工作日，企业获得感全面提升。

（二）推动开放平台和通道建设，提升外贸综合服务水平

（1）开放平台加速构建。在阿联酋迪拜设立开封第一个海外仓，河南自贸试验区国际艺术品保税仓成功获批，属中部地区首个，并在2020年7月顺利通过郑州海关验收。开封在区内、国外海关特殊监管区域/场所建设方面接连实现了两个"零的突破"。开封海关筹建和综合保税区申建工作进展顺利，全市开放平台布局取得历史性飞跃，实现"内陆变前沿"，带动双向开放进一步提速。

（2）开放通道更加畅通。开封国际陆港铁路专用线接轨申请正式获批，空中、陆上、网上、海上丝绸之路"四路协同"建设加速推进，将进一步放大开封地处中原、紧邻郑州的区位优势，为开封推进开放型发展提供通道保障。

（3）通关服务更加便利。积极筹建海关的同时，在开封片区综合服务中心海关窗口增设海关现场业务处，先行开展19项海关基础注册业务，2018年入驻以来，共为企业减免进口国关税超1亿元；大力优化电子口岸入网联审服务，创新通关服务模式，使开封与沿海发达城市一样，实行通关注册业务便利化办理模式；搭建外贸综合服务平台，为进出口企业提供全程供应链服务。

三、坚持以营商环境建设为抓手，不断提升服务水平

以打造中部地区营商环境国际化引领区为抓手，对标国际，先行先试，在全省率先推出营商环境评估指标体系，积极探索具有开封特色的营商环境建设路径。根据第三方评估结果，2018年、2019年连续两年，开封片区营商环境全球模拟排名高于国内平均水平，开办企业、办理施工许可、纳税等方面均优于国内平均水平。开封片区获批国家级政务服务标准化试点，成为全国自贸区领域国家级政务服务标准化试点项目唯一试点单位。市场化、法治化、国际化营商环境建设成效明显，政务服

务标准化水平持续提升,"四极"目标渐次推进,为全市营商环境建设蹚出了路子,为开封市 2019 年政务服务指标位列全省第一提供了有力支撑。

四、文化和产业双轮驱动,促进经济高质量发展

(一) 打好文化牌,提升"国际范儿"

以推进文化产业国际化为主线,成功引入国内目前唯一一家中宣部等国家九部委联合批准在营的国家级文化金融机构——深圳文化产权交易所,在开封片区设立了深圳文交所河南自贸区运营中心,正式启动深圳文交所文化产业板河南自贸区(开封)专区、艺术品资产托管平台河南自贸区专区,为开封片区文化产业发展提供了强有力的金融服务支撑。河南自贸区首家离境退税文创商店落地。充分发挥自贸区先行先试的政策优势,通过开封片区海关窗口,实现开封市首单商业展览形式文化艺术品出口。

河南自贸试验区国际艺术品公用型保税仓 2019 年 9 月 20 日成功获批,并于 2020 年 7 月 9 日顺利通过郑州海关验收。这是全国第一座集艺术品仓储、保税展示、拍卖交易等功能于一体的艺术品保税仓,同时也是全国第二个在海关特殊监管区域外的艺术品保税仓。目前,仓内设有展览展示区、保税仓储区、国际商品展销区、多功能拍卖区四大功能区,具有定期举办各类国际国内艺术品展览及文化交流活动、进行艺术品的推广与展销等功能。依托艺术品保税仓,可拓展艺术品鉴定、估值、修复、艺术品金融、艺术家交流等业务。该艺术品保税仓对开封片区构建"国内艺术品走出去,境外艺术品走进来"通道,形成覆盖艺术品保税展示、仓储、交易、物流、担保、租赁、税收、金融等全产业链的国际性艺术品交易平台,逐步将开封打造为国际艺术品交易中心具有重要意义。

"第一届宋文化寻根——豫澳美术交流展""首届开封国际文化金融与贸易论坛暨献礼新中国成立 70 周年艺术展""金犀奖·首届中国

（开封）国际动漫节""2019数字文化大会"等活动先后举办，为开封文化产业国际化造势，助力开封打造文化产业对外开放品牌。出台了《加快开封片区文化产业国际化发展的若干意见》，促进国际文化旅游融合发展，凸显文化产业特色。加入了世界自由区组织，国际"朋友圈"越来越广，为文化产业国际化打开了新局面。

截至2019年年底，区域入驻企业5207家，是挂牌前的29倍；文化、旅游类企业占比47.88%；文化科技企业占比16.34%；专利申请1094件，专利授权736件，其中发明专利授权48件；通过认定的高新技术企业7家；有进出口业务的外贸备案企业近半是文旅企业。自贸区开封片区自身建设与"文化+"战略相得益彰，形成了独具特色的"自贸+文化"发展模式，为开封经济高质量发展和河南自贸试验区建设提供了支撑，为全国文化产业创新发展提供了经验借鉴。

(二）全力谋产业，构建"生态链"

围绕产业发展延链强链，开展精准招商，狠抓项目建设，构建上下游协同发展的产业体系，成功获批国家供应链创新与应用试点城市。截至2020年3月底，入驻企业5366家，是挂牌前的近30倍，外资企业是挂牌前的28倍。税收年增幅100%，高新企业年增幅100%，对外贸易逆势飘红，带动全市进出口增幅连年位居全省前列。楼宇经济优势明显。孵化了两座税收超亿元楼宇，贸易、物流类产业发展迅速，累计入驻丰树物流、金明食品、贝斯科超硬材料等贸易、物流类企业1587家。汽车产业形成链条。获批郑开汽车及零部件外贸产业基地；奇瑞汽车河南生产基地成为全市第一个产值超100亿元的企业，是全市龙头企业、全省出口创汇先进企业。金融高地初具规模。河南自贸区首家内资融资租赁试点企业豫资芯鑫、河南规模最大的小贷公司中原小贷、河南自贸区首家商业保理公司大河财立方等陆续入驻开封片区。双创平台加速推进。中关村智酷人才与产业创新基地已入驻科技型企业近30家，绿地创领众创空间已入驻企业50余家，电子商务产业园入驻企业60多家并成功创建河南省跨境电子商务人才培训暨企业孵化基地，意大利SIDA

集团中国区运营中心及中芬国际产业创新合作中心启动运营等。

五、未来工作重点

扩大高水平开放。全面强化开放理念，全方位打造开放环境。发挥自贸区开封片区对外开放桥头堡的作用，主动融入国际化中心城市，加快申建综合保税区，全力打造内陆开放高地。推进国际艺术品保税仓建设，搭建具有区域特色和市场空间的文化贸易平台。推进健康乐谷建设，打造中部地区国际医疗旅游示范区。开展产业大招商，建立项目引进正、负面清单，重点围绕"8+1"产业链谋划项目，采取规划招商、股权招商、以商招商等方式，引进总投资5亿元以上项目55个、总投资10亿元以上项目15个。

优化营商环境。贯彻国务院出台的《优化营商环境条例》，落实好"六个一""便捷开工""首席服务员"等机制，动态调整"四个50"企业，完善三大改造、产销对接、"企业上云"等扶持措施。不折不扣落实减税降费政策，进一步降低企业成本。毫不动摇地支持非公有制经济高质量发展，保护民营企业和企业家的合法财产，引导民营企业聚焦实业、做精主业；针对拖欠民营企业账款情况，建立清理和防治长效机制；对坚守主业、技术产品有优势但流动性遇到暂时困难的民营企业，主动服务，加强政银企衔接，鼓励共克时艰、共赢共生。建立规范的政企沟通渠道和银企对接长效机制。

（1）实施改革创新"3112计划"，实现"放管服"改革新突破。即推动实施相对集中许可权、证照分离全覆盖、清单制+告知承诺制"三项改革"，健全完善多元监管"一个体系"，制定实施政务服务"一套标准"，做好"输入式"与"输出式""两种模式"的复制推广。

（2）加快开展"五项探索"，实现制度型开放新突破。即探索放宽市场准入，探索扩大外商准入范围，探索颁布开封片区外商投资指导目录，探索投资贸易便利化创新，探索营商环境法治化创新。

（3）推进"四大"工程，实现开放平台建设新突破。即加快推进开封海关筹建工程，加快推进开封综合保税区申建工程，加快推进国际艺术品保税仓开仓运营，加快推进开封国际陆港铁路专用线建设工程。

（4）聚焦"四大"优势产业，实现产业集聚发展新突破。即积极发展中医药服务贸易，重点发展文化金融，重点推进数字文化发展，支持动漫设计产业发展。

（5）重点推进"五个全面"，实现国际化发展新突破。即全面完善"管委会+公司"开发运营模式，全面打造国际化产业园区，全面推进产业融合发展，全面抓好招商引资，全面构建国际化渠道和平台。

（6）构建"三重联动"发展格局，实现区域协调发展新突破。即以深化郑汴自贸区错位发展为抓手，不断强化"郑汴"自贸联动发展格局；以谋划与航空港联合申建自由贸易港为抓手，积极打造"汴港"自贸联动发展格局；以拓展与全球其他自由贸易区（港）的合作交流为抓手，着力打造"汴通天下"自贸联动发展格局。全面启动高水平开放、高质量发展"快进键"，奋力开启"以古闻名、以新出彩"新征程，以自贸建设高质量带动实现经济发展高质量。

第四章 生态篇

开封市资源环境建设发展现状与趋势分析

一、总体概况

开封市近些年来以"国家园林城市""国家卫生城市"为建设目标，把优化生态环境作为提升人文旅游环境和营商环境的重要前提和突破口，开展"一渠六河"治理工程、"示范区绿化提升"工程、循环经济产业园建设项目。城市生态环境逐年优化提升，空气和水资源质量明显好转。在能源利用方面，西气东输、西电东送缓解了开封市能源消费压力，地热资源、农村生物质能开发利用为开封市能源结构优化拓宽了空间。但是，由于城市财政资金相对紧缺，生态资源呈现存量少、分布不均衡的特征，开封市生态环境建设还需要进一步引入先进管理和技术方法，实现系统化、高效率的环境改造治理。整体来说，开封市商贸和旅游业相对繁荣，第二产业比重低、规模小。因此，开封市与生产相关的环境污染压力较小，以二氧化硫、氮氧化物、烟尘为代表的工业废弃物的排放量相对低，2018年在全省18个地级市中排名后5位。空气污染主要来源于少数能源、化工等高排放企业，以及冬季供热排放和道路汽车排放。各类空气污染物中，颗粒物和臭氧污染相对突出。开封同郑州、新乡、焦作等城市距离近，空气污染部分也源于其他工业城市的区域传输，因此黄河沿岸各城市协同治理空气污染是解决问题的根本。

开封市环境治理的压力也显著来源于水污染，由于电力、化工、食品等耗水型企业较多，污水处理设施相对缺乏，开封市废水排放量在全省居于中等偏上水平。开封市内河湖众多，水质差将影响城市居民的身体健康，不利于旅游城市的长期可持续发展。因此，开封市"一渠六河"黑臭水体治理被列入国家和河南省重点工程，经过为期三年的建设，当前工程已经顺利完工并全线通清水，城市水系质量改造给居民带来真正的实惠，成为国内城市水体治理的示范工程。开封市能源消耗总量不高，并且由于近些年能源输送基础设施的改造提升，天然气供给量得到明显增加。但也存在强度偏高、供需结构矛盾需化解的问题。2018年单位工业增加值能耗排全省第6位，工业节能降耗的任务仍相对较重。从生活端分析，冬季供暖是耗能和排放的重要源头，目前城市冬季集中供暖还以煤炭和天然气为主，农村缺乏集中供暖设施，这种用能方式具有明显的不可持续性，风能、太阳能、生物质能源有待进一步开发。开封丰富的地热资源尚未开发利用，在能源技术不断提升和设施建设成本逐渐下降的背景下，地热资源的推广和应用将为能源结构优化带来光明前景。当前地热能的利用不仅在开封市区，兰考、通许、尉氏等县城也开展了地热资源供暖、地热农业大棚、地热养殖等项目，为开封市新能源的利用开创了新的局面。

二、开封市环境各领域发展现状与趋势

（一）生态建设进度

开封市2018年建成区绿化覆盖率为36.2%（见图4-1），相比较省内其他城市还处于较低的水平。因此，植树种草、增加道路和滩区绿化面积是开封市环卫部门近几年的重要任务。统计结果显示，2018年，省内绿化覆盖率最高的城市为商丘，达到45.7%，其他城市也在40%左右。虽然从数据上看差距并不明显，但城市绿化对于涵养水源、净化空气、调节气候具有重要作用。按国家森林城市标准，城区绿化覆盖率要达到40%以上，街道树冠覆盖率要达到25%以上，而一些发达国家的学者认为，城市绿化覆盖率达到50%以上才能够保持良好的环境。另外，开封市绿地面积呈现明显的不均衡性，北部多于南部，集中于风景旅游区，居民生活区绿化面积偏少，老旧街区的树冠覆盖率也偏低。因

此，加大城市绿化投入力度，进行更均衡合理的城市生态规划是管理部门面临的重要任务。开封市近些年开展了生态园林城市创建工作，借助示范区生态体制建设、沿黄生态带绿化等系列项目，加大城市裸露土地治理力度，采取绿化、硬化等方式进行城市空地生态化和规范化整治；注重城市全域生态建设，沿交通线、城市河湖建设生态绿带，使其与沿黄生态带一起构成城市生态绿网。根据政府相关规划，2020年开封市将新增绿地面积72公顷，城市绿化率达到37%。

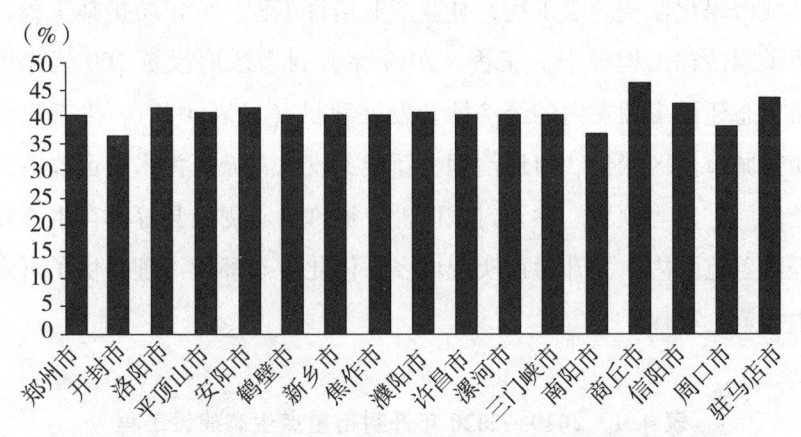

图 4-1　2018 年河南省各城市建成区绿化覆盖率

资料来源：《河南统计年鉴2019》。

《开封市创建国家生态园林城市2019年度工作实施方案》明确了要全面推进国家生态园林城市创建，努力构建总量适宜、分布合理、景观优美的城市绿地系统；加强生态空间管控，因地制宜实施生态修复；达到"300米见绿、500米入园"的基本要求；实现市政设施功能完善，市容市貌整洁有序，建设蓝天碧水、绿树成荫、繁花似锦的绿色生态家园，为2020年申报国家生态园林城市打牢基础。方案以"三增"（增绿量、增容量、增效益）、"四转"（从生产建设向生态建设转型、从林木经营向森林经营转型、从林业经济向林区经济转型、从粗放增长向集约增长转型）、"五统筹"（建设和治理森林、湿地、流域、农田、城市五大生态体系）和"六化"（山区森林化、平原林网化、城市园林化、乡村林果化、廊道林荫化、庭院花园化）为总目标，努力形成高质量的城乡一体化森林生态体系。

高标准打造互联互通的生态廊道、精品绿化线路，打造覆盖全市的立体化绿色生态网络，辐射周边，带动乡村振兴示范村、贫困村脱贫。2019年完成创森任务15.6万亩。重点实施环城区生态廊道建设工程，市、县、乡、村重要廊道建设工程，市、县（区）重要道路出入口廊道绿化工程，乡村振兴绿化工程，河湖渠绿化工程，国家储备林建设工程，城市绿化提档升级工程，林业产业培育工程，农田防护林工程，平原防风固沙林工程等十大工程。2019年开封市政府投资500亿元用于包括生态建设工程在内的经济社会发展项目（见表4-1），生态建设工程涵盖城市街区绿化、河道治理、新能源发电、城市污水管道改造和污水处理厂扩建等领域。除开封城区外，通许县、尉氏县等都在生态建设工程覆盖范围内，为开封市实现城乡一体化生态环境治理提供了有效的技术和资金支撑。

表4-1 2019—2020年开封市重点生态建设工程

市重点生态建设工程	工程所在区域（负责单位）
马家河综合治理工程项目；西护城河两岸生态绿化工程；示范区内绿化提升项目；开封第四大街两侧景观绿化项目	城乡一体化示范区
通许县百城提质工程	通许县
国家电投集团河南新能源有限公司风电场项目；城市主要道路行道树花木补栽工程；工业污水管网接入工程；商登高速北出站口花园提升和康沟河两侧绿化工程	尉氏县
环嘉循环经济产业园项目；中电建生物质气项目	兰考县

续表

市重点生态建设工程	工程所在区域（负责单位）
北区污水处理厂及配套管网建设工程；街头游园绿化提升项目；雨污水混接点改造二期工程；黄汴河上游沿河截污工程；东区、西区污水处理厂扩容及配套管网建设工程；生活垃圾无害化处理厂二期填埋库区项目	市城管局
开封市冬季取暖建筑能效提升项目	市住建局
开封市冬春植树造林项目；开封市国家储备林基地建设项目	市林业局

资料来源：开封市发展改革委。

（二）水资源利用

1. 水资源供需状况

开封市水资源与周边城市相比，储量相对丰富，不仅市内河湖多、地下水充足，而且可以从黄河引水使用。2018 年城市水资源综合生产能力和供水总量都在全省 18 个地市中排第 5 位，其中供水总量为 11747 万立方米。开封市丰富的水资源吸引了冶炼、电力、化工等一批高耗水企业入驻，另外餐饮、商贸、医疗等行业也是耗水大户。因此，污水排放量相对高，2018 年为 11549 万立方米，排全省第 4 位（见表 4-2）。2018 年开封市污水处理率为 95.7%，显著低于周边几个地市，即还存在一部分污水没有得到适当处理和回用。2020 年开封市重点生态环境项目中就包括东西区两个污水处理厂的扩建，这将显著提高开封市污水处理能力。从源头管控也是开封市水资源保护的关键。2018 年开封市污水人均排放量为 116 万立方米，居全省第 6 位，因此，有必要在全市号召建设节水型社会，从生产生活端严格控制水资源使用，实施用水总量和用水强度"双控"，实现城市用水和人口规模、产业结构协调发展。

表4-2 2018年河南省18城市水资源供应和消耗量

城市	水资源综合生产力（万立方米/日）	排位	供水总量（万立方米）	排位	用水人口（万人）	排位	人均（立方米）	排位	污水排放量（万立方米）	排位
郑州	195	1	42098	1	626	1	67	16	40880	1
开封	64	5	11747	5	99	4	119	7	11549	4
洛阳	86	3	17031	2	235	2	72	14	16520	2
平顶山	60	6	12545	4	95	6	132	4	12500	3
安阳	91	2	10489	6	76	9	138	3	8507	7
鹤壁	24	14	4413	16	48	15	92	11	4140	16
新乡	51	8	13718	3	78	8	176	1	10416	5
焦作	59	7	8377	8	80	7	105	10	8356	8
濮阳	49	9	7457	9	60	11	124	5	6208	11
许昌	24	13	5006	14	56	13	89	12	4259	14
漯河	41	10	7207	11	61	10	118	8	7200	10
三门峡	18	17	3180	18	48	14	66	17	2845	18
南阳	72	4	10078	7	141	3	71	15	9990	6
商丘	41	11	5975	12	95	5	63	18	5600	12
信阳	26	12	5005	15	60	12	83	13	4160	15
周口	22	16	5059	13	43	17	118	9	4761	13
驻马店	24	15	7309	10	46	16	159	2	7290	9
济源	11	18	3698	17	31	18	119	6	3650	17

数据来源：《中国城市统计年鉴2019》。

2. 用水结构

2018年，开封市生产运营、公共服务、居民家庭用水比重分别为42%、13%、45%（见图4-2）。相对其他城市来说，生产运营用水的比重较高，这是因为开封市存在一些高耗水行业，如煤化工、冶炼、发电和食品加工，并且市内餐饮和住宿服务业规模也较大，这类商户在经营过程中消耗了大量的水资源。居民家庭用水的比重相对郑州、许昌、三门峡等其他城市偏低，除了城市居民消费水平相对低外，开封市有丰富的地下水资源可以利用也是重要原因。整体来说，开封市工业生产用水与产值相比较还存在一定的节约空间，随着城市人口的增加和公共部门数量的扩张，开封市公共消费用水还存在上涨的压力。需要进一步优化用水结构，综合采取总量管控和额度分配的方式，降低部分区县和行业的超额用水量。

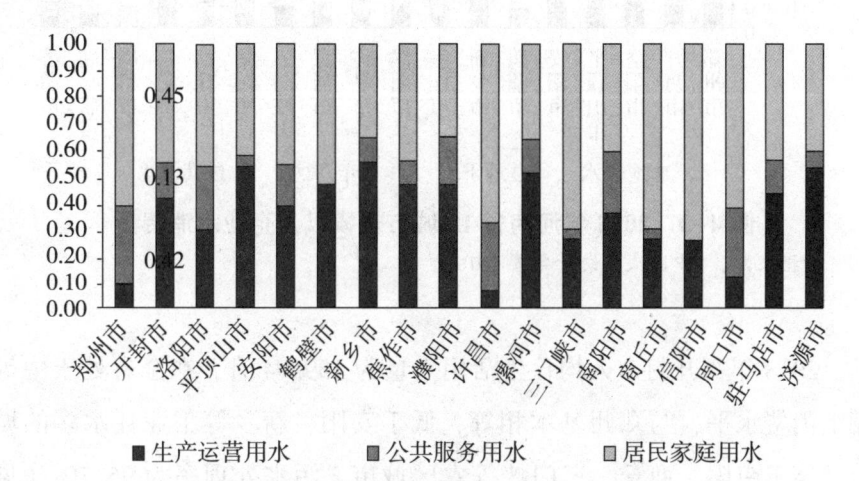

图 4-2　2018 年河南省 18 城市用水结构

数据来源：《中国城市统计年鉴 2019》。

开封水资源大致构成为地下水约占 60%、引黄水约占 30%。地表水资源有河流、湖泊和引黄水，并且除黄河外，其他河流供水能力较弱。引黄水主要用于沿黄灌区的灌溉，在黑岗口和柳园口灌区上游建有黑池和柳池作为市区的水源地。生产耗水是水资源消耗的重要途径，开封市规模以上企业水资源消耗以地表水为主，2018 年达到 12187 万立方米，其次是地下水，为 878 万立方米。相比省内其他城市（见图 4-3），开封市工业地下水使用量的压力相对较小，当前地下水主要用于居民生活。整体来看，开封用水总量和生产运营用水比重都较高，但是规模以上企业水消耗量全省横向比较来看相对较少，原因在于存在一定数量的中小企业和小规模经营的商贸、餐饮等服务业商户，所以开封市需要着力推动分散型小企业的节约用水。

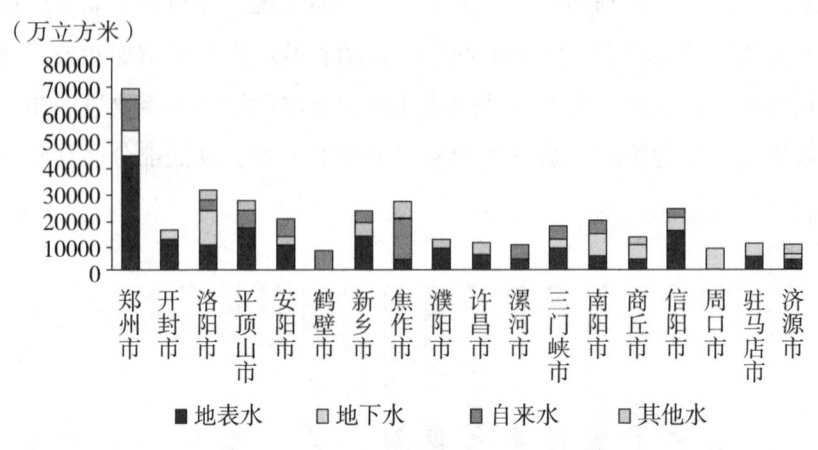

图4-3　2018年河南省18城市规模以上企业水消费量

数据来源：《中国城市统计年鉴2019》。

2018年，开封市人均日生活用水量为139.94升，在全省处于中等偏上消费水平，与郑州基本相等，低于安阳、新乡等工业耗水多的城市，高于南阳、商丘、三门峡等农区城市。污水处理率为95.7%（见图4-4），与节水城市的目标相比还存在一定差距。未来应该通过加密城市河湖截污管网建设、提高城市地下管道的雨污分流能力、增建污水处理厂等提高污水回用率。开封市地势相对平坦，存在水源流动性低、水质净化难度高、水环境相对不好的问题，仍需要提倡生产单位和居民节约用水，提高水资源循环利用效率。开封市"一渠六河"水质治理工程的开展将有助于实现污水截留、水体净化、环境改善的整体目标，有利于开封旅游商贸业的进一步提质升级。

3. 2019年开封市内湖泊水质情况

（1）水质达标的湖泊：汴西湖、中意湖和运粮湖水质各项因子均符合标准。

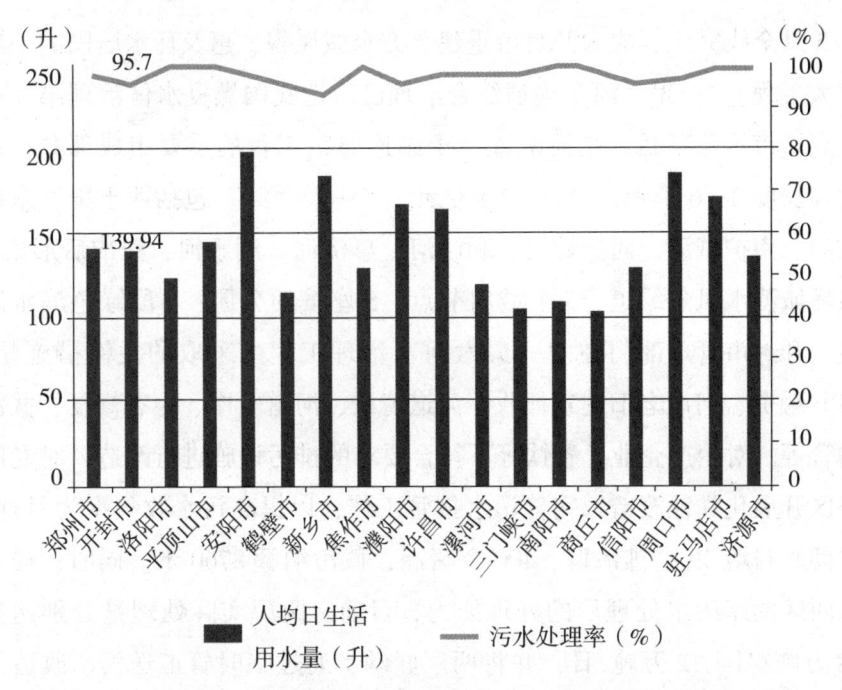

图 4-4　2018 年河南省 18 城市人均日生活用水量和污水处理率

数据来源：《中国城市统计年鉴 2019》。

（2）水污染超标的湖泊：包公湖、龙亭湖、清园内湖、西北湖（铂尔曼酒店旁）、铁塔湖和阳光湖 6 个湖泊超标，超标因子主要为化学需氧量、总磷和悬浮物。6 个湖泊化学需氧量均浓度超标，其中包公湖和阳光湖水质中化学需氧量浓度超标较高。有 3 个湖泊总磷浓度超标，分别为包公湖、龙亭湖和阳光湖，其中龙亭湖和阳光湖总磷浓度超标较高。有 4 个湖泊悬浮物超标，分别为包公湖、清园内湖、铁塔湖和阳光湖。湖泊水质富营养化严重，藻类等大量繁殖，形成绿色水华，严重影响城市景观和河湖水生态环境，急需对富营养化河湖水体进行治理修复。湖水污染治理首先要实施湖底清淤，检查和拦截朝向湖泊的排污口。为解决湖水富营养化的问题，需要尽快实施生态补水，种植具有污染物吸附作用的水生植物。

4. 开封市"一渠六河"水环境改造工程

开封市"一渠六河"水环境改造工程开始于 2017 年 9 月，于 2020

年5月全线完工，成为开封市重建北方水城风貌、惠及环水居民的一项重大工程。"一渠六河"连通综合治理已入选我国黑臭水体治理第一批重点城市示范项目，是河南省"十湖连通"工程的重要组成部分，总治理长度28.6千米，投资37.5亿元。"一渠六河"包括西干渠、东护城河、南护城河、西护城河、利汴河、惠济河、涧水河，建成后形成1条环城滨水风景绿道、5个城门节点、5座滨河公园、8段绿色滨水岸线。开封市管理部门在"一渠六河"治理工程中采取的关键措施是：PPP融资、河岸老旧建筑征收、河道清淤、河道驳岸、生态修复、截污纳管等。对生产企业、餐饮等不符合要求的排污设施进行改造，对老旧小区开展化粪池改造，完善污水接管工作，以提高污水收集率为目标，共彻底封堵39个排污口、400个暗涵，截污纳管8760米。同时，提升东西区两座污水处理厂的处理能力，目前，两厂实际处理量分别达到18万吨/日、12万吨/日，并将两厂联动，通过临时管道送污、改造污水管网，让污水应入尽入管网，直送污水处理厂。

创新投融资模式，统筹推进项目建设也是重要举措之一。开封市一方面积极争取上级资金；另一方面拓展融资渠道，采取市场化合作等方式积极筹措资金。由开封水务开发建设有限公司作为"操盘手"，启动PPP融资合作新模式，缓解了开封市的财政压力。工程建设中，通过种植、养殖、繁殖适宜在水中生长的植物、动物和微生物，改善生物群落的结构和多样性，增强水体的自净能力，目前河道中种植水生植物18种。当前，"一渠六河"工程已经全线通水，在原有水资源供给的基础上，引黄河水作为新的补给水源，改变了以往水质差、味道难闻、水源流动性不足的问题，形成城河一体的环城景观带，覆盖面积约38平方千米，惠及沿岸居民50余万人。由于生态环境改善提升，每年来开封旅游的游客能增加800万人次，带动4亿元消费，新增就业2万多人。可见，"一渠六河"改造工程将为开封市北方水城和旅游名城建设做出突出贡献。

（三）空气质量状况

开封市空气污染主要来源于颗粒物，即 PM_{10} 和 $PM_{2.5}$。近些年由于道路交通排放和化工、电力行业形成的细颗粒物污染受到广泛关注，开封市管理部门通过提高机动车燃油品质、道路限行、淘汰小燃煤锅炉的方案实施空气污染控制，使二氧化硫和颗粒物浓度在 2015—2018 年显著下降。但是由于气候变化及污染物间的相互作用，近些年来秋冬季臭氧浓度有所上升，成为新的空气质量问题。总体来看，2018 年开封市空气质量达到二级以上的天数为 182 天（见图 4-5），虽然在河南省内与人口多、工业比重高的城市如郑州、安阳、焦作相比空气质量更好一些，但是在全国重点监控的 113 座城市中排 102 名，处于落后位置。河南不临江海，空气流动性低，本底质量相对较差，同时省内人口众多，又存在多个工业城市，因此空气污染整体相对严重。

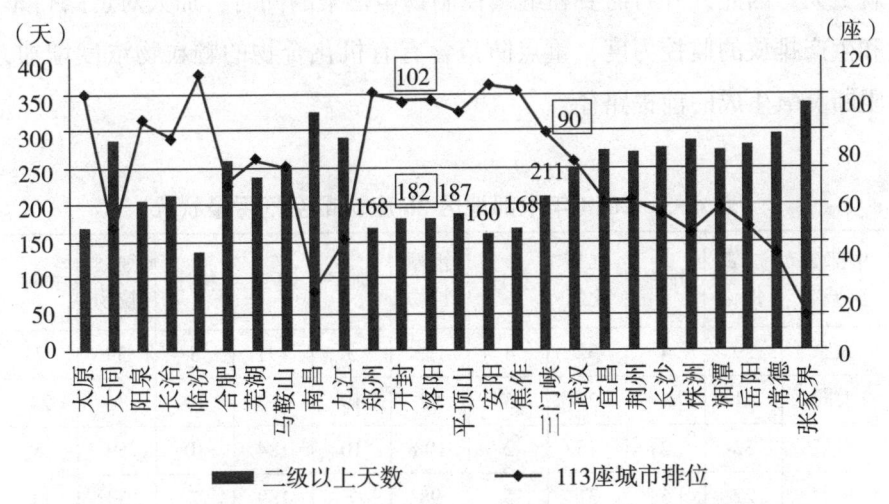

图 4-5 2018 年重点监控城市空气质量二级以上天数及排位

数据来源：《中国社会统计年鉴 2019》。

当前国家重点监控的 113 座城市都是存在高空气污染风险的城市。从中部地区各个省份来看，虽然山西和安徽也存在空气污染严重的城市，如太原、临汾和芜湖，但同样也存在大同、合肥这些由于产业转型和生态建设进程加快，空气质量已经得到明显改观的城市。河南受监控的几座城市中除三门峡由于生态旅游业的发展，空气质量相对较好外，其他都排在100名以后。开封作为重要的文化旅游城市，空气污染治理和生态建设将提高城市的宜居度，增进旅游业的对外吸引力。因此，需要加大城市空气污染治理力度，对省内其他城市起到引领和示范作用。

为提高空气质量的地域可比性，对2018年中部26座城市的空气污染情况进行了统计（见表4-3）。具体来说，开封市空气污染主要体现在粗、细颗粒物和臭氧方面，分别在中部26座城市中排第8名、第5名、第8名。近些年新增加了臭氧监控指标，臭氧主要是由汽车尾气、生产废气二次生成的污染物，对人体健康具有突出的影响。开封市臭氧污染浓度在26座城市中排第8名，而随着颗粒物等污染物浓度的下降，空气能见度将进一步提升，在强光照的作用下，臭氧浓度超标的风险也就更大。因此，开封需要在继续控制扬尘污染的同时，加大对道路行车和生产排放的监控力度，重点防范含有有机化合物的颗粒物浓度增加，阻断臭氧生成的前提路径。

表4-3　2018年中部地区26座城市空气污染状况

中部26座城市	二氧化硫	排序	二氧化氮	排序	粗颗粒物	排序	臭氧	排序	细颗粒物	排序
太原	29	4	52	4	135	5	191	5	59	7
大同	31	3	29	3	82	19	153	19	36	24
阳泉	32	2	45	2	108	10	184	10	59	9
长治	22	5	31	5	98	7	189	7	54	11
临汾	46	1	40	1	117	1	217	1	69	2
合肥	7	25	43	25	72	14	169	14	48	17
芜湖	11	18	42	18	68	12	179	12	50	13
马鞍山	15	13	38	13	76	9	185	9	45	19
南昌	11	19	36	19	64	24	144	24	30	26

续表

中部26座城市	二氧化硫	排序	二氧化氮	排序	粗颗粒物	排序	臭氧	排序	细颗粒物	排序
九江	13	17	29	17	68	21	152	21	43	23
郑州	15	14	50	14	106	4	194	4	63	6
开封	17	11	36	11	105	8	187	8	64	5
洛阳	19	7	43	7	104	6	190	6	59	8
平顶山	18	8	38	8	101	11	182	11	65	4
安阳	22	6	44	6	123	3	196	3	74	1
焦作	18	9	41	9	116	2	200	2	67	3
三门峡	15	15	39	15	100	13	171	13	57	10
武汉	9	24	47	24	73	15	164	15	49	14
宜昌	11	20	34	20	77	25	143	25	53	12
荆州	15	16	34	16	86	17	157	17	49	15
长沙	10	22	34	22	61	16	161	16	48	18
株洲	18	10	33	10	71	23	148	23	45	21
湘潭	16	12	35	12	68	20	153	20	49	16
岳阳	10	23	23	23	72	18	155	18	45	20
常德	11	21	25	21	62	22	151	22	44	22
张家界	7	26	22	26	58	26	130	26	32	25

数据来源：《中国城市统计年鉴2019》。

（四）工业废弃物排放和土壤污染

由于工业比重相对低，2018年开封市工业排放中除废水外，二氧化硫、氮氧化物和烟（粉）尘排放都处于全省后三位，排名分别为16、16、15（见表4-4）。与周边城市郑州、新乡、商丘相比，工业废弃物排放量相对较少。但是开封市整体空气质量处于全省靠后的位置，一年中仍有大约一半即180多天空气质量在二级以下，需要重点防范污染区域传输，以及开封市内交通、餐饮等生活服务行业产生的空气污染。

表 4-4 2018 年河南省各地市工业废弃物排放量

城市	工业废水排放量（万吨）	排名	工业二氧化硫排放量（吨）	排名	工业氮氧化物排放量（吨）	排名	工业烟（粉）尘排放量（吨）	排名
郑州	7766	2	17701	1	20251	2	12915	2
开封	1999	13	1310	16	2209	16	808	15
洛阳	4339	4	13353	3	14616	4	8066	6
平顶山	2579	9	14244	2	19496	3	9333	3
安阳	2377	11	12077	4	27182	1	27717	1
鹤壁	3021	6	2289	12	4072	13	1292	14
新乡	8251	1	5088	9	14327	5	8251	5
焦作	5662	3	7428	6	9871	8	3985	11
濮阳	2942	7	917	17	2288	14	775	16
许昌	2391	10	7513	5	12337	6	6357	8
漯河	1661	14	1752	15	2248	15	590	17
三门峡	1389	15	7256	7	9175	10	5441	9
南阳	2922	8	4551	10	10428	7	8687	4
商丘	4011	5	6931	8	7266	11	5157	10
信阳	731	17	4434	11	9307	9	6994	7
周口	1387	16	1928	14	2010	17	1739	13
驻马店	2016	12	2031	13	5032	12	2125	12

数据来源：《中国城市统计年鉴 2019》。

从工业废弃物排放强度分析，开封市整体强度处于全省中等偏下的位置，工业比重低对于减缓污染物排放具有一定的正面效应，但是存在煤化工、电力、冶炼等高耗能高排放的企业。近些年，开封市政府采取取缔小散污染型企业和生产设施，鼓励企业技术创新和节能减排改造的办法，对工业污染排放进行针对性整治。具体到各项指标，从全省 17 座城市横向分析来看，单位 GDP 废水排放量低的是信阳、三门峡、许昌三市，其中信阳市万元 GDP 废水排放只有 1.69 吨。信阳市是淮河源头，水资源相对丰富，近些年因发展生态旅游业，对工业废水的处理要求在持续提高。2018 年开封市单位 GDP 二氧化硫排放量和氮氧化物排放量在全省范围内与平顶山、安阳、信阳三市相比相对较低，污染排放压力相对不明显，但与农区城市濮阳、周口相比相对偏高（见图 4-6）。开封市未来需要继续实施产业转型，通过大力发展文化旅游、生态农业、信息技术等产业降低污染物排放强度。

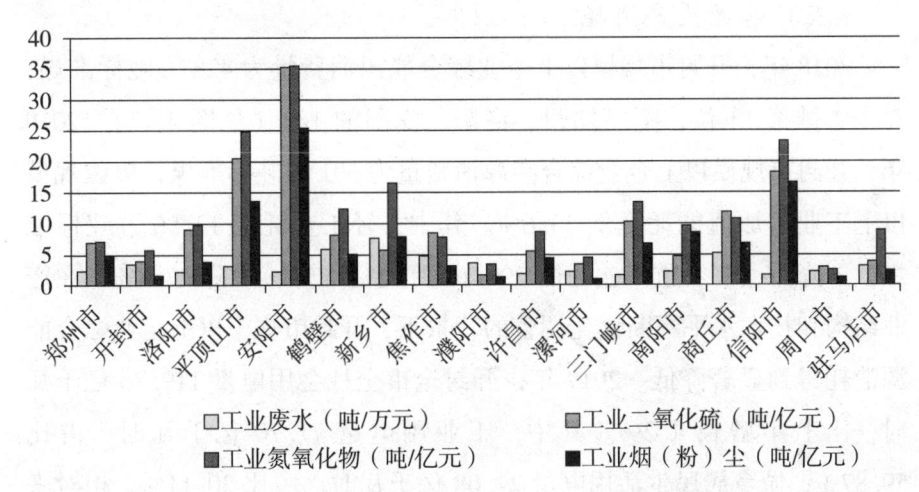

图 4-6　2018 年河南省各城市工业废弃物排放强度

数据来源：《中国城市统计年鉴 2019》。

开封市土壤污染也主要来源于工业排放，城东老工业区、陇海路客运站一带是主要的土壤沉积污染区。原因在于东部老工业区曾经分布有大规模的化工、空分、汽车零部件厂房，固废和废水对土壤造成污染并一直残留至今，而陇海路一带的土壤污染主要来源于道路行车污染。开封市土壤污染以镉、铬、锌、铜等重金属污染为主，其中镉污染超标最为突出，尤其是前些年城市郊区农民用化肥河重金属污染水灌溉农田，造成耕地土壤污染并引发了社会各界的关注。土壤污染造成土地减产、农产品不可食用，一旦食用，将导致重金属在人体内沉积，对健康造成重大危害。土壤污染治理难度也非常高，必须用水洗、置换或多年种植吸附性植物的方式消除和降解污染物，因此土壤一旦受污染就得付出高昂的经济社会代价。开封市近些年关停了一部分具有土壤污染风险的企业，也对城郊荒地实施了一系列生态修复工程，但是仍然有为数不少的化工厂、汽车配件厂、油料加工厂具有潜在的土壤污染风险，以往沉积型土壤污染也依然存在。因此，需要从源头开始，将土壤污染防控同水污染、固体废弃物污染防控相结合，禁止用污染水灌溉农田，开展污染耕地净化修复工程，保障农产品安全。

（五）能源生产消耗

2018年，开封市规模以上企业综合能源消费量为428万吨标准煤，在全省排第13位，不足郑州、洛阳、安阳的1/3（见图4-7）。2019年，开封市规模以上企业综合能源消费量为391万吨标准煤，单位规模以上工业增加值能耗降低33.6%。其中，轻工业耗能13.56万吨标准煤，下降26.9%；重工业耗能296.18万吨标准煤，下降27.8%。在产业结构和技术水平不断优化调整的背景下，开封市规模以上企业综合能源消耗得到显著降低。2019年，开封全市全社会用电量119.76亿千瓦时，比上年增长4.2%。其中，工业用电量71.70亿千瓦时，占比59.87%；城乡居民生活用电量24.08亿千瓦时，占比20.11%。相对来说，城市工业用电的份额偏高，需要严格控制高耗能产业的扩张，采取更有效的生产节能方案控制工业用电量，所以当前电力消费减量化和清洁化仍是开封市相关部门的重要任务。2020年，河南借助西电东输工程，从西部青海引入800千伏特高压直流电，其中的电力资源以风电和太阳能为主，年送电量400亿千瓦时，供电总量达到河南年消费量的1/8，将有助于缓解开封及周边城市用电紧张的局面，推进能源消费结构清洁化转型。

开封市工业能源消耗相对集中，化工和电力热力供应两个行业的工业能耗占80%。当前能源消耗以煤炭和电力为主，能源产消自足率不到50%。一次能源消耗中煤炭占比73%，高于全国58%的平均水平；可再生能源比重只有7%，低于全国15%的平均水平，在全国可再生能源目

(万吨标煤)

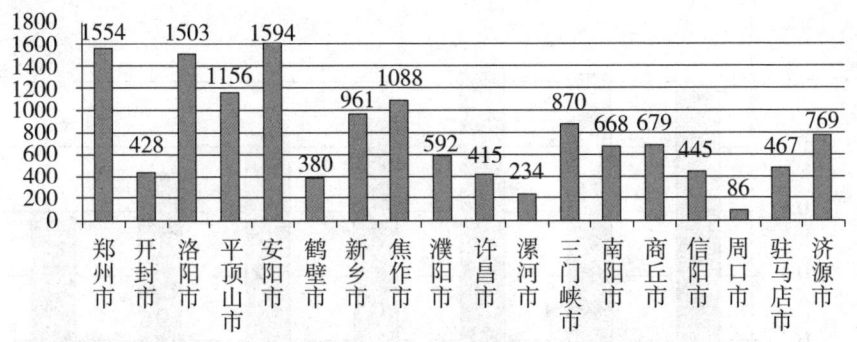

图 4-7　2018 年河南省 18 市规模以上企业综合能源消费量

数据来源：《中国城市统计年鉴 2019》。

标不断提高的背景下，开封市可再生能源发展的压力仍较大。煤炭消费比重高的原因是存在大型煤电和煤化工企业，并且开封市冬季取暖以燃煤为主，产生了大量的直接消耗。用万元工业增加值能源消耗为单位衡量开封市工业能源消耗强度，可以发现开封市工业能源消耗强度 2012—2014 年维持在较高水平上，其中 2014 年为 1.04 吨标准煤/万元（见图 4-8）。2014 年以后由于节能技术的应用和落后产能淘汰不断加速，老旧国有企业关停并转取得一定成效，单位产值能耗出现递减现象，到 2018 年单位产值能耗只占 2014 年的 57%。

但是相对于其他城市来说，开封市工业能耗强度还处于较高水平。2018 年，开封市工业能耗强度排全省第 6 位。因此相对而言，开封市工业企业还存在进一步节能降耗的空间，在推进产业结构转型升级的同时，需要重点完成煤化工、电力热力生产、金属冶炼等行业的技术和管理改造升级。从单个企业分析，开封市年耗能万吨标准煤以上的企业从 2005 年的 21 家下降到 2018 年的 13 家。整体来看，开封市高能耗企业的数量呈现下降趋势，但是对重点耗能企业的监督管控仍不能放松，需要针对当前分布在化工、电力、金属冶炼行业的 13 家高耗能企业进行监督管理，在采用更先进技术的同时，实施余热余压回收利用方案，降低这些企业的能源实际消耗量。

(吨标准煤/万元)

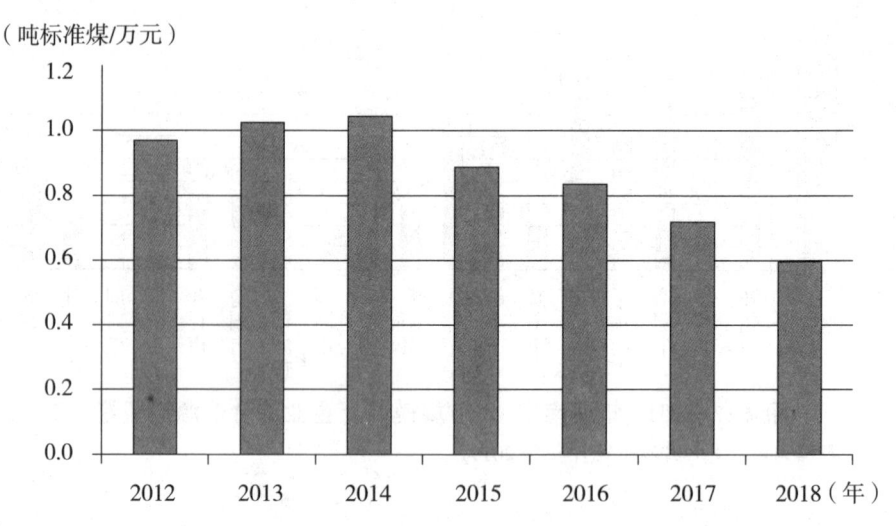

图4-8 开封市工业能源消耗强度(万元工业增加值能源消耗)

数据来源：历年《河南统计年鉴》。

开封市全社会用电量从2007年的40亿千瓦时增长到2018年的115亿千瓦时，12年间增加了近2倍(见图4-9)。

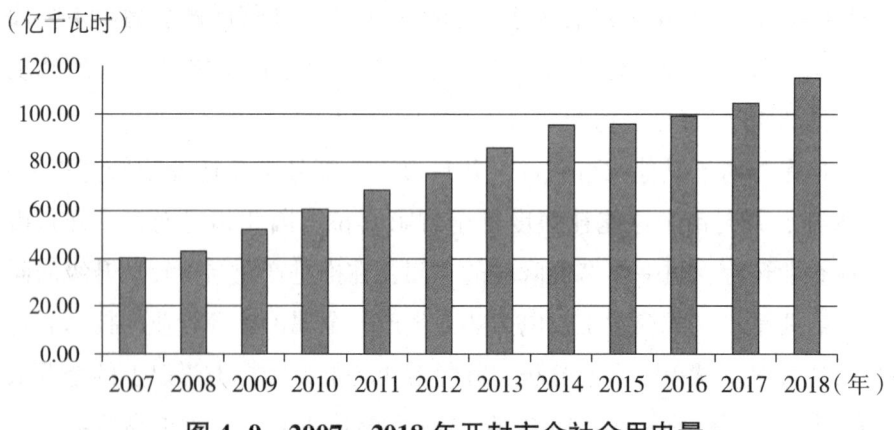

(亿千瓦时)

图4-9 2007—2018年开封市全社会用电量

数据来源：历年《河南统计年鉴》。

近些年由于开封市商业和旅游业发展较快，第三产业的用电增长速度超过第一、第二产业。未来随着开封市服务业加速发展和居民消费升级，开封市的用电结构重心将向第三产业和生活消费倾斜，拓宽能源供给渠道、发展分布式能源和开发地热资源是缓解能源供需矛盾的必要途径。开封市2018年人均用电数量为0.25万千瓦时（见图4-10），在全省位于较低的水平（第13位），但是煤电占比高、冬季燃煤供暖都对大气环境造成不利影响。为减少散煤消费量，开封市将在农村集中实现电供暖和地热供暖，该举措会进一步提高电力消费水平，因此，开发清洁能源和提高农村电网设施建设水平将是未来电力发展的主要任务。

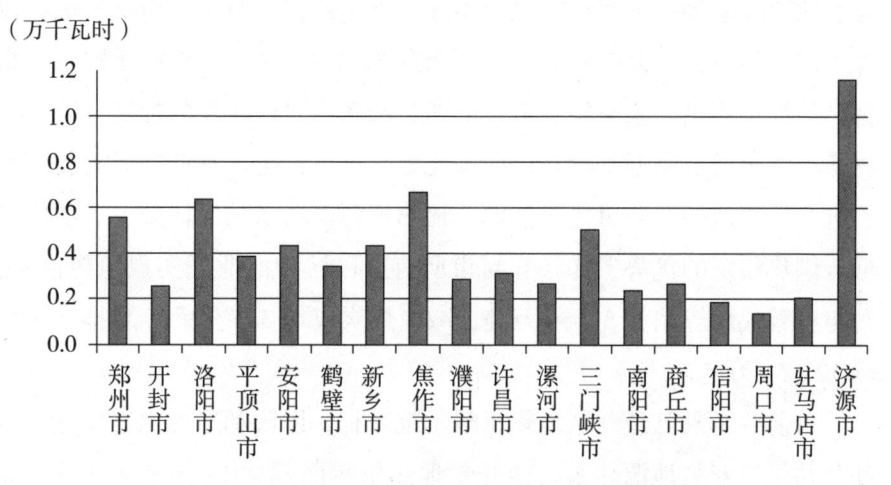

图4-10　2018年河南省各城市人均用电量

数据来源：《河南统计年鉴2019》。

农村地区生物质能源开发是国家新能源发展规划的重要内容，河南省作为农业大省，生物质能开发潜能突出，各地市农村在政策支持下纷纷开展沼气工程建设。沼气对节约能源和保护环境都具有显著作用，但是沼气工程和沼气池建设一方面需要持续的技术支撑，另一方面需要有充足的秸秆、粪便等原料物质，因而对于规模化种植户和养殖户来说，沼气利用更容易实现。开封市当前生物质能利用水平偏低，需要在生物质能利用条件好的村庄开展示范工程，全面提高沼气设施建设、技术服务指导水平，并结合生物质燃料生产、生物质能和光能互补工程，实现开封市农村由点到面对生物质能的广泛利用。受益于家电下乡和新能源补贴政策，开封市农村新能源开发利用水平较高的是太阳能，2018年达到光伏面积44.84万平方米，排全省第6位。太阳能具有随季节变化不稳定的缺陷，开封市存在丰富的地热资源，可以在太阳能不足的情况下，开发地热资源作为补充，以实现清洁能源的可持续利用。

开封市地热资源相当丰富，市区地热资源主要分布在顺河回族区、龙亭区和开封新区，并且通许、兰考、尉氏等县城也存在大量可利用的地热资源。当前地热资源的应用领域有供暖制冷、温泉洗浴、温室大棚、地热发电等。由于存在大规模煤化工企业，开封市冬季供暖也是以煤炭消耗为主，因此在省燃煤额度统筹管控下，从2018年开始燃煤指标已经严重不足。未来随着人口的增长和新居民区建设的加快，城乡居民冬季供暖增加将遇到煤炭供应天花板，这项民生工程的完成需要依靠引进开发清洁能源和可再生能源。地热资源具有清洁无污染、后期成本低、供热稳定的优势，如果开封市所有居民区和商业区实现地热供暖，每年可替代燃煤消耗57.56万吨，减少煤炭成本3.5亿元，减排二氧化碳123.58万吨。

目前兰考县已经开展地热供暖示范工程，尉氏和通许也有部分小区和公共场所安装地源热泵。全开封地热供暖面积2018年是430万平方米，实际上共有2100万平方米的建筑可以实现地热供暖，也就是安装面积不足1/4，因此未来地源热泵还存在广阔的市场空间。实际上，地热资源开发应该是规模化的，并且应在探明储量和环境风险后再立项开发。当前开封市地热资源利用过程中需要实施科学的开采办法，若地热水使用后没有采取净化回灌措施，会造成地下水超采。与此同时，地热资源供暖虽然是清洁环保的能源消耗途径，但也存在初装设备成本高、居民用户难承受的问题，因此开封市地热资源利用还需要管理部门统筹规划，引进先进技术和管理经验，克服地热资源实际应用中的困难。

三、开封市生态环境优化提升方案

（一）提高城市绿地覆盖率，建设海绵型城市

实施协调和均衡化的生态建设策略，将城市街道和居住区园林绿化作为城市生态建设的重点，在顺河回族区和禹王台区拆迁部分废旧厂房和老旧居民区，增建街心公园、城市道路绿化带，开挖人工河湖为生态建设提供水资源支撑。在城市郊区和黄河滩区培育园林观光区，提高城市绿化覆盖的均衡度，增强植被和水域的气候调节作用。引进私人资本参与城市生态建设，实现项目融资和城市生态绿化面积双重提升目标。进行生态建设中长期规划，避免项目随着政策走、一任官员一管理方案的现象出现，保证生态建设的长期性和有序性。建设连通清明上河园、包公湖、天波杨府和城市郊区的环城绿道，为城市居民提供节假日休闲出行、健身的慢行道路。以建设海绵型城市为目标，提高城市蓄、排水能力，增加城市地面透水砖的铺设面积，路面以下可设置砂石为主的储水层，尽可能种植蓄水能力强的乔木，完善地下排水设施，清理各类排水管道，使雨水能够尽快流走而不形成水涝；进行地下设施长期规划，以免老旧建筑和新建筑物下水管道设施产生矛盾冲突。

（二）优化城市用水结构，整体推进水污染治理

（1）科学利用黄河水，多渠道收集非常规水资源。除了黄河干渠以外，可以考虑开挖更多的黄河沿岸蓄水湖。在黄河丰水期开闸放水，实现河湖蓄水灌溉和补充生产用水的作用。在枯水期开挖湖底泥沙，在提高未来储水能力的同时，可将泥沙用于农田培土和建筑施工。综合利用雨水、苦咸水、矿井水、再生水等非常规水资源，可在农村地区开挖水窖，安装屋顶储水设施，在城市增建雨污分流管道，提高对区域内水资源的利用能力，将收集的苦咸水、矿井水、再生水经过逐级净化用于生产生活领域。

（2）提高对地下水的探测能力，及时进行开采点调整和水资源回补。开封市地下水资源利用量较高，超出全部用水的一半，尤其是地下

热水资源具有更高的经济价值，存在一些超量采用、抽取方法不科学的现象。这些现象长期存在将导致地下水资源枯竭、地表沉降等问题，因此需要定期探测地下水的位置和存量，及时调整抽水点和抽水量，对部分地下水位明显下降、存在水层断裂和土地塌陷可能的地区进行水资源回补，保证开封市地下水资源的可持续利用。

（3）推动城市生产生活污水循环利用。首先，推进化工、冶炼、食品加工、造纸等耗水型企业的节水改造，安置水循环利用设施，促进中水回用和废水无害化处理。号召医院、商场、学校等高耗水单位进行节水改造，干洗店、洗车店、屠宰场等污水排放场所安装小型污水沉淀、净化、回用设施。其次，在各类产业园区中建设专门化的污水处理设施，对污水进行分级沉淀降解，将净化水回用或用于园区绿化浇灌，禁止不达标污水直接排放到河湖中，或流入农田和草地造成土壤污染。在农村全面推广使用自来水，建设形成污水集中收集处理系统，为农村厕所改造和生态旅游创造基础条件，防止生活污水对土壤和人居环境造成不利影响。

（三）从生产、生活、道路交通等领域入手，实施空气污染源头管控

首先，控制生产生活过程中的有害废气排放。督促高耗煤、耗油企业安装脱硫脱硝设备，同时对减排设施的运行情况进行在线监管，防止脱硫脱硝设施闲置的情况发生。号召市内餐饮企业安装使用除油烟设施，相关管理人员对餐饮企业和店铺进行定期抽查，使城市餐饮油烟控制常态化，成为市民的自觉行为。其次，严格管控道路交通污染排放。以油气消费品质提升为突破口，以规范道路运输方式为重点，推进城市交通领域节能减排。禁止国4以下柴油车、国5以下客运汽车上路，打击取缔货运停车点、公路、服务区附近的流动劣质油料销售点。大宗货物和长途运输货物优先采用铁路运输方式，消除商品物流园区和铁路站点间的交通障碍，推动园区内货物尽可能实现铁路运输。市内交通实施单双号限行的管理方式，在缓解道路拥堵的同时减轻交通污染排放的压

力。对于粉尘类货物，采取密闭运输、密闭仓储的方式，减少粉尘排放。最后，防止建筑扬尘，控制秸秆焚烧产生的废气污染，通过城市绿化改善城市空气质量。对建筑工地进行科学规范化管理，在沙场和裸露空地上覆盖塑料网或保护膜，防止建筑扬尘；禁止现场搅拌砂石和水泥，在建房屋和道路应定期洒水除尘。禁止农村地区直接焚烧秸秆，通过秸秆还田、秸秆发电、制造固体燃料等形式推进农村秸秆综合化利用，争取实现2022年利用率达到95%以上。

（四）加大可再生能源开发力度，实现能源结构清洁化转型

2018年，开封市可再生能源消费比重只有7%，低于全国平均水平。能源清洁化是开封市未来发展的紧迫任务，除了改造基础设施，提高天然气、液化气的使用份额之外，有必要挖掘本市可再生能源的开发潜力。首先，在大型商超、酒店、小区推行地源热泵供暖。鼓励有条件的居民安装屋顶光伏设施，除自己家庭使用之外还可以通过分布式能源互联网向国家出售。其次，推进农村地区能源消费转型进程，争取实现90%的村庄通天然气供应管道。可建造公共沼气池，实施原材料有偿供给、沼气有偿使用政策，安排专门的管理人员、技术人员进行运营维护。最后，利用黄河滩区荒地资源安置光伏设施、风机进行发电，光伏板下可以种植牧草、农作物以提高经济价值，沿滩区建设耗能型企业以实现电力资源就地消纳。将降低城市能源强度作为重点任务，整合小散化工、造纸、食品制造企业，实现产业集群化、规模化发展，淘汰散烧小锅炉，整体推进煤改气、热电联产工程。以新能源产业发展和节能型生产企业建设为核心，推进城市产业结构优化升级，实现能源消耗相对减量化。

地热资源是开封市当前最有开发前景的可再生能源之一，具有分布不均匀、受地质条件影响大的特点，如果不能实施科学的勘测与规划而分散独立开发，就可能造成对地热资源的破坏。因此，首先应当探明开封各区域地热资源的储备情况，根据地热层的深度、开采难易程度统一规划地热资源的开采方案。重点在地热资源较为丰富的龙亭区和较少存

在地下文物资源的开封新区推进地热资源的有序利用。无地源热泵设施的小区应整体改造,已存在燃煤和天然气供暖的小区可逐渐改造为地热供暖,商业区、医院、学校等公共场所根据地质条件也尽可能采取地热供暖的方式,对地热资源不充足的区域可以实施热电互补供暖。当前地源热泵初装价格还相对高,为减轻居民负担,可予以财政补贴,实施地热供暖费分期付款政策,也可以采取合同能源的方式,由企业和住户共同承担设备安装成本,分享清洁能源收益。挖掘农村地区地热资源的开发潜能,利用地热资源发展特色农业,在农村地区推广集中地热供暖、地热种植和养殖大棚,依托资源优势更新种养品种,促进农业附加值的提高。在地热资源丰富的区域还可以进行地热发电,与此同时需要注意及时、精准回灌地下水,以免对地下水环境、地质环境造成威胁。除此之外,地热资源还可以为开封市旅游业助力,以温泉假日酒店、温泉养生会馆等方式为开封市观光农业增添新内容,提高开封旅游产业对外吸引力,拓展旅游业务范围,使健康和生态概念成为旅游业发展的新亮点,逐渐形成开封市"生态、康养、旅游"的品牌效应。

(五)重点监管高污染、高耗能企业,推进城市生态环保建设进程

首先,从生产端管控各类污染排放。定期督查高排放企业的环保措施实施情况,排查风险隐患,防范重大环境风险事故的发生。重点监控煤化工、金属冶炼、建材等行业的废气排放,淘汰35蒸吨以下燃煤锅炉,强制企业安装先进的脱硫除尘设备。推进高污染企业向城外搬迁、向园区搬迁,要求企业在进入园区以前制定并上报污染减排方案,入园生产过程中组织相关部门进行监管,对不执行方案的企业按照违规违法处置。其次,采用新的技术和管理方法进行城市节能环保改造。在实行财政金融奖惩政策之外,试行排污权交易,增进企业控制污染的积极性。对高耗能、高污染企业进行重点监管,督促当前仍存在的13个年耗能万吨以上的生产企业采用节能技术,实施生产智能化改造,促使其更加集约节约地利用能源。加快晋开煤化工公司煤制油、煤制气工程的

探索实践，逐渐降低直接燃煤供能的份额，增加油气资源的生产消费量。最后，提高生活端污染的管控能力和废弃物回收能力。加强对建筑、道路扬尘的治理力度，采取绿化、洒水、覆盖保护膜的方式控制粉尘。提高生活废水和生活垃圾的回收利用率。为节约土地资源，可考虑建设地下污水处理厂，在城市郊区增建生活垃圾无害化处理厂。开展垃圾焚烧制砖、发酵制沼、发电工程，实现环境保护和经济发展的双重目标。

第五章 县域篇（一）

开封市县域经济发展的方向和对策①

"郡县治，则天下安。"2014年3月18日，习近平总书记在视察指导兰考县党的群众路线教育实践活动时做出县域治理"三起来"的重要指示。这是习近平总书记对县域工作规律的经验总结，也是习近平新时代中国特色社会主义思想在县域治理方面的具体体现。在此背景下，开封市县域经济发展的现状怎样？存在哪些问题？又如何推动县域经济高质量发展？这些问题值得思考和研究。

一、发展县域经济的历史背景和重大现实意义

治理县政自古以来就是安邦定国的根本之策。我国的县级建制萌芽于西周，产生于春秋，发展于战国，定制于秦朝，至今已经有2700多年的历史，虽历经朝代兴替，但从未被取消过。自秦朝以来，封建社会县的主要职能是为国家征收赋税、招收兵员和镇压暴动等。唐朝规定，县的主要职责是"导扬风化，抚黎民，审察冤屈，躬亲狱讼，养鳏寡，恤孤穷，务知百姓之疾苦"。明清时期以县拥有的经济实力作为划分等级的标准。在这两千多年间，除有一段时间以乡为基层行政建制外，大部分时间都是以县为基层行政建制。

（一）发展县域经济是夯实国民经济社会发展基础的重要前提

2014年3月18日，习近平总书记在参加兰考县委常委扩大会议时指出："县域治理最大的特点是既'接天线'又'接地气'。对上，要

---

① 感谢开封市政府办公室及开封市发展改革委提供的资料与数据。

贯彻党的路线方针政策，落实中央和省市的工作部署；对下，要领导乡镇、社区，促进发展、服务民生。基础不牢，地动山摇。县一级工作做好了，党和国家全局工作就有了坚实基础。"民为邦之本，县乃国之基。安邦之难，难在固本；治国之艰，艰在强基。县域经济是宏观经济与微观经济、工业经济与农业经济、城市经济与农村经济的结合点，是实现经济社会全面发展的基石和支柱。党的十一届三中全会以来，我们党明确以经济建设为中心，建立和完善社会主义市场经济体制，县域潜力被大大释放。过去城乡分治的行政体制开始向城乡合治转变，越来越多的地方实行了市领导县的体制，县域经济活动内容得到极大丰富。2002年11月，党的十六大报告首次提出"县域经济"这一名词，从此"县域经济"被正式纳入国家经济建设和经济体制改革的范畴。发展到现在，县域GDP占全国GDP的一半还要多；就河南省而言，县域经济生产总值占全省的64.4%，就业人口占全省的70%；就开封市而言，县域（四县和祥符区）经济生产总值占全市生产总值的近3/4。所以，无论是从国家还是地方层面看，县域经济都已经成为支撑国民经济发展的基石和支柱。

（二）发展县域经济是贯彻落实中央和省决策部署，实现改革和发展结合起来的重要举措

从全国来看，县域经济历来都是党中央关注的重点。特别是党的十八大以来，习近平总书记就县域治理发表了一系列重要讲话。2015年6月30日，习近平总书记专门会见全国优秀县委书记，强调"县一级处在承上启下的关键环节，是发展经济、保障民生、维护稳定的重要基础"。习近平总书记关于县域治理的重要指示精神，为做好县域各项工作提供了根本遵循。从河南来看，历届省委省政府都高度重视县域发展。1993年，河南省对巩义、偃师、禹州等18个县（市）进行扩权试点，出台了包括扩大县级审批权、稳定一把手任职期限、县委书记和县长归省委组织部管理、县项目直接报省里审批等在内的一系列特别政策，这次改革被形象地称为"十八罗汉闹中原"，极大地调动了发展县

域经济的积极性（1994年，巩义成为我国中西部地区首个产值突破百亿元大关的县级市）。1996年，河南省委省政府又提出"抓两头，带中间"的发展思路，即"一手抓18个综合改革试点县（市），一手抓34个贫困县，分类指导，积极开展创建小康乡、小康县活动，大力推动县域经济的发展"。进入21世纪，为进一步加大扩权力度，河南省委省政府分别于2004年、2006年、2008年连续三次召开发展壮大县域经济工作会议，2009年开始在每个县规划建设产业集聚区，特别是习近平总书记提出县域治理"三起来"后，全省融合实施百城建设提质工程和文明城市创建，推动县域经济快速发展。2019年12月召开的省委经济工作会上，时任省委书记王国生专门就"夯实县域经济支撑"做出部署，提出"高质量发展的基础在县域、短板在县域、潜力在县域"，把大力发展县域经济作为中原崛起的战略之一。特别是2020年，省委省政府主要领导密集调研县域经济，释放了明确信号。2020年4月底，全省召开了县域经济高质量发展观摩推进会，再次掀起县域经济发展的高潮。由此可见，县域经济发展始终是中央、省关心关注的重点，必须抓实抓细抓好。

（三）发展县域经济是走好"乡村振兴"路，实现强县与富民统一起来的重要途径

党的十九大报告指出，当前，我国经济社会发展中最大的不平衡就是城乡之间的不平衡，最大的不充分就是农村发展的不充分。乡村振兴，关键是产业振兴；全面小康，首先是扶贫脱贫。目前，开封市的大部分乡村产业基础较为薄弱，贫困人口大多数分布在县一级，而县域在城市与农村之间处于纽带地位，是一个以产业经济为中心、以小城镇为纽带、以广阔农村为基础、以广大农民为主体的具有鲜明地域特色和功能完备的地域经济系统，是"以工补农、以城带乡"的最佳桥梁，是助推乡村振兴的重要突破口。因此，县域经济发展壮大对于解决发展不平衡不充分矛盾，真正将发展成果与全体人民共享具有十分重要的意义。通过发展县域经济，推动城乡发展要素更加有机地融合，公共服务

向农村延伸,农业转移人口和返乡农民工将依托县域进行城乡双向流动;城市工商资本将以县域为据点推动乡村产业重构,促进一、二、三产融合,发展特色小镇经济,加强产镇融合;能够构建城乡统一的建设用地市场,进一步优化土地资源配置,从而解决"三农"根本问题,推动实现强县与富民的统一。

(四)发展县域经济是加快推动新型城镇化,实现城镇和乡村贯通起来的必由之路

从国家、省、市来看,随着城镇化率的不断提高,会有更多的农业人口实现转移就业,而他们不可能都涌向大城市或中心城市,县域将成为人口疏解的重要空间。2019 年,开封市城镇化率是 50.28%,远低于国家、省平均水平(分别为 60.60%、53.52%),城镇化水平还有很大提升空间。县域以其教育、医疗等相比乡村质量较好的优势,将成为农村人口转移就业的重要目的地。同时,县域拥有物流、用工等生产成本和住宿、交通等生活成本相对中大型城市明显较低的优势,更有利于吸引投资,将成为投资的沃土。另外,中部崛起、黄河流域生态保护和高质量发展、郑州大都市区建设等一系列重大战略机遇的叠加聚集,为县域加速发展提供了有力支撑。因此,促进县域经济高质量发展,统筹推进乡村振兴与新型城镇化发展,有利于形成中小城市、小城镇和美丽乡村互促共荣及城乡一体的发展局面。

二、开封市县域经济发展现状

目前,开封市辖杞县、通许县、尉氏县、兰考县及祥符区、鼓楼区、龙亭区、顺河回族区、禹王台区、城乡一体化示范区等四县六区,有 50 个乡、36 个镇、32 个街道办事处。其中县域[①]行政区划面积 5723 平方千米,占全市总面积的 88.8%;2019 年年底,县域总人口为

---

① 本章中的县域范围包括杞县、通许县、尉氏县、兰考县和祥符区(开封县)。虽然开封县改为祥符区,隶属于市区,但其经济结构和空间位置与县域类同,本章将其纳入县域经济类型中分析。

443.21万人，占全市总人口（527.77万人）的84.0%。近年来，全市县域治理以"三起来"为根本遵循，充分发挥比较优势，县域经济呈现加速发展、竞相发展的良好局面。

（一）经济实力不断增强

2019年，开封市县域生产总值完成1738.48亿元，占全市经济总量的73.5%，拉动全市经济增长5.5个百分点。县域财政一般预算收入89.50亿元，占全市财政一般预算收入的57.8%。各县财政一般预算收入均在10亿元以上，其中兰考县、尉氏县达到20亿元以上。兰考县2015—2019年生产总值年均增长9.6%，城镇和农村居民人均可支配收入年均分别增长8.8%、10.2%，进入中部地区县域经济百强榜。

（二）产业结构进一步优化

2019年，开封市县域三次产业结构为17.5∶42.8∶39.7，与2012年三次产业结构25.9∶45.2∶28.9相比，第一产业、第二产业分别下降8.4个百分点和2.4个百分点，第三产业上升10.8个百分点。其中，兰考县2019年三次产业结构为14.9∶45.3∶39.8，2012年为19.0∶47.3∶33.7，第一产业、第二产业分别下降4.1个百分点和2.0个百分点，第三产业上升6.1个百分点。可以看出，开封市县域农业产业化得到快速发展，农产品深加工和农产品初加工能力不断提升，产业链条不断延伸，一、二、三产融合发展不断深化。

（三）工业化水平不断提升

自2002年开封市八次党代会提出工业强市战略后，县域充分利用省级产业集聚区平台，大力发展工业。2019年，全市县域工业增加值达到643.86亿元，占全市工业增加值的83.2%，对经济增长的贡献率达到37.6%，拉动全市经济增长2.7个百分点。其中，尉氏县工业化水平居全市全省前列，2019年三次产业结构为12.3∶49.2∶38.5，实现工业增加值197.56亿元，占全市的25.5%，工业税收和工业用电量两项指标均位于全省前15，工业税收完成12.3亿元，全市"双50"企业中，尉氏县占37家。

（四）农业生产优势凸显

开封市农业资源丰富，是小麦、玉米、花生、瓜菜等作物的重要产区，是国家和河南省重要的农产品基地，其中杞县、通许县、尉氏县、祥符区均为国家重要的商品粮生产基地。2019 年，开封市粮食单产、总产再创历史新高，优质专用小麦、优质花生、优质大蒜、优质果蔬种植面积均超过百万亩。农产品质量和品牌优势不断凸显，建立和完善了西瓜、菊花等 12 个主导农产品和特色农产品的质量标准体系，创建无公害标准化农产品生产基地 181 个、省级农业标准化示范基地 18 个，获得省级区域品牌 5 个、省级企业品牌 4 个、省级产品品牌 22 个、地方知名农产品品牌 6 个。比如，兰考县大力发展蜜瓜、红薯、花生，形成兰考"新三宝"特色产业，打响兰考农产品品牌，并申请兰考蜜瓜、兰考红薯地理标志。杞县的大蒜种植面积和总产量均居全国首位，"金杞"大蒜品牌价值达 50 多亿元，大蒜精深加工企业有 130 余家。祥符区是河南省花生生产基地，是全国花生生产重点（县）区，保持种植面积 50 万亩，拥有规模较大的花生深加工企业 10 余家，每年收益 15 亿元以上。通许县菊花种植面积保持在 3000 亩以上，年产菊花 1500 吨，"宋韵千菊"成为全国知名品牌，年产值达到 4000 多万元。

（五）对上争取意识明显增强。

2019 年，开封市共发行新增政府专项债券 29.34 亿元，比 2018 年增加 6.68 亿元。特别是县域争取发行额度较往年有大幅提升，其中，杞县发行新增政府专项债券 3.94 亿元，同比增长 205.4%；通许县为 5.9 亿元，同比增长 63.4%。积极做好新增中央投资项目储备工作，为对上争取做足准备。截至 2020 年 3 月 31 日，开封市通过省发展改革委审核的项目共计 418 个项目，总投资 339.6 亿元，拟申请中央资金 154.1 亿元。其中兰考县、通许县项目数占比近一半（兰考县 102 个，占 24.4%；通许县 97 个，占 23.2%）。

2019 年开封市及县域经济数据如表 5-1 所示。

表 5-1 2019 年开封市及县域经济数据一览表

地区	生产总值（亿元）	一般公共预算收入（亿元）	三次产业结构比	工业增加值（亿元）	人均生产总值（元）	人均可支配收入（元）	常住人口（万人）	常住人口城镇化率（%）
开封市	2364.14	154.86	13.5∶40.1∶46.4	774.30	51733	21795	457.49	50.28
龙亭区	74.31	2.17	1.4∶11.9∶86.7	2.79	52163	28523	14.31	73.48
顺河回族区	139.86	1.63	1.8∶51.0∶47.2	40.25	55881	29134	25.06	87.29
鼓楼区	98.23	2.09	2.2∶16.6∶81.2	11.43	62451	32986	15.76	95.50
禹王台区	95.18	2.11	3.5∶40.4∶56.1	27.63	66790	27492	14.37	78.81
城乡一体化示范区	218.10	18.22	2.1∶32.5∶65.4	48.34	73509	33551	29.92	85.13
祥符区	269.04	10.96	20.5∶42.3∶37.2	97.71	40141	18486	67.27	40.19
杞县	356.20	16.97	23.5∶35.1∶41.3	107.85	39867	18487	89.13	40.01
通许县	286.39	10.54	18.8∶39.6∶41.6	97.93	55387	19058	51.57	39.90
尉氏县	436.98	25.83	12.3∶49.2∶38.5	197.56	51438	19903	84.81	40.12
兰考县	389.87	25.20	14.9∶45.3∶39.8	142.81	59742	18228	65.29	43.59

数据来源：《开封统计年鉴》。

开封市县域经济虽然取得了显著的成绩，但与全省、全国相比，还存在一定差距。

（1）经济增长速度逐年放缓。2012 年、2013 年、2014 年、2015 年、2016 年、2017 年、2018 年、2019 年开封市县域（四县和祥符区）生产总值同比分别增长 11.8%、11.3%、9.8%、14.4%、8.9%、8.2%、6.4%、7.3%，各区（五区）生产总值同比分别增长 9.0%、9.7%、9.7%、8.8%、7.8%、6.8%、8.6%、6.7%，总体都呈逐年下降趋势，但县域下降波动更大（见图 5-1）。

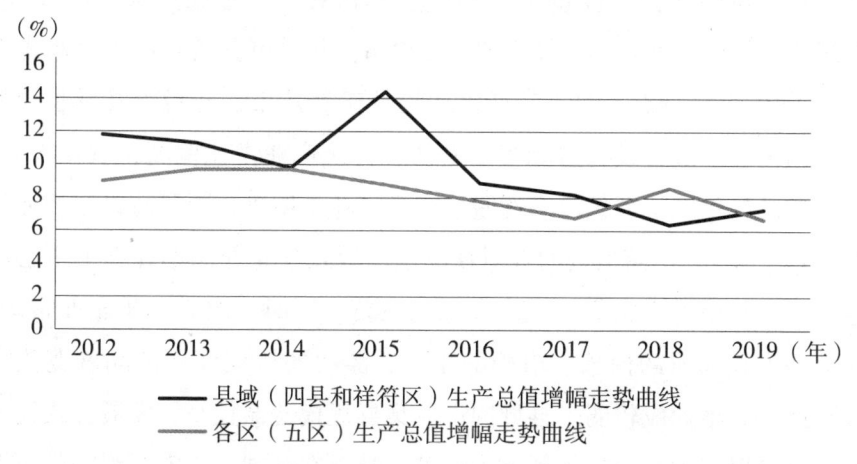

图 5-1　2012—2019 年县域和各区生产总值增幅对比

数据来源：《开封统计年鉴》。

（2）县域经济整体实力相对落后。与全省、全国相比，开封市县域经济整体实力不强，发展水平不高，特别是缺少能与全国百强、全省十强相提并论的大县强县。在《中国县域经济发展报告（2019）》综合竞争力全国百强县（市）排名中，河南省有 8 个，开封市各县无一上榜。2019 年，中部地区县域经济百强榜中，河南省有 28 个县入选，开封市仅有兰考县（第 92 名）入选。2018 年，全省 105 个县（市）经济社会高质量发展监测考核评价中，除兰考县居第 14 位外，其余县均在 60 名以后。

（3）各县（区）之间发展不平衡。开封市县域中，兰考县、尉氏县产业基础较好，优势较为明显，经济社会发展水平较高，而祥符区、杞县、通许县相对发展落后。比如，2019 年，尉氏县生产总值、工业增加值比祥符区分别高 167.94 亿元、99.85 亿元；尉氏县一般公共预算收入比通许县高出 15.29 亿元。

（4）产业结构不优，基础薄弱。产业结构不优。2019 年，开封市县域三次产业结构为 17.5∶42.8∶39.7，与全市三次产业结构（13.5∶40.1∶46.4）相比，一产高于全市 4.0 个百分点，三产低于全市 6.7 个百分点。与全省县域经济第一名的新郑市相比，差距更大。2019年，新郑市三次产业结构为2.9∶49.5∶47.6，开封市县域一产占比高出新郑市14.6个百分点，二、三产占比均低于新郑市。开封市县域长期积累的结构性矛盾还没有得到根本解决，传统产业占比偏高，农业大县、工业弱县的传统特征仍没有摆脱。主导产业不明确，项目建设和产业发展"散、乱"，招商引资的针对性不强，导致各企业间不存在上下游配套关系，甚至无序竞争，造成资源的浪费。同时，缺乏龙头企业带动，没有一家像郑州的白象、洛阳的正大、漯河的双汇那样的品牌龙头企业。产业集聚效应较弱。县域的产业集群规模普遍较小，发展方式比较粗放，辐射能力较弱，盈利能力较差，缺乏在全国、全省叫得响的产业集聚区。各产业集聚区重产业功能，轻居住和服务功能，在空间上、功能上并未形成对城市发展的有力支撑，没能真正实现产城融合、以产带城、以产业集聚带动人口集聚。

(5) 资源环境约束日益突出。环保形势依然严峻，开封市PM_{10}、$PM_{2.5}$等各项指标存在市县倒挂现象，各县指标明显落后于市区。存在资本高投入和资源高消耗现象，县域的土地、资金等瓶颈制约日趋明显。

(6) 公共服务投入有待提升。在教育、医疗、养老等公共服务方面，与群众的期待还有很大差距。特别是教育、医疗方面，优质教育和医疗资源不足，对人口的吸引力不足，县域常住人口城镇化率较低，仅为40%左右。

原因分析：一是发展理念存在偏差。县域没有真正以新发展理念为指导，看总量多、看质量效率少，看即期多、看长期发展少，看增长多、看动能转换少，高消耗、粗放型的增长方式仍较为明显。县域经营理念还没有真正形成，不懂经营、不会经营的问题较为突出，存在"捧着金饭碗要饭"的现象。二是创新意识不强，一些党员干部的观念尚未真正转变，对于制约发展的问题不敢突破，怕担责任的意识根深蒂固，稍微有困难就打退堂鼓，不主动解决问题。三是学习政策的意识不强、能力不足。目前，县域对政策的研究学习仍然不够深入，不能很好地利用政策来解决实际问题。县域政府没有专门的政策研究部门或科室，政策研究的氛围还不够浓厚。四是县域财政实力较弱。实行分税制后，县乡政府的财权与事权不对等，财权在向国家、省集中，事权又在不断向县乡转移，导致支大于收，再加上开封市县域产业基础薄弱，税收少，县域呈现出"身子大、衣服小"等问题，难以满足教育、卫生、基础设施和环境保护等方面巨大的支出需求。五是人才相对匮乏。县域基础设施和公共服务配套落后，有的县对现有人才政策的落实不到位，难以招引和留住人才。六是县级国有投资运营公司不优不强。除兰考县外，各县国有公司还没有真正走上良性发展轨道，公司实力弱，信用等级低，融资成本高，不能为县域发展筹集充足的资金。七是营商环境相对较差。赛迪顾问县域经济研究中心发布的2019年营商环境百强县名单中，开封市各县无一上榜，客观反映出开封市营商环境还不够优质。一些企业反映的办事难、效率低等问题突出，各项审批程序烦琐、审批时间长，招商引资政策未兑现，存在"关门打狗"的现象。

三、外地先进做法和经验

（一）从国内来看——以浙江县域经济发展为例

浙江省是我国县域经济最发达、转型最成功的地区之一。浙江省县域经济整体发展水平高，县域间发展差异较小，与中西部地区相比，浙江省县域经济全面开花、齐头并进。2018年，浙江省90个县（市、区）中，经济总量过百亿元的达到84个，占总数的93%，过千亿元的有16个，占总数的17.8%；入围"全国综合实力百强县市"和"全国综合实力百强区"的达到32个，居全国第2位。另外，创造了萧山模式、义乌模式、温岭模式、安吉模式、嘉善模式、慈溪模式等众多极具影响力的县域发展典型模式。

（1）萧山模式。萧山深入实施"工业强区"战略，形成了平台化集聚、集团化培育、科技化改造三轮驱动新型工业化的县域经济发展模式,工业增加值长期位居浙江省第一(一是工业集聚化发展。培育并引导企业集聚,着力打造4大新型工业平台和17个工业功能区,集中了全区超过70%的规模以上企业。二是企业集团化培育。鼓励企业开展技术资本合作或兼并重组,形成产值过千亿元企业2家、中国500强企业4家、上市企业19家。三是产业科技化改造。建成国家级检测实验室18个、国家级博士后科研工作站2家,设立信息化发展专项基金,重点支持通信、软件、集成电路、即时通信等领域创新发展)。

(2)义乌模式。义乌坚持"国际商贸名城"战略,构建"贸易-市场-物流-改革"四位一体驱动贸易国际化的县域经济发展模式,形成了"买全球货、卖全球货"的商贸格局,以及产城一体、高效分工的"块状经济"(一是坚持激活市场力量。把握深化改革开放机遇,提出"党政有为""放水养鱼"等创新战略,政府准确把握市场开放的关键节拍,将地域文化、统一规划、企业家精神融入培育高自由度的市场中,形成了独特的集聚优势。二是坚持内外贸易联动。把握国际贸易开放机遇,召开义乌进口商品博览会,提升"块状经济";持续发布"义乌中国小商品指数",打造国内外贸易的"义乌码头"。三是坚持打通物流通道。把握"一带一路"建设机遇,开辟"义新欧"中欧班列和"义甬舟"开放大通道,构建海、陆、空、铁、邮、网六位一体物流体系。四是坚持推进体制改革。把握国家贸易综合改革试点机遇,率先提供15种货币兑换服务及98项涉外项目"一站式"服务,率先建立小商品出口"大通关"模式,持续推进商贸服务集成创新)。

(3)温岭模式。温岭实行"内建两区、外拓基地、资本引领、科技支撑",形成了集聚化生产、全球化布局、市场化支撑、科技化改造四化同步支撑现代农业发展的县域经济发展模式(一是集聚化生产。引导农户承包土地向龙头企业集中,近七成土地流转实现规模化经营,建成一批高水平现代农业园区和粮食生产功能区。二是全球化布局。建立省外境外农业基地38万亩,遍布全国20多个省市及韩国、缅甸等国家。三是市场化支撑。引导社会资本进入农业领域,扶持农业龙头企业上市，成立乡村振兴学院，为乡村发展提供财力和人力支撑，2017—2019年共引进200多亿元资本投向乡村。四是科技化改造。设立农业科技成果转化专项经费，引进推广北斗农机信息化智能管理平台系统，全力推进"智慧农业"建设）。

（4）安吉模式。安吉坚持生态乡村、生态农业、生态工业和生态旅游业融合发展，形成了制度化、品牌化、标准化、富民化的县域生态经济发展模式（一是生态保护制度化，建立严格的项目环境准入制度，坚决杜绝一切环评不达标项目。二是生态开发品牌化，着力打造"美丽乡村""中国大竹海""黄浦江源""安吉白茶"等生态品牌，成功创建全国首个国家级生态县。三是生态建设标准化，在全国率先建立美丽乡村建设标准化体系，成功创建"中国美丽乡村国家标准化示范县"。四是生态发展富民化，深度开发竹制品、茶叶等生态产品并与乡村旅游深度融合，全县农民人均纯收入七成来自"生态产业"）。

（5）嘉善模式。嘉善着力推进基础设施、政策制度、公共服务等要素集聚共享和资源延伸覆盖，形成了城乡一体、全域协调的县域经济发展模式（一是发展格局一体化，着力推进城乡规划、基础设施、产业发展等"六个一体化"建设，大幅缩减镇村数量，创建"市区—新市镇—农村新社区"的三级网络化格局。二是公共服务均等化，在全国率先推行城乡教育生均公用经费、教师待遇、校舍标准三统一，城乡居民医疗保险制度和养老保险制度标准一致化，城乡供水同网同质同价，垃圾污水处理一体化，城乡公交一体化等。三是要素配置市场化，在全国率先推进农村宅基地置换、土地承包权转让和置换、产权制度改革和集体建设用地制度改革等，打造"县域科学发展示范点"。四是农民生活市民化，建立城乡一体社区管理体制，率先推进农村新社区服务中心标准化建设，建立新居民管理服务机制和新社区工会组织）。

（6）慈溪模式。慈溪坚持集聚创业、自主创业和科技创业多创并举，走出一条全民创业之路，实现创业主体数量浙江省县域第一（一是系统培育创业平台，把人才引过来。建设"上林英才"研发园、创业园、产业园并实施人才引进计划，最高给予1000万元创业经费支持；集聚杭州湾优势要素打造环杭州湾创新中心，形成集聚创业的良好空间。二是全面优化创业服务，让人才留下来。深化落实"多证合一"、"先照后证"、企业简易注销等制度改革。三是科技导航"二次创业"，把人才育出来。与宁波大学、北京航空航天大学、中国科学院等单位共建科教园区，累计培育创新型梯队企业1000多家）。

浙江模式的关键优势是强大的块状经济、民营经济和贸易经济形成了示范带动效应，使得资金、人才、技术和资源等关键要素有序流动并充分集聚，其背后是良好市场环境下形成的活跃经济氛围，企业、行会、公众、民间组织等微观主体的力量被充分释放并有效引导。不难看出，浙江模式的内在逻辑是"找准比较优势—确定发展载体—把握外部环境—建立集聚机制—强化内生动力"。

（二）以河南省内为例

近年来，新郑、中牟、巩义等地县域经济发展迅速，成功跻身2019年全国综合经济竞争力百强县（市）（见表5-2）。这些县（市）与开封市地缘相近、基础相似，它们的成功对开封市下属的县域来说具有重要的借鉴意义。

表5-2 2016—2019年河南入围全国综合经济竞争力百强县（市）名单

2016年	2017年	2018年	2019年
新郑（58）	新郑（60）	新郑（49）	新郑（35）
巩义（82）	新密（73）	荥阳（52）	巩义（65）
荥阳（86）	巩义（78）	巩义（59）	新密（66）
义马（88）	荥阳（87）	新密（62）	永城（69）
新密（95）	登封（90）	登封（63）	登封（71）
		禹州（87）	中牟（82）
			济源（85）
			荥阳（95）

资料来源：《河南统计年鉴》。

(1) 新郑市主要做法。一是充分挖掘文化资源。新郑市利用自身文化资源优势，积极开发文化旅游资源，先后建成轩辕黄帝故里、始祖山游览区、郑风苑景区等多个景点。自1992年开始，每年坚持举办拜祖大典，黄帝文化为越来越多的海内外炎黄子孙所认同，新郑市的文化影响力越来越强，为其经济发展创造了大量有利条件。二是积极培育特色产业。目前，新郑市建成台商投资工业园、新郑中原食品工业园、城东新区工业园、城北医药化工产业园、龙湖科技教育产业园、煤电循环经济产业园六大特色园区，拥有"金芒果"香烟、"白象"方便面、"统一"食品、"好想你"枣制品等知名品牌，形成了烟草、食品、医药、煤电等产业体系。三是持续优化经济结构。大力发展"外向型经济""循环型经济""通道型经济"。在外向型经济发展方面，坚持"放权、让利、搞活"的原则，牢固树立"吃亏就是解放思想，让利就是更新观念"的思想，着力打造开放开明的政策环境、优质高效的服务环境、严明规范的法律环境。在循环型经济发展方面，依托丰富的煤炭资源，开工建设了赵家寨煤矿、王行庄煤矿、李良店煤矿等。在通道型经济发展方面，充分发挥"大交通、大通道、大枢纽"的区位优势，积极发展现代物流业，先后引进了华中棉花交易市场有限公司、万庄化肥交易市场有限公司、思达配送中心等物流企业。

(2) 中牟县主要做法。一是立足实际、因地制宜，着力构建现代产业体系。中牟县坚持优化存量和扩大增量并重、发展先进制造业和壮大现代服务业并举、培育战略性新兴产业和改造提升传统产业并行，确立了以汽车、文化创意旅游、都市生态农业为主导，以生物医药、健康养生、生态休闲产业为支撑的现代产业体系。二是全域规划、统筹实施，积极稳妥推进新型城镇化。坚持实施以人为中心的新型城镇化，全域规划、分步实施，有序推进城乡一体化，加快消除城乡二元结构，全面落实"以建为主、提升品质、扩大成效"的阶段任务。大力推动老城区改造提升、产业园区周围村庄合村并城，加快传统农区社区现代化进程，积极推进新型城镇化。三是绿色发展、守住底线，持续扩大生态环境优势。按照"大生态、大环保、大格局、大统筹"的要求，不断加强水生态建设，先后建成贾鲁河生态水系、三刘寨引黄调蓄工程、国家农业公园生态水系、鹭鸣湖生态水系等；持续推进林业生态建设，通过廊道建设、生态林营造、森林公园改造提升等措施，新增绿化面积9.2万亩，总面积达到45万亩，森林覆盖率达到27.1%。四是创新驱动、开放带动，全力打造区域对外开放高地。扩大开放。敏锐抓住北京疏解非首都功能背景下企业外迁的机遇，率先开展"驻京招商"，四大班子领导轮流带队"进京"引项目，促成了北大经济学院郑州教科研基地、中交一公局七公司落户中牟。注重创新。着力打造郑开科创走廊这一创新高地、战略支点。科研经费投入、高新技术产业增加值、研发后补助资金等多项指标位居郑州市第一位。特别是，河南省数字技术产业应用研究院落户中牟，大数据、云计算与实体经济融合发展实现高位起步；河南省弘阳生物技术研究院成立，推动了农产品与高科技、深加工的有机结合，一举弥补新技术、新业态方面的两项缺失。五是突出中心、践行宗旨，不断提升人民群众幸福指数。加大民生支出，民生支出占一般公共预算支出的80%以上。坚持教育优先发展战略，2017—2019年，教育事业资金累计投入近20亿元，每年专门设立2000万元教育专项资金，新建和改扩建学校26所，新增学位43290个。医疗卫生事业加快发展，省中医一附院新院区、郑大三附院新院区落户中牟。

总的来看，各地区位条件有很大差异，发展的模式也各有特色。开封市各县在具体发展模式及路径选择上，一定要结合特点和优势，分类施策，做到一县一策。

四、对策及建议

（一）进一步解放思想、更新观念

思路决定出路。思想不解放，发展的步子就迈不开。县域经济要想实现高质量发展，最重要的还是要进一步解放党员干部的思想。一是倒逼学习。通过提拔重用业务型、专家型、学者型干部，形成鲜明导向，倒逼各级干部加快学习提升。同时，要配合学习需要，建立学习长效机制，推动各县学习政治理论知识和习近平总书记重要讲话精神，学习业务知识，学习研究上级政策和其他地方的先进经验做法。通过学习更新知识结构，树立经营理念。二是强化工作实践。要把具备基层工作经历、善于抓落实的干部放到重要岗位上，倒逼各级干部切实改进工作作风，迈开双脚，扑下身子，到群众中去，体察民情，了解民意，提升做群众工作的能力。

(二) 做好顶层设计

指导各县结合发展实际，聘请高水平设计团队，本着破解"人、地、钱"等要素制约的原则，从土地利用、城乡框架、生态文明、产业发展、土地利用、学校医院等公共配套等方面，量身做好顶层设计，科学指导本县发展。一要充分考虑重大战略机遇。目前，各县面临中部地区崛起、黄河流域生态保护和高质量发展、大运河文化带建设、郑州大都市区建设、郑州航空港经济综合实验区建设、中国（河南）自由贸易试验区建设、中原城市群发展等重大战略机遇，这些重大战略包含了大量有关县域经济的内容，形成了政策叠加聚集效应。要把这些重大战略充分融入顶层设计中，参与产业链、价值链分工，推动延链补链强链，实现互动共赢发展。二要充分借助全省推动县域经济高质量发展的契机。下一步，省里要召开全省县域经济高质量发展现场推进会，并出台系列政策文件。市直各部门、各县要认真研究，抓紧跟进，及时对接，以便能够及时跟上省里的推进步伐，承接省里的各类政策。三要把公司化运营导入总体设计方案。把做强做大做优县域公司作为一项重要内容，引入总体设计方案。四要充分结合本地发展实际。顶层设计既要坚持高质量、高标准、高水平，也要结合本地发展实际和比较优势，这样才能确保真正落地实施。

(三) 明确主导产业，走特色发展之路

实践证明，只有符合当地资源禀赋、发展基础的产业，才能真正发展壮大。应指导各县结合发展实际，跳出常规思维，坚持有所为、有所不为，结合本地资源优势、产业结构、交通区位、科技水平等综合因素，宜农则农、宜商则商、宜工则工、宜游则游，明确本县特色主导产业，构建适合本县发展的特色产业新体系。针对传统农业大县，在坚持农业"五优四化"、不断提高粮食生产能力的基础上，加大结构调整步伐，实现农业生产提质增效，大力发展农业现代产业园，叫响杞县大蒜、祥符花生、通许菊花、兰考蜜瓜和红薯等农业产业品牌。推动农业与农产品精深加工、休闲旅游、文化传承、教育体验、健康养生等产业的嫁接融合，每个县打造1~2个现代农业产业园，有条件的县打造1个田园综合体或特色小镇，推动一、二、三产融合发展。针对工业基础较好的县，既要推动传统产业转型升级，又要加大招商选资力度，吸引一批效益高、带动能力强的龙头企业落户投产。要积极培育壮大产业链，大力发展先进制造业和现代服务业，在生物医药、新能源、新材料等战略性新兴产业上有所突破。针对旅游资源优势突出的县，要坚持以红色资源、历史文化、自然生态等为依托，深度挖掘旅游资源，大力发展生态观光、红色旅游、休闲度假、文化体验等产业。要大力发展中医药等大健康产业，开辟中医药种植基地，发挥河南大学、开封中医院等具有的优势，支持尉氏县等发展健康器械、医疗旅游、中医养生等大健康产业。发展官瓷、木版年画、汴绣等特色产业，充分挖掘官瓷、木版年画、汴绣等产业资源，利用最新的模式和技术，推动文化资源产业化、品牌化、特色化。

（四）持续优化营商环境，吸引外来投资

浙江等先进地方的发展经验证明，县域经济发展的源泉在于市场力量，市场力量的关键在于配置效率，效率实现的根本途径在于划清功能边界。只有政府充分尊重市场、了解市场、服务市场，营造良好的营商环境，才能真正激发县域经济发展活力。要更大力度地深化"放管服"改革，进一步简政放权，推动"放管服"改革向县、乡、村延伸，打造"智慧政务"网上平台，简化办事流程，提高办事效率，变权力型政府为规则型政府、服务型政府。要深入开展"6+3"专项整治，以更大力度、更大决心，把专项整治作为底线工作、发展工程，真正破解制约发展的难点、痛点和堵点问题，为县域高质量发展松绑。要构建金融服务体系，大力引进银行、保险等各类金融机构，全域推广兰考普惠金融模式，将金融改革拓展至绿色金融、科技金融、文化金融，健全金融服务体系，着力解决融资难、融资贵等问题。要坚持"标本兼治"，推进污染防治工作，重点抓好水生态文明建设和国土绿化两个关键，打造宜居宜业宜游的优质生活圈。要进一步完善基础设施和公共配套服务，加强道路、管道、电力、水、电、气、暖等基础设施建设，畅通市区到各县的快速路，织密县域交通网络，优化城乡居住环境。抢抓医疗服务补短板机遇，突出抓好医院、学校建设，持续加大医疗、教育投入力度，每年新建一批中小学幼儿园、医疗卫生机构，招聘一批医护人员和教师，推动优质医疗、教育资源逐步向基层延伸，逐步补齐卫生、教育短板。

（五）推动产业集聚区"二次创业"

要实现县域高质量发展，必须实现产业集聚区高质量发展。深化产业集聚区改革，要借助国土空间规划修编和产业集聚区"腾笼换鸟""二次创业"等契机，深入开展产业集聚区新一轮规划修编，因地制宜推进产业集聚区"管委会（工委）+公司"、人事薪酬制度改革，全力解决产业集聚区定位不科学、布局不合理、建设质量不高、体制机制不活等问题，推动产业集聚区企业转型升级、做大做强。加快"腾笼换鸟"，要以工业企业智能改造、绿色改造、技术改造为抓手，推动传统产业转型升级，加快落后产能和低效资产"腾笼换鸟"，提高亩均产出效益，打造千亿级的产业集聚区。支持县域服务业"两区"、专业园区提质增效，壮大现代物流、商贸流通、文化旅游等产业，开展电子商务进农村综合示范工作，培育一批特色电商镇、电商村。

（六）以乡村振兴为抓手，推动城乡融合发展

乡村振兴是国家重大战略，是破解城乡发展不平衡、不充分问题的

关键之举，为此国家出台了一系列的支持政策。推动城乡融合发展，必须以"乡村振兴"为抓手。一是实施"百乡提升"工程，发展特色小镇和特色小城镇。重点在乡镇（涉农办事处）政府所在地实施党建提升、规划提升、环境提升、管理提升、产业提升、文明提升等，通过3~5年努力，打造20个以上的区域重镇、经济强镇，使乡镇所在地人口占到乡镇总人口的20%以上。创建一批践行习近平新时代中国特色社会主义思想的示范乡（镇）、乡镇工作"三结合"示范乡（镇）、黄河流域生态保护和高质量发展示范乡（镇）、乡村振兴示范乡（镇）、脱贫攻坚示范乡（镇）、生态宜居示范乡（镇）等。二是建设美丽乡村。以"一十百千"为抓手，深入推进农村人居环境整治，大力实施"厕所革命""垃圾处理""污水处理"，建设"四美乡村"。三是实施城乡基础设施互联互通。加大县道、乡道改造力度，构建以县城为中心，辐射所辖乡镇的县乡交通圈，推进城乡交通一体化。加快南水北调入汴工程，提高城乡供水能力。推动农村电网、热网、管网建设和改造，以"新基建"为契机，稳步推进农村5G网络建设。

（七）做强做优做大县域国有公司

做强做优做大县域国有公司，是推动县域资源公司化运营的重要前提和基础。引导县域政府通过市场经济手段，对县域内可控资源进行重组、盘活、整合和优化，实现资源配置的最优化和资产效益的最大化。一是明确公司数量。各县国有投融资公司原则上不超过3个。二是推进改革。抓紧完善现代企业制度，按照"门槛要高、条件要优"的原则，面向全省社会化选聘董事长、总经理，让他们有话语权。三是着力提升公司信用等级。通过3~5年发展，各县原则上要有1家AA+公司。四是建立能上能下、能进能出的考核体系。根据公司的产值、利润、税收贡献等，实现人员能上能下、工资能增能减、企业能升能降的动态管理。

第六章 县域篇（二）

开封市乡村振兴的模式探索
——基于祥符区西姜寨乡的调查与思考

近年来，开封市把实施乡村振兴战略作为新时代"三农"工作的总抓手，按照"产业兴旺、生态宜居、乡风文明、治理有效、生活富裕"的总要求，坚持规划先行、试点推进、模式探索、特色彰显，在全省率先出台乡村振兴"十大行动计划"，凝心聚力推进乡村振兴"1+6"示范区建设，着力探索乡村振兴的"开封模式"。2019年，开封市政府发展研究中心组织人员深入祥符区西姜寨乡，围绕开封市乡村振兴"1+6"示范区建设进行走访考察，并对开封市实施乡村振兴战略存在的问题和应采取的思路对策开展了广泛调研。

一、西姜寨乡推进乡村振兴的实践与启示

西姜寨乡在祥符区西南部，辖31个行政村，86个自然村，总人口7万余人，总面积145平方千米，耕地面积12.3万亩，是一个典型的农业乡。长期以来，由于人多地少，资源贫乏，交通闭塞，该乡经济发展滞后，干群关系紧张，村容村貌脏乱差严重。近年来，该乡坚持以基层党建为引领，以建设美丽乡村、培育文明乡风为抓手，推动产业兴旺、治理有效，最终达到生活富裕的目的。该乡先后荣获中国最美村镇50强、中国最美村镇生态奖、中国最美村镇治理有效奖、中国美丽乡村百佳范例等多项荣誉。

（一）以基层党建为引领，锤炼干部队伍，改进工作作风

乡党委通过强抓支部建设，筑牢党建基层阵地，打造出一支"任

务来了能上，硬仗来了能打"的干部队伍。选举调整了 10 多个村干部，选拔了 31 名年轻、有干劲的党员任支部副书记，在村里建设"双强"党支部。在全乡党员中提倡佩戴党徽，亮身份，信息上墙，时刻接受群众监督，在全乡叫响"我是共产党员，向我看齐""我们面前无困难，困难面前有我们"等口号，强化了党员意识。创新党建工作机制，通过网格化管理、积分制绩效管理、微信圈动态管理、百家问政等措施，提升党员干部为民服务的意识，增强了党员、干部、群众之间的紧密联系，在全乡 31 个村委中形成了"比、学、赶、帮、超"的工作氛围。

（二）以生态治理为重点，改善人居环境，促进绿色发展

乡党委政府始终把生态文明建设要求落在实处，打扫庭院，开门迎宾，积极打造"六宜"乡村。以"乡村增绿"为切入点，向出门"捏鼻子"（脏乱差）、夏秋"不开窗"（躲蚊蝇）宣战，掀起人居环境整治高潮，整修乡村街道 380 余千米；植绿造林，修复生态，栽种红豆杉等树木 1000 多万棵，成为远近闻名的"红豆杉"之乡；治理乡村河渠，提升白玉河河道景观，荣获"中原水乡"称号；开展"千村示范、万村整治"工程，推进"三清一改"，加快改造公厕和农村户厕，新建水冲式厕所 600 余座，着力改善村容村貌、户容户貌。

（三）以乡风文明为保障，提高农民素质，促进文化振兴

该乡积极构筑精神高地，厚植文明沃土，为乡村振兴塑形铸魂。以"礼、义、孝、廉"为题材绘制文化墙，融入社会主义核心价值观和优秀传统文化；努力发掘历史文化积淀，激活千年文化基因，使万同、天义德木版年画老字号，开封盘鼓、豫剧等优秀文化遗产得以传承；成立老兵之家、乡贤社和孝贤社，举办"孝老敬老饺子宴""爱心捐赠"及"名誉乡贤""荣誉村民"评选等活动；高标准修建文化广场，组建了盘鼓队、舞龙舞狮队、广场舞和扇子舞队，广泛开展群众性文艺活动；积极发展文化旅游、休闲度假、体育运动等，打造乡愁寄处、文化原乡民俗村落；成立红白理事会，引导村民自觉抵制陈规陋习，狠刹红白事相互攀比之风。

（四）以改善民生为核心，推动产业发展，促进农民富裕

在夯实农业生产基础的同时，该乡着力构建产业融合发展体系，推动结构调整、产业转型、业态融合。引进爱思嘉农业开发旅游有限公司，建设十八弯三产融合示范带，大力种植大蒜、花生、汴梁西瓜、胡萝卜等优势农产品，补齐"丰产不丰收""增产不增收"短板；引进闽商建设天下石文化创意产业园，打造以石产业为支撑，宜居、宜商、宜业的特色石文化小镇；引进农道、大宏等农业龙头企业，推进家庭农场、蔬菜种植基地、田园综合体建设；依托已有的花生原产地地理标志，推出"西姜大地"品牌炒花生，形成集生产、加工于一体的产业链。推动特色产业发展，培育三产融合全域旅游新型业态，促进农业增值、农民增收。

西姜寨乡推进乡村振兴的实践探索，聚了民心，稳了基础，美了环境，兴了产业，富了群众，取得了显著成效，也给我们带来有益的启示。一是理念先进有"魂"。坚持以新发展理念为指导，完善了农民主体、政府主导、社会参与、市场运作、规划引领的建设机制，为乡村振兴奠定了基础、赢得了先机。二是抓长抓细有"恒"。坚持从改善农村生态环境和人居环境等细处入手，实施生活污水处理、生态河道整治、生态人居提升等多个项目，使村庄的生活环境从"脏乱差"变成"洁净美"。三是敢于拼闯有"劲"。坚持冲破思想观念的束缚，突破利益固化的藩篱，务实重干，主动作为，深入挖掘本地特色，推动生产、生活、生态融合发展。四是党建引领有"力"。坚持提升基层党组织的组织力，突出政治功能，选优配强村级组织带头人，完善党建工作的运作机制，充分发挥基层党组织在美丽乡村建设中的战斗堡垒作用和党员的先锋模范作用，更好地为村集体和村民服务。五是社会治理有"效"。坚持以民为本，将群众关心的、政府重点抓的工作写入村规民约，把重大决策、规划蓝图交给群众民主决策，开展乡风评议和新乡贤活动，全力构建法治、德治、自治"三位一体"的基层社会治理体系，实现经济、政治、文化、社会和生态文明建设同频共振、共同发展。

二、关于实施乡村振兴战略的思考

实施乡村振兴战略,是党中央基于当前我国"三农"工作状况做出的准确判断和系统规划,具有划时代的意义,开启了农业农村新的发展阶段。我们认为,乡村振兴是工业文明向生态文明转型背景下的一个时代课题,必须坚持以新发展理念为指导,深刻把握乡村振兴的战略性特点,以战略思维进行思考、研究、筹划和推进。

(一) 乡村振兴是推动高质量发展的重要引擎

在城市化、工业化高速发展的今天,大量乡村逐渐走向衰败和消亡。乡村衰败有其历史成因和内在机理,如经济、社会结构大调整使乡村失去了支撑力,传统单一的农业经济结构不足以支撑乡村的可持续发展,优秀人才往城市聚集使该问题雪上加霜,传统文化与优秀价值观的断层更增添了社会建设的危机。新时代我国社会主要矛盾已经转化为人民日益增长的美好生活需要和不平衡不充分的发展之间的矛盾。而当下,我国发展最大的不平衡是城乡之间的不平衡,最大的不充分是农村发展不充分。从这个意义上理解,实施乡村振兴战略能精准补齐乡村发展短板,是推动高质量发展的重要引擎。

(二) 乡村振兴是治理"城市病"的重要途径

在传统的认知当中,城镇化代表先进,乡村则成了落后的代名词。过去我们讲"城市反哺农村,工业反哺农业",这个观点在潜意识里将农村放在了从属地位。乡村振兴战略是对城乡关系的重新思考,将城乡放在平等位置,坚持农业农村优先发展,通过乡村的自我振兴,形成"工农互促、城乡互补、全面融合、共同繁荣"的新型工农城乡关系。从这个意义上理解,实施乡村振兴战略能有效推动城乡融合发展,是治理当前越发凸显的"城市病"的一剂良药。

(三) 乡村振兴是推动生态文明建设的重要载体

习近平总书记在《走中国特色社会主义乡村振兴道路》一文中说:"中华文明根植于农耕文明。"农耕文明的本质是一、二、三产的融合,是人与自然的融合，是德与法的融合，是城与乡的融合，是东方哲学中的天人合一，其内涵实质与生态文明高度契合。生态文明视角下的乡村振兴有别于工业文明时代的乡村建设，在价值取向、城乡关系、经济形态、运行机制、文化形态等方面都将发生深刻变化。从这个意义上理解，实施乡村振兴战略能有效延续中华民族的文化根脉，是推动生态文明建设的关键途径。

基于以上认识，结合开封市的探索实践，我们坚定地认为：乡村振兴是一条充满希望之路。这条充满希望之路，应该是一条以生态文明理念为指导，以文化引领为导向，以品质发展为准则，以壮大集体经济为牵引，以共同富裕为追求，系统调整乡村经济、政治、文化和社会结构的"新路"。其内涵实质体现为"五个新"，具体如下。①新的价值取向。即从工业文明时代"以人为中心，追求利润最大化"的价值取向转变为生态文明时代"人与自然和谐发展，追求绿色发展、可持续发展"的价值取向。未来将掀起一场以绿色发展引领乡村振兴的深刻革命，乡村不再是单一从事农业的地方，而将成为人们养生养老、创新创业、生活居住的新空间，乡村的经济价值、生态价值、社会价值、文化价值将日益凸显。②新的城乡关系。即从城乡二元割裂转变为城镇村三元共生、城乡互动互补互促的城乡融合发展。未来乡村将成为一个既深刻保持传统乡村文明原真性，又开放兼收现代文明创造性的新型社区，这里既有祖祖辈辈守望村落和田野的传统村民，也有离开村落外出发展后返回家乡的回归村民，还有离开城市回归乡村田园生活的新型村民。③新的经济形态。即从单一的农业经济形态转变为以高品质农业为基础、农工贸文旅深度融合发展的多元经济形态。未来乡村公共基础设施的改善与互联网等现代技术的应用，将会模糊城乡地域界限和产业界限，原本单一的农业经济将演变为农业与农产品加工业、休闲旅游业、文化创意产业融合发展的综合业态，并将建立与政治、文化、社会、生态共生且高度一致的区域性内生经济循环系统，形成与生态文明建设相适应的经济发展体系。④新的运行机制。即从原子化、碎片化的独立分散经营转变为有利于实现共同富裕、符合市场经济要求的集体经济运行新机制。未来乡村将形成以集体经济制度为基础，以混合所有制、农合联等多样化联合合作发展为特征，既能实现集体经济发展壮大，又充分调动村民个体积极性，并保障农民享受全产业链增值收益，实现共同富裕，体现集体优越性的经济运行机制。⑤新的文化形态。即从单一的传统农耕文化形态转变为优秀传统乡土文化与现代文化元素、城市文明形态兼收并蓄的新型文化形态。未来乡村中既有"敬天爱人""耕读传家"的传统农耕文化，也有从城市带来的现代生活理念、科学技术应用，也将会有传统文化和现代文明碰撞交融而产生的新文化。

三、当前开封市乡村振兴面临的困难和问题

近年来，开封市坚持以乡村振兴战略为统领，以试点先行、示范带动为策略，谋划实施以建设1个市级"1+6"示范区、10个县区分别建设一条示范带、确定全市100个示范村和1000个整治村为主要内容的"一十百千"工程，取得了显著成效。但也应当看到，当前开封市推进乡村振兴还面临不少困难和问题，主要表现在以下几方面。

（一）思想认识尚未到位

县区和市直部门的一些干部轻农思想较重，对"三农"工作兴趣不大，将主要精力集中在工业、贸易和城市建设上。一些干部认为，乡村振兴点多线长面广，历史问题、治理问题、土地问题交织，规划乱，建设乱，欠账多，原来乱了，一下子也抓不出成效；一些干部认为，地方经济增长和财政压力都比较大，搞招商引资、抓产业项目和城市建设是当务之急，抓农业短期难见效；一些干部认为，乡村衰退势不可挡，比如空心村问题，乡村连人都没有，做那么多项目意义不大。一些县区对乡村振兴工作重安排轻落实，不少地方看上去每项工作都在推进，但实际上是"蜻蜓点水"，造几个"盆景"，满足于对上有个交代。

（二）用城市思维解决农村问题

用城市思维解决农村问题体现在诸多方面，套用城市的环境污染治

理模式便是其中之一。城市与农村有很大区别，城市的环境卫生是城市文明的组成部分，而农村在相当程度上仍然受农耕文明影响。农耕文明倡导人与自然和谐相处，顺应自然，追求天人合一。在传统乡村社会是没有废物的，所有的都是可以循环利用的。现在把农村环境污染问题单独拎出来，只讲末端治理，忽视源头治理，把垃圾污水处理与农民生产生活割裂开来。例如，"厕所革命"推行的"水冲式厕所"在冬季由于上冻用不了；一些边远乡村离县城较远，把那里的菜叶子等厨余垃圾拉到几十里外的县城统一处理成本较高，"户分类、村收集、镇转运、县处理"的垃圾处理模式效果不甚理想。

（三）乡村建设存在城市化和旅游化取向

过去几十年城市取向的发展，使大多数人形成了一切向城市看齐的思维方式。开封市近十几年来的农村建设中，不论是农民自己盖房子还是政府主导的示范村建设，一个最大的特点就是追求城市化，即"建城里一样的房子，过城里人一样的生活"，很多示范村建设都是照搬城市小区模式，追求"高大上洋"，像建大牌坊、大村标、大公园、大广场等，还有过度硬化、园林化等，造成"千村一面"。另一个误区是旅游化，乡乡搞旅游，村村建景点。不管条件具不具备，都把乡村旅游作为发展新产业的首选。而且乡村旅游的开发方式大多是模仿其他景区，同质化现象非常严重，不少旅游项目存在抄袭模仿、粗制滥造、平庸低俗等问题。

（四）村庄内生动力明显不足

不少地方干部群众等靠要思想严重，"政府在干、农民在看"的现象普遍存在，有的甚至把开展人居环境整治工作看成是政府的事，认为与自己没有半点关系，上面给多少钱就办多少事。有些村庄办什么事都要讲钱，开村民代表会议也要给钱。造成这个现象的原因是多方面的，其中的一个重要原因是村庄社会经济发展动力不足。随着农村青壮年进城打工，农民老龄化、农村空心化、农业副业化日益严重，村庄没有了社会经济发展的动力。一些村庄大多为留守老人和儿童，他们难以承担新农村建设的重担。政府自身也存在问题,主要是过度干预,建设主体错位化,不愿意给基层放权,一切由上面做主。政府的社会动员能力下降,疏于对农民的教育和管理,公共舆论导向出现偏差,政府职能出现某些异化等。

(五)乡村人才资源极度匮乏

乡村振兴,关键在人,核心是人才。然而,在当前城乡二元结构体制下,乡村人才队伍普遍存在总量不足、素质不高、活力不够等问题。一是人才外流严重。随着城镇化步伐加快,越来越多的农民选择外出从事农业生产以外的工作,外出求学的农村学子也大多会选择留在大城市就业,导致本就人才总量不足的乡村更加缺少"人气"。二是培养模式不合理。目前对乡村人才的培养主要还集中在教授农技相关知识上,没有针对具体需求设置科学合理的课程,村民的参与性差,使培训形同虚设。三是结构不合理。农村主要劳动力外出务工,家中只剩下妇女、儿童、老人,这一群体除能从事简单的劳动外不具备创新创业能力,根本无法肩负起乡村振兴的重任。

四、推进开封市乡村振兴的对策建议

实施乡村振兴战略,在宏观上,要推动农业全面升级、农村全面进步、农民全面发展,在实践中,要走好"七条道路",即城乡融合发展之路、共同富裕之路、质量兴农之路、乡村绿色发展之路、乡村文化兴盛之路、乡村善治之路、中国特色减贫之路。2019年,河南省委省政府印发《关于深入学习贯彻习近平总书记重要讲话精神 全面推进乡村振兴战略的意见》,提出把实施乡村振兴战略作为新时代"三农"工作的总抓手,探索不以牺牲农业和粮食产能为代价的新型工业化、信息化、城镇化、农业现代化"四化同步",具有河南特色的乡村振兴之路。我们要认真学习领会,全面贯彻落实。

(一)着力推进新发展理念落地落实

乡村振兴是一项艰巨复杂的系统工程,不能遵循过去的老思路、老路径，要深入贯彻落实创新、协调、绿色、开放、共享的发展理念，将其放到工业文明向生态文明转型的大背景中加以考量。树立正确的政绩观，充分尊重乡村发展规律，既要尽力而为，又要量力而行，不急功近利，不搞一刀切，不搞运动战，不搞大拆大建，不做表面文章，持之以恒，久久为功；强化系统建设，将城乡发展视为一个有机整体，按照"全域统筹、区域联动、系统推进、融合发展"的思路，推动城乡资源要素双向合理流动、城乡基础设施共建共享，系统开展生态修复、经济修复、文化修复和人心修复；优先使用乡村存量资源，最大限度保护乡村的自然生态底本与历史人文底本，坚决防止天人合一的乡村风貌、宁静安详的乡村生活、淳朴和谐的村风民风受到破坏，渐进式恢复乡村生命力。

（二）着力推进城乡融合发展

城乡融合发展是乡村振兴战略的主干道和综合枢纽。党的十九大报告提出的乡村振兴"七条道路"中，第一条就是城乡融合发展之路。开封市作为郑州大都市区郑汴港核心引擎区，城乡融合发展的现实基础较好。要抢抓机遇，借力省会，融入郑州，充分发挥城镇的辐射带动作用，构建以工促农、以城带乡、工农互惠的新型工农城乡关系；打造一批城乡融合载体，在城市和乡村接合部，规划建设一批体现生产、生活、生态"三生融合"，三产融合，产城融合的美丽乡村综合体、田园综合体、休闲庄园等新型城乡融合载体，促进城乡融合对接发展；完善城乡融合制度保障和政策体系，按照"怎么顺、怎么干"，推动"多规融合"及乡村规划、建设、管理工作相融合，以政策体制创新引导城市的资本、人才、技术等资源要素向农业农村流动，建立健全城乡公共服务和社会保障一体化发展体制机制。

（三）着力推进产业提质增效

乡村振兴最关键的是产业兴旺，最核心的是农业发展，最突出的问题是综合效益和竞争力偏低。因此，要深化农业供给侧结构性改革，加快农业由增产导向转向提质导向，培育乡村发展新动能。坚持走品牌化道路，以提高农业质量效益和竞争力为中心，加快培育一批具有较高知名度、美誉度和较强市场竞争力的品牌农产品；坚持走集聚化道路，加快推进农业产能向绿色都市农业示范区转移集聚，建成一批高能级现代农业园区，促进农业产业集群式、园区化发展；坚持走融合化道路，促进农村一、二、三产业融合发展，推进农业与旅游、文化、教育、康养、体育等深度融合，大力发展农村电商、乡村旅游、民宿经济、林下经济等新产业、新业态、新模式。

（四）着力推进美丽乡村建设

把高水平美丽乡村建设作为实施乡村振兴战略的总抓手，力争经过几年的努力，把美丽乡村打造成为开封最具影响力、最耀眼的风景线之一。抓示范创建，依托沿黄生态带建设，优化美丽乡村全域规划，创建一批在全省、全国具有较高知名度和美誉度的示范镇、示范村；抓补齐短板，着力围绕农村生活垃圾处理、污水治理、厕所改建、治危拆违、农房建设、基础设施建设等薄弱环节，加大投入，重点发力；抓品质提升，实施农村人居环境综合治理工程，开展农村安居宜居美居专项行动，推进建房、建村、建景有机结合，提升乡村品质；抓特色塑造，结合乡村实际，因地制宜打造产业特色、资源特色、区位特色、文化特色、建设模式特色、形态特色，避免"千村一面"和同质化现象，使乡村真正成为安居乐业的美丽家园。

（五）着力推进乡村文化振兴

中华文明根植于农耕文明，乡村是中华文明的基本载体。建设文明乡风，要深入挖掘农耕文化蕴含的优秀思想观念、人文精神、道德规范，结合时代要求，在保护传承的基础上创造性转化、创新性发展。一方面，要把以规立德作为净化乡村社会风气的治本之策，突出村规民约的观念引导和行为约束作用，发动群众积极参与"文明村""文明户"等文明创建与评议活动，采取各种有效形式激发农村传统文化活力，以风清气正、向善向上的舆论导向推动自我教化，形成良好的村风民俗；另一方面，文明乡风建设重在引导，要注重发挥乡村社会组织的自治劝导作用，进一步挖掘和弘扬"最美现象"，引领农民思想道德素质提升，让乡村从"面子美"变为"里子美"。

(六) 着力推进社会有效治理

实施乡村振兴战略，健全乡村治理体系，是健全现代社会治理格局的固本之策。首先，完善村民自治。规范村级事务运行，修订村规民约，持续抓好"四评议、两公开、一监督"等村级基本制度落实。依托村民代表会、理事会以及乡贤参事会等，完善群众自主议事、自治管理、自我服务机制。其次，建设法治乡村。开展"法律进乡村"宣传教育活动，提高农民法治素养，引导干部群众尊法学法守法用法。利用"乡村法庭"解决农村改革发展稳定中遇到的问题。健全公共法律服务平台，为农民群众提供优质高效的法律服务，提高矛盾纠纷化解效能。最后，提升德治水平。充分发挥道德的教化作用，广泛挖掘乡村熟人社会蕴含的道德规范，弘扬真善美，传播正能量。引导农民向上向善、孝老爱亲、重义守信、勤俭持家。坚持自治为基、法治为本、德治为先，强化法律的权威地位，以德治滋养法治、涵养自治，让德治贯穿乡村治理全过程，以德感人，解决自治和法治不能解决的问题。

第七章 战略篇（一）

大都市背景下开封功能定位和发展方向[①]

一、引言

2016年年底，国务院批复的《中原城市群发展规划》明确提出，支持郑州建设国家中心城市，推动郑州与开封、新乡、焦作、许昌四市深度融合，建设现代化大都市区，形成带动周边、辐射全国、联通国际的核心区域。2019年8月，河南省委省政府发布了《郑州大都市区空间规划（2018—2035年）》，提出要构建"一核、四轴、三带、多点"的空间格局。其中的"一核"即"郑汴港核心引擎区"，由"郑州主城区、航空港区、开封主城区共同组成"，功能角色是要成为"大都市区发展的核心动力引擎"。实现该功能角色的路径和抓手主要包括："加快提升郑州国家中心城市核心竞争力和综合服务功能，发挥航空港区对外开放平台作用，构建开封文化与国际交往平台，建设郑东新区与白沙组团高端商务金融服务中心、郑州高新区创新中心、航空港区枢纽中心与开封老城文化中心，推动自贸区郑州片区与开封片区的协作，共同建设郑开创新创业走廊和区域生态绿心，推动郑汴港交通、产业、生态、文化等多方面融合发展。建设紧密协作、高效有序的核心区，带动大都市区一体化发展。"

根据规划，到2020年，郑州大都市区集聚人口要达到2000万人，常住人口城镇化率达到70%，人均GDP超过9万元，综合实力显著提

[①] 课题组成员：耿明斋、娄春杰、李少楠。

升。到 2025 年，初步建成具有一定国际影响力的现代化大都市区。展望 2035 年，郑州大都市区常住总人口将达 2300 万~2800 万人。同时，推动高速铁路与城际铁路、市域铁路与城市轨道的无缝换乘，实现区域功能中心与门户枢纽、外围组团、相邻城市中心区间的"三个 15 分钟"高效衔接，打造郑州 1 小时交通圈。加快郑州机场—许昌市域铁路建设，推动许昌生物医药产业园、森源电气制造基地、长葛产业新城等沿线重点产业园区开发；依托开港大道、机登洛城际铁路，推动开港登旅游文化廊道建设。未来随着郑州发展空间轴向外延伸，郑州与周边城镇通勤的空间关系越来越紧密，将从"点-轴"结构向"城市-区域"的都市区化结构演变。

应该说，上述规划要点对核心区及各组成部分的功能角色定位是比较清楚的，即核心动力引擎及郑州主城区综合服务平台、航空港区对外开放平台、开封文化与国际交往平台；各自的建设重点也比较明确，即郑东新区与白沙组团高端商务金融服务中心、郑州高新区创新中心、航空港区枢纽中心与开封老城文化中心，还有共建的创新创业走廊和区域生态绿心等。但是，要落实这些规划要点，还有很多问题需要思考探讨，除了诸如郑州主城区综合服务功能如何提升、港区枢纽如何完善、开封文化与国际交往平台如何建设等操作和工作层面的问题之外，更重要的是理论和政策层面的问题，包括：如何从功能结构关系的角度来认识核心区；怎样理解核心区对整个城市乃至更大区域空间发展的引领作用；大都市与大都市区有何异同；相对于大都市核心区，大都市区核心区有什么突出特点；郑汴港何以成为大都市区核心区；郑州主城区和航空港区功能定位及其发展方向比较清晰，也容易理解和操作，但开封主城区文化核的内涵及发展方向如何进一步明确；在统一功能目标的前提下如何处理好两个独立区域主体之间的关系；如何在资源开发与经济活动收益合理分配基础上，实现规划及公共基础设施和公共服务体系供给方面的真正统一和高度融合等。

让我们先从城市功能解剖及对大都市和大都市区异同的认知开始。

二、城市功能结构及核心

从功能结构及其相互关系看,交易结算空间是城市核心区。城市是由交易、结算、运输、生产、居住、医疗、文化(教育、艺术、体育)、休闲、行政九大功能构成的要素密集聚集空间。其中交易、结算、运输和生产是基本功能,居住、医疗、文化、休闲和行政是派生功能。

(一)交易是城市的核心要素

从字面上看,城市就是"城"和"市"的组合,"城"是空间,"市"是功能,也就是开展商品交易活动。城市的最原始形态和最基本功能是商品交易场所,至于在交易场所周边筑城,把交易场所围起来,逻辑上应该是从交易活动衍生出更多功能,尤其是居住功能以后才有的事,从而形成具有防御功能的形态。当然,交易场所从原始形态一路走到现在已经发生了巨大变化。在整个农耕文明时代,交易对象主要是农产品和少量的手工业品,交易场所最常见的形态是集镇的露天农贸市场。进入工业文明时代以后,交易对象高度复杂化了,从有形的物质产品到无形的金融产品,多到让人无法想象。商场、购物中心和会展中心是有形市场的典型形态。京东、阿里巴巴网上平台则是巨大的无形市场。证券、期货、银行间拆借、外汇等价值符号类金融产品市场对经济社会生活的影响更是覆盖全球,并渗透到社会生活的每个角落。

(二)结算是交易活动的一部分

在以物易物的状态下,交易和结算是同时发生的。在货币成为交换媒介以后,结算才从交易过程中分离出来,成为时间上稍有分离的环节。随着交易活动复杂化,结算相对于交易的独立性越来越强。现代经济活动和现代城市中,结算不仅与交易过程在时间上分离,与活动主体和活动在空间上分离,而且已经发育成以银行、证券、保险形态存在,占据着显耀位置的城市核心产业了。

(三) 运输是与交易须臾不可分割的功能

交易的背后一定是交易对象的运输过程，不管是有形的市场还是无形的市场，也不管交易的对象是物质产品还是非物质的金融产品，都不例外。有形市场如集贸市场或大卖场，交易完成前总有将交易产品运到现场的过程，交易完成后也有将产品运出去的过程。无形市场如远期合约交易或网上交易，也有将成交货物在约定时间从生产商或经销商处运输交货到购入者或消费者处的过程。即使是非物质的金融产品，如股票、债券和期货等，也要在买卖双方及经纪人之间有相应的信息传输通道。运输距离、通道数量和质量、通过速度等因素，直接决定着市场的规模、功能的强弱和辐射能力的大小，也影响着交易主体经济活动的成本和效率。所以，无论古今中外，市场都是在交通最便利的空间点发育成长的，城市则是随着市场规模的扩大和功能的增强而持续向外拓展的。交通通道的数量、质量对市场规模和城市规模有着绝对的影响，这是现代城市都是在水陆空通道枢纽地区发展起来的原因。原始的或初级阶段的城市市场往往是在运输通道旁边发育的，两者在空间上紧密相连甚至完全重合。随着城市规模扩张和功能整合，运输功能空间与交易功能及城市其他功能空间也逐步相对分离。现代化大都市的港口码头、火车站、飞机场等各种交通枢纽在空间上都与交易功能高度集中的城市商业中心及其他城市功能区有一定程度的分离。

(四) 生产是交易的源头

没有生产，就没有交易对象，当然不可能有交易活动发生，所以，从这个意义上说，生产是城市更为基本的功能。但是，在自给自足的农耕文明时代，交易对象主要是农产品，生产并不在城市进行，或者在城市进行的生产仅限于少量的手工业产品，生产与交易活动在空间上是分离的。进入工业文明社会以后，不但非农制造业爆发式成长，而且大规模向城市聚集，制造业生产成为城市最主要的功能，工业制成品也成了市场上交易对象的主角。但由于生产与交易性质的差异，两者在空间上分离的格局并没有改变，改变的只是空间格局的形态。农耕文明时期，交易与生产的分离表现为城乡分野；工业文明时期，交易与生产的分离表现为同一城市不同功能空间的差异。在现代化大都市中，虽然市场交易及与之紧密相连的金融结算功能占据了城市中心的位置，重要性也显得更为凸出，服务业在整个经济活动中的占比不断上升，但制造业生产功能对城市的重要性从未被忽视，以至于像上海这样的国际化大都市至今仍然是传统制造业中心。连新加坡那样地域狭小的城市国家，也还是全球最大的石油炼化产业中心之一。可以说，制造业是一个城市基础稳定性、发展水平、发展潜力和活力的重要标志。

（五）居住功能从经济活动的视角看是衍生的

居住功能从经济活动的视角看是衍生的，但本质上说也是基础的。因为所有经济活动都是由人推动的，主体都是人，人都必须居住下来才能在特定的城市空间从事各种经济社会活动。虽然不管是古代还是现代，城市中居住空间与其他功能空间交杂的现象较为普遍，但总体上居住空间与城市其他功能空间的分离是常态，工业化高潮时期更是如此。因为传统制造业生产的空间环境与居住的空间环境错位较大，所以，在中国的城市中，我们随处可以看到专门聚集产业的各种各样的开发区和工业园区，高层住宅林立的居住小区更是城市夺目的风景线。进入后工业化时代以后，随着高科技产业和服务业比重增大，居住与生产空间融合又成为新的趋势，职住比正成为反映一个城市区域现代化程度的重要指标。

（六）医疗属于城市的衍生功能

医疗本来纯粹属于城市的衍生功能，但在现代都市中，它在某种程度上具有了产业性质，并且对于城市吸引人才、提升品位、增强魅力、促进产业发展等具有越来越重要的作用。医疗功能的衍生源于城市居民对健康的需求，人总有健康问题，因而总有保健和治病的需求，所以有人的地方就要求有医疗功能。城市是人聚居的地方，对医疗功能的需求规模和强度自然就大。随着城市人口的增加，收入水平及文明程度的提高，对健康的需求强度会越来越大，城市医疗体系的规模也越来越大。

在现代大都市中，医院数量动辄就是几十家上百家，吸纳数万人就业，年收入数百上千亿元，拥有数千甚至上万张病床、年收入上百亿元规模的医院并不鲜见。所以，医疗已成为现代都市具有标志性的功能。但是，由于医疗直接服务城市居民的性质，医院总是按照居民区的需要布局，因此，医疗功能在空间上倾向于按照居民区的需要而分散布局，少有像金融行业那样多家机构高度聚集在一个特定空间的功能区形态。

（七）文化是城市经济社会活动的有机组成部分

文化几乎是所有城市经济社会活动的有机组成部分，又作为它们的衍生功能扮演着塑造城市形象、提升城市品位和引领城市发展方向的角色。当然，这里所说的是广义的文化概念，即把教育、科研、艺术、体育、图书等要素统统包括进来的大文化概念。文化的本意是人类对自己过去创造的记忆和传承，这些记忆以创造物形态遗存就是文物，以文字形态遗存就是典籍。它们彰显的是城市过去的辉煌，也有唤起居民的自豪感，激励创造未来辉煌的功能。所以，有一定历史积淀和相应规模的城市都会把博物馆和图书馆建设得富丽堂皇，将其作为城市不可或缺的构成元素，并放在城市比较显耀的位置。艺术和体育源于居民愉悦身心和强健体魄的需要，随着城市规模的扩大、居民收入水平的提升及生活方式的现代化，不但艺术和体育场馆成为城市的重要风景线，而且日益成为吸纳就业并满足居民消费需求的重要经济活动领域。教育的功能是提升居民素质，促进人才成长。科研的功能是探索增量知识，为经济活动注入效率，满足居民对新知识的渴求，丰富居民的精神生活，科研对城市的重要性是不言而喻的。所以，从幼儿园到大中小学的教育体系、众多高校云集的大学城、众多高端科研院所聚集的科学城等，都是现代大都市的标配。相应的，教育科研领域庞大的从业人群及数十万甚至上百万计的大学生和硕士博士研究生，可以说是现代都市最大的人口群体之一。

（八）休闲是居住功能的再衍生

休闲是居住功能的再衍生，源于居民休息休闲和体验的需要。休闲娱乐就像生产生活一样，是人生命活动不可或缺的有机组成部分。随着人口聚集规模的增大，以及经济活动效率提高、假日时间增多和寿命延长带来的生命闲暇时间的延长，休闲需求强度越来越大，以公园绿地和名胜古迹及博物馆、文化馆、图书馆、体育馆、影剧院、酒店、餐饮店等为代表的休闲场所和休闲设施的规模也越来越大。现代都市都规划建设有大片的绿地空间和各种高档文化体育场馆，还有名吃聚集的餐饮街、时尚华丽的高档酒店群等，以满足规模巨大的休闲消费需求。除了公园绿地和各种文化场馆等非排他性使用的纯公共产品之外，绝大多数设施都具有经营性质，多数属于典型的市场主体。休闲设施和休闲活动在城市中呈现出集中布局的形态，比如大都市都有一个或数个众多市场主体聚集的餐饮街、剧场聚集的演艺中心和体育设施聚集的运动中心等。

（九）行政中心为城市提供秩序

行政中心是城市不可或缺的构成部分，其基本功能是为城市提供秩序，保障城市经济社会活动高效有序运行。

总之，现代城市都是由交易、结算、运输、生产、居住、医疗、文化、休闲、行政九大功能构成的有机整体，各功能之间按照城市形成和发展的逻辑链接，相互支撑、相互依托，共同推动城市有序运转。交易、结算是一个事物的两面，运输和生产保障交易对象源源不断地供给，这四大功能构成实体城市的基本骨架，这其中的核心当然非交易、结算莫属，因为它们是城市形成的原点，也是城市发展和运转的源头。在现代城市中，空间上已经分离的交易和结算功能总是以商业中心和金融中心的名义占据城市最显耀的空间，并拥有最密集、最豪华的建筑群，这两大功能已成为城市核心的象征。居住、医疗、文化、休闲、行政这五个派生功能在现代城市发展和运转中的地位也越来越重要，某些派生功能甚至对现代城市发展具有决定性的引领作用，但它们的衍生性及其在城市逻辑结构体系中的地位不会因此而改变，所以，城市核心功能及核心区的地位也不会因此而改变。

三、从城市到大都市：功能分化与多核结构

（一）城市发展初期各种功能是高度聚合的

如果把曾经分散于自给自足的自然经济环境中，至今仍在广大农村生产生活中发挥重要作用的集贸市场作为城市的萌芽状态，我们可以看到，在城市发展的这个阶段，交易、结算和运输等元素，不论在功能上还是在空间上都是紧紧黏结在一起的。不仅结算只是谈好价钱，交货之前的支付环节，而且交易场所往往也是十字路口、车站、码头等货物运输站点。农产品之外的交易对象生产大都采取的是前店后厂的作坊模式，交易场所也是生产场所。直接衍生的居住功能基本上都是附着于店厂的后院或楼上。至于医疗、文化、休闲甚至行政功能都还没有稳定和显性的存在。所以，在这个阶段，我们可以说交易场所就是整个城市，自然也是城市中心。

（二）功能分化和空间分割源于交易规模的扩大

交易规模扩大不仅会使结算变得复杂和专业，而且会产生大量的现金流，于是专门从事现金保管存取乃至借贷业务的机构出现了，从钱庄到银行，不仅功能越来越强大，而且空间聚集度越来越高。这是城市功能的初次分化和城市空间的初次分割，并日益演化为现代城市的商业中心和金融中心。交易规模的扩大需要交易场所空间不断拓展，同时会使得仓储量和货物运输量激增，作为交易对象的制造业产品的生产规模也会扩大，各类从业人员越聚越多，有限的交易场所就会变得越来越拥挤，于是，推动功能进一步分化和空间进一步分割。交易结算场所外围逐渐出现了运输、生产、居住等功能聚集区，并且各类功能聚集区的规模也随城市规模的拓展而不断增大。从业人员增多和人口聚集规模扩大陆续衍生出了医疗、文化、休闲和行政功能，以及各自聚集而形成的相应功能区，与上述基本功能一起构成了完整的城市结构，就如同我们今天所能看到的那样。

(三) 多数城市都是单核结构

从萌芽状态的集贸市场到小城镇再到县城和中等城市，城市群体中的绝大多数都是单核结构。即使是功能结构及其相应的空间结构已经充分分化，人口在数十万甚至上百万的现代化中等城市，也往往是以大商场林立的商业街及毗邻而居的金融机构聚集空间为中心的单核结构。当然，我们也能从正在成长的百万甚至数百万人口城市中比较容易地识别出曾经的中心核和正在形成的新核心。比如开封的马道街、寺后街和鼓楼街是老的城市核，西区万达广场及其周边区域是正在形成的新城市核。在新乡、安阳、商丘等正在成长的城市中也能看到这样的结构演化形态。

(四) 大都市区都是多核结构

城市本身就是区域中心的概念，是一定区域半径范围内经济社会活动需要导致要素密集聚集的特定空间，其功能是服务于该区域范围内的经济社会活动，或者说是在该区域范围内实现对城市功能的共享。只是城市规模的扩大才导致其基本功能分化并衍生出更多的功能，这些功能相互需要、相互支撑和相互促进，共同推动城市规模进一步扩大。更大规模的城市具有更强的服务能力，从而会有更大的服务或共享区域半径，反过来又会支撑城市规模进一步膨胀。这就是说，导致城市规模循环膨胀的机制是双重的：一是城市与其服务或共享的外部区域之间的互相推动；二是城市内部各功能之间的互相推动。由于各种各样必然的或偶然的原因，在整个国家乃至全球现代化进程中，某些幸运城市会在某个阶段进入持续内外双重互动循环膨胀的过程，并最终成长为人口规模达到数百万甚至上千万的巨型城市，就是这里所说的大都市。根据大都市服务能力、控制力或功能共享半径大小，人们又把大都市分为伦敦、纽约那样的世界城市，东京、北京、上海那样的国际大都市，以及广州、武汉、成都、重庆、郑州那样的国家中心城市等不同的层级。

但不管哪个层级，大都市内部结构都有一个共同的特点，就是功能充分分化，又高度聚集。所有九大功能都各自占据不同的城市空间，分野清晰，每一功能空间中同类元素都高密度聚集，而且功能强大。例如，纽约的华尔街、北京的金融街和上海的陆家嘴，都是高楼林立，银行、证券、保险机构密布的都市金融中心。上海外滩及南京路、北京王府井、郑州二七商圈等都是典型的都市商业中心。像上海虹桥机场和浦东机场及洋山港、北京西客站及首都机场和大兴机场、郑州东站及新郑机场那样的大型交通枢纽，更是大都市关键的功能中心。类似上海张江、郑州经开区和航空港区那样的工业生产中心，每个大都市都有多个。像北京中关村、上海杨浦及松江、郑州龙子湖等大学城和高端研究机构聚集空间，也是几乎所有大都市的标配。博物馆、大剧院、科技馆、图书馆、大型体育场馆等文化体育设施也是大都市亮丽的风景线。医疗体系中除了散布于居民区的社区医疗机构之外，大都市也都不缺特大型医院集中布局的医疗中心。巨大的绿地休闲空间也越来越成为大都市时尚的象征，就像欧洲一些城市如爱尔兰的都柏林和德国的慕尼黑，在城市边缘有面积达数十甚至上百平方千米的草地森林，中国一些大都市也开始在城市边缘规划建设越来越大的绿地休闲功能区，如上海的郊野公园、郑州规划的黄河生态带和郑开之间的城市绿心，就是这样的休闲空间。居住小区虽然满城皆是，谈不上形成特别显眼的功能中心，但东京、北京那样的大都市由于市内空间过分拥挤，在外围也都有被戏称为睡城的居住功能聚集区。

总之，除了居住和医疗之外，九大功能中七大功能都能够因同类功能要素在特定空间高密度聚集而形成大都市的特殊功能中心，而从最本源的逻辑结构上说，最核心的功能空间还是商务和金融中心。从影响力、辐射力、控制力和持久竞争力来说，除了商务和金融中心之外，功能强大的综合交通枢纽、高水平大学和高端研究机构聚集的创新中心及高端制造业聚集的生产创业中心，也可以认为是与商务和金融中心鼎足而立的大都市重要的核心功能区。换句话说，大都市的多核结构由商务核、金融核、枢纽核、创新核和制造核共同构筑而成。

对大都市的功能结构特点可以做如下概括：①功能区域空间分割清晰；②各种功能都非常强大；③商务、金融、枢纽、创新、制造五核成鼎足之势；④共享程度高，服务半径大，对周边的辐射带动和控制能力强。

郑州市显然已经具备大都市的所有特征。郑东新区商务中心和金融城，以郑州东站和机场为代表的综合枢纽，以高新区、经开区和航空港区为代表的制造中心，以由科学大道和北环城路串起来的郑大—工大—信息大西高校园区和龙子湖东高校园区为代表的创新中心等核心功能区，都具有足够强大的辐射和带动能力，有广阔的服务和共享半径。郑州人口突破千万人，中心城区人口突破五百万人。三环内面积大于上海内环，略小于北京三环，四环内面积大于上海中环，与北京四环相当，绕城高速所形成的五环内面积大于北京五环和上海外环。显然，郑州已是典型的大都市。

四、大都市和大都市区：多区域主体之间的功能组合

（一）大都市区是大都市与其他区域城市功能对接交叉形成的城市连绵区

大都市区和大都市是有内在联系而又性质不同的两个概念。

大都市区是大都市膨胀扩张超出了自己的行政辖区边界，与其他区域城市功能对接交叉形成的城市连绵区。如前所述，城市的形成与拓展，本身就是为满足周边需要而缔造基本功能核，不断吸附要素聚集，并通过服务与共享带动周边发展的过程，也是不断将周边内化为市区以及服务与共享半径持续向外延伸的过程。大都市在其形成和成长的特定阶段，由于多核结构和强大的基本功能，将周边内化为市区以及服务与共享半径向外延伸的过程呈现加速状态。一旦大都市内化拓展超出了其行政辖区的边界，并与周边其他区域城市功能对接交叉形成城市连绵区，大都市就演化成了大都市区。大都市内化外拓、对接交叉的可能是次一级的城市，也可能是规模与功能大致相当的另外的大都市，这会导

致大都市区内部不同的结构。如果是前者,大都市区就是单核结构,如武汉、成都、郑州等大都市区,就是典型的单核结构。如果是后者,大都市区就是双核或多核结构,如京津冀、长三角、珠三角粤港澳大湾区等,就是典型的多核结构。

(二) 大都市区最突出的特点是多行政区域组合

与大都市相比,大都市区最突出的特点是多行政区域组合,大都市区内不是一个而是多个行政主体。一是大都市区城市区域规模更大,如我国的京津冀、长三角和珠三角粤港澳大湾区等大都市区。二是功能中心更多,除了大都市区核心大都市拥有的全部九大功能中心之外,周边次级城市也都至少有一个较强的功能中心,如果构成大都市区的还有另外的大都市,功能中心更是会成倍增加。这就意味着,在大都市区中,不少同类功能会有多个功能中心,尤其是作为城市或大都市区支撑主体的生产制造功能,多中心格局会更为突出。三是基本功能或某些主要衍生功能更加强大,服务和共享半径更大,辐射力、带动力和控制力更强。比如美国纽约华尔街证券交易所股价波动会引起全世界投资者的关注,陆家嘴上海证券交易所也是全国投资主体关注的焦点,北京中关村这一创新核输出的成果往往会成为长三角甚至珠三角高技术产业发展的源头。所以,大都市区的影响力都非常巨大,一般会远远超出构成大都市区的各城市所覆盖的行政辖区范围,很多大都市区的影响范围是覆盖全国的,甚至超出国界扩大到世界。

有一种在许多人中甚至在一些学者群体中流行的观点,即认为大都市在其发展的特定阶段总是存在对周边区域发展带来不利影响的虹吸效应。笔者认为这是一种对大都市与周边区域发展关系的错误认识。前面我们多次说过,城市本身就是为满足周边发展需要而形成的。城市发展当然是一个吸附聚集周边要素的过程,但这一过程对周边区域的发展并不是负面的,因为周边要素向城市的聚集缔造了效率更高的区域增长中心,周边区域也会因此受益。劳动人口和资本的聚集实现了更高的效率,以工资和资本利得的形式带来了更多的增量收益,土地城市化可以给其所有者带来更高的租金收益。同时,劳动人口向城市聚集稀释了留在原地的劳动力,这会增加劳均土地资源占有量,从而也会提高被吸纳区域的劳动生产率。此外,城市功能也会通过服务和共享提升周边经济活动效率,辐射带动周边区域,大都市区尤其如此。所以,城市的形成和发展过程实际上是在吸附聚集和服务共享的范围内实现资源优化配置,提升区域整体经济活动效率和促进经济发展的过程,城市对周边要素的虹吸是正效应而非负效应。大都市周边能够接受服务和共享其功能的一定半径范围内区域的发展水平都远高于其影响之外或影响较弱的区域,这是对虹吸效应负效应的最有力反证,大都市区的形成更是城市对周边辐射带动效应的有力证明。

五、为什么郑州大都市区的核心区只能是郑汴港

前面我们说过,当城市处在萌芽状态,各种功能高度黏结的时候,交易场所就是城市中心。一般的中等城市或大都市区发展到中等规模阶段的时候,各种功能尚未得到充分分化,商业街加上点缀在旁边的几座金融机构大楼就是城市中心。当城市成长为大都市以后,不但交易、结算、运输、生产等基本功能得到充分分化和重新集结,并各自占据独立的空间形成多个功能中心,而且医疗、文化、休闲等衍生功能也得到充分分化和聚合,形成支撑城市的重要功能中心。与一般城市相比,大都市区核心区不再是一个点,而是多个基本或重要功能中心集中布局并相互支撑而形成的城市空间。比如,商务、金融、枢纽、生产、文化与创新等功能中心相对集中布局,活力最强的金水、郑东、经开和港区,总是不约而同地被大家认为是郑州大都市区的核心区。

据此逻辑,大都市区核心区应该就是其中的核心城市或主要城市及其重要功能中心共同构筑的空间。我们在多个著名的大都市区中都能看到这样的结构空间,比如北京-天津构筑的空间是京津冀大都市区的核心区,上海-南京-杭州所构筑的空间是长三角大都市区的核心区,广州-深圳-香港-澳门-珠海所构筑的空间是粤港澳大湾区大都市区的核

心区等。如河南省委省政府公布的规划所示，由郑汴港三大支点所构筑的空间是郑州大都市区的核心区。

为什么郑州大都市区的核心区一定是郑汴港而不会是别的什么区域？

(一) 开封是郑州大都市区中的重要城市

郑州大都市区五个城市中，除了郑州之外，开封是最重要的城市。虽然就其在大都市区中的地位来说，开封无法与京津冀的天津、长三角的南京和杭州、粤港澳的深圳等同样具有大都市地位的城市比，但开封的重要性不在于它的城市规模，而在于它的深厚历史文化积淀和广泛影响力。就像粤港澳的澳门和珠海一样，虽然城市规模不大，但它们独特的历史文化和功能特征照样能使它们比肩于广州、深圳、香港而成为大都市区核心区的一部分。

(二) 开封具有深厚的文化积淀和广泛的国内国际影响力

作为具有深远影响力的宋朝古都，开封深厚的文化积淀和广泛的国内国际影响力，在大都市区功能上构成了对郑州最重要的补充。周边其他城市如新乡、焦作和许昌对大都市区的价值在于添加了生产中心或生态休闲中心，是郑州已有城市功能的外围拓展，而开封为大都市区添加的则是郑州缺乏的文化功能核和国际影响力。如果说前者对大都市区的贡献是锦上添花，后者的贡献则是雪中送炭。

(三) 郑汴港是城市基本或重要功能中心高质量、高密度聚集的空间

郑汴港是城市基本或重要功能中心高质量、高密度聚集的空间。如前面所说，郑州金水、郑东、经开和港区等所形成的半月形区域，因商务、金融、枢纽、创新和生产等基本和重要功能中心的高密集布局而成为郑州大都市区的核心区，加上开封文化核，不但重要功能得以补齐，而且形态上也成为由三点支撑的满月状。

(四) 郑汴港是重要的交通枢纽

郑汴港是京港澳和连霍高速公路、京广和徐兰—兰新及郑万、郑

合、郑济、郑太高铁等多条陆路交通通道的交会处，有郑州东站和南站两大高铁枢纽站，有正在迅速崛起的内陆大型枢纽机场和空中丝绸之路中国枢纽点新郑机场，有功能强大的商务和金融中心，以及质量和规模迅速提升的创新及生产中心，还有平坦而广阔的2000平方千米空间和辐射东南北一半以上省域面积的广阔腹地，加上开封魅力古都的吸引力，这里实实在在是大都市区内也是中原城市群及省内最具经济活力的区域空间，也为未来吸引大公司总部、高水平大学和高端研究机构入住，以及按照国际一流都市和都市区布局落地一系列标志性功能项目留足了余地。这里一定不愧为驱动整个大都市区乃至全省经济社会发展的"核心引擎区"。

（五）郑汴港具有了大都市区的雏形

郑汴港三点距离最近，2005年启动的郑汴一体化已经持续推进十几年，郑州向东、开封向西的发展格局再加上中牟崛起，已经使郑州、开封连为一体，具有了大都市区的形态。

总之，郑汴港作为郑州大都市区的核心区当之无愧。

六、如何做大做强开封文化核

虽然开封主城区作为郑汴港核心区的文化核，对于构筑大都市区核心区，驱动并引领大都市区发展和运行有着不可替代的作用和价值，但是，与郑东新区和金水区商务中心、金融中心、交通枢纽、创新中心及航空港区生产中心和枢纽中心这两个支点相比，开封这个文化核支点还是显得弱了些，要使其真正发挥文化核作用，还得"强身健体"，把这个文化核做大做强。

这里所说的文化是包括历史文化、黄河文化、创意文化和创造文化在内的广义文化。做大做强文化核要在这四个方面同时发力，也要在打造宜居城市和建设完善便捷的交通网络方面下足功夫。

（一）深度挖掘宋文化

开封历史文化的核心是宋文化，要深度挖掘并尽可能完整复原展现。北宋在开封建都 167 年（公元 960—1127 年），虽然始终受到北部及西北（辽、金、西夏）游牧民族的骚扰，战事不断，但其经济社会尤其是文化发展达到了整个封建时代的高峰。所以，深度挖掘宋文化，其意义绝不仅仅在于支撑开封文化核的壮大，而且对于中国传统文化的复兴及走向世界也具有不可估量的价值。具体来说，可从以下几个方面对宋文化进行深度挖掘和有序开发。

（1）以河南大学宋史研究团队为主，组织全国宋史专家，尤其是专攻宋都开封城研究的专家，以《清明上河图》和《东京梦华录》为指引，先以文字描述，然后以轮廓构图形态完整再现当年宋都城市风貌尤其是市井风貌。

（2）在全国范围内招募组建以美术古建专家为主体的设计团队，依据文字描述和构图展示的宋都市井风貌进行城市街区及建筑外观整体设计。要顾及现有街区和建筑格局，以外观设计和修补整理为重点，不要推倒重来和整体翻建。否则不但劳民伤财，也会人为将旧城变成新城，画虎不成反类犬。

（3）按照既复原古都旧貌又顾及现代消费者偏好的原则，设计规划多种类型的消费体验功能街区，如既有古代的勾栏瓦肆，又有现代时尚的酒吧、咖啡屋。书市、杂耍、民宿、民俗、酒吧、说唱、美食等功能街区鳞次栉比，应有尽有，以让游人驻足三天也难以全部体验为规划设计要求，但所有现代时尚消费体验场所都以不损害古都外观为原则。

（4）以功能街区为单元，面向全国乃至全球招募经营者，并以经营者为业主，组织建设修缮施工团队，组织招商并进行统一管理。

（5）统一规划，分类整理各种宋文化遗存，以丛书形式分批陆续出版，并使之通俗化和大众化，便于广泛传播。另外，故事性强的还可以改编为电视剧或电影，用不同的形式创造丰富的文化产品，从各种角度和不同层面反映宋代经济社会生活情景，增强宋文化的魅力和影响力。

（6）处理好市场与政府的关系，政府的角色是规划引导和宏观管理，建设经营完全采取市场化方式，从功能街区到基层店铺各个层次均由市场主体运作。

(二) 深度挖掘黄河生态生活文化

深度挖掘黄河生态生活文化，谋划黄河文明博物馆，构建黄河文明集中有形展示体验区。黄河是世界上一条奇特的河流，上中游拥有高原和沙漠戈壁等不同的地理地貌与生态系统，下游在大平原上四处奔涌漫流和频繁改道，在不同空间孕育和滋养了不同的族群，创造和传承了体现独特生产生活方式的多样地域文化，留下了不同历史时期无数可歌可泣的故事和多如繁星的各种文物遗存。黄河是中国人的母亲河，是中华民族的摇篮。中华文明由黄河生态系统而生，又随黄河生态系统的演变而演变。黄河生态文明与中华民族文明相互交织，绘就了一幅无比绚烂的黄河生态生活文化画卷。开封地处黄河下游的关键位置，黄河频繁改道与生态变迁对开封历史文化影响最大，所以，深度挖掘黄河生态生活文化并在开封集中展示体验再合适不过了。

第一步还是从文化元素梳理开始，可以考虑由既懂得黄河文明演化概况，又有现代社会责任意识的人士牵头，在全国乃至全球范围内招募组建对黄河文明研究有深厚造诣的顶级专家团队，全面系统梳理构成黄河文明的各种元素，筛选其中的精华，构筑黄河文明的精神大厦。然后组织优秀设计团队，拿出博物馆建筑物建设方案和文明元素建设展示方案，并以术有专攻为原则，选择各个元素的专业工艺美术团队设计制作，形成黄河文明的微缩景观，最终达到形象地再现各个历史时期各种黄河文明构成元素的目的，让人们驻足欣赏，遐想黄河先民们的生活生产场景。以黄河源头青海的喇家文化、黄河中游的仰韶文化和黄河下游的龙山文化为源头，全面展现夏商西周、春秋战国、秦汉、魏晋南北朝、隋唐五代、辽宋夏金元、明清各个历史时期的黄河文明精华。为提高效率，有效募集资金，可采取官商合办或官督商办模式，政府负责前期研究组织，谋划思路框架，规划供地，市场主体筹集资金，组织创意设计和建设，并以市场化方式运营。

（三）加快引进创意文化项目，打造大都市区文化创意产业高密度聚集区

抓住创意文化蓬勃发展的契机，加快引进创意文化项目，打造大都市区文化创意产业高密度聚集区，形成大规模文化创意产业集群。如果说宋文化和黄河文化建设的任务是挖掘、汇聚、梳理历史存量文化元素的话，创意文化建设的任务就是筛选、引进、汇聚和培育现代增量创意文化元素，形成文化创意产业集群。据悉，相关市场主体都看好文化创意产业发展优势和前景，且已形成纷至沓来之势。例如，规模宏大的恒大童世界文化旅游城建设工程已接近尾声，开园在即，另一个巨大的文化创意旅游项目勒芒赛车城正考虑在开封寻求落地空间，其他如方特、华侨城等知名文创企业也都在开封谋划良久。开封市委市政府应该乘势而上，主动作为，加大工作力度，加快工作进度，以推动勒芒赛车项目尽快落地为契机，进一步加大文化创意产业项目引进力度，打造规模化文化创意产业集群。勒芒汽车耐力赛是源自法国勒芒的汽车比赛项目，是世界最有影响的三大汽车赛事之一，其即将入住郑州大都市区，而且选择开封为项目落地空间的意向十分明确。开封市委市政府也相当重视，政府相关各部门应积极配合，加大工作力度，力争早定选址，早日动工，在最短时间内投入运行。据悉，该项目总投资将达到500亿元人民币，占地上万亩甚至数万亩，将引进多个商业娱乐项目，打造包括20多个星级酒店的现代化酒店集群，形成能够容纳数十万人的休闲娱乐城，对周边发展带动作用极大。

为推动以宋文化、黄河文化和创意文化为核心的文化旅游产业发展，还需要系统规划和建设完善酒店体系，提升对日益扩大的增量流动人口的接待能力和服务水平。要细致梳理，查漏补缺，系统规划，合理布局，做到随处可见、随时可住、随机可选，实现从传统旅店到现代民宿，从便捷到商务，从中式到西式，从普通到豪华，应有尽有，以最便利的方式满足各种不同消费群体的需要。尤其要着力谋划建设现代化酒店群和大型会议中心，增强接待各种大型团体和举办大型会议会展的能

力，将古都既建成文化旅游休闲中心，又建成大型会议会展中心。同时要加强对市民的文明教育，使市民的语言和行为习惯与现代文明生活方式和人际交往方式充分对接，做到井然有序，增强对外来人群的吸引力和黏合力。

（四）加大高水平大学和高端研究机构培育和引进力度，打造创新文化元素聚集区

这个虽然已不是新话题，但还是需要在这里再重点强调，因为这点对于开封未来的发展太重要了。从大的格局说，中国经济发展已经由过去的资源依赖阶段进入技术依赖的新阶段，创新成为发展的最主要驱动力。河南包括郑州大都市区在内，创新能力不足是最大的短板，也是高质量发展的最大障碍，所以，排除障碍，培育和引进创新元素，提升创新能力，是河南更是郑州大都市区面临的重大任务。开封是大都市区郑汴港核心区的重要组成部分，又是核心区中的文化核，还有河南最好的大学之一河南大学作为依托，自然具有培育和引进高水平大学和高端研究机构，打造创新文化核心的义不容辞的责任。放眼大都市区，郑州已有东边的龙子湖高校园区及金水科教园区与创新创业示范区、西边的郑大—工大—信息大高校聚集区及高新区两大创新中心，加上新乡以师大—医学院—科技学院—工学院—新乡学院为主体的高校聚集区，以及开封以河南大学为主体的高校聚集区，这里至少是四大高校园区和创新元素聚集中心，但与发展水平较高的地区和大都市区相比，创新元素聚集的规模和水平都还有相当大的差距，进一步培育和引进的任务很重。开封凭借厚重的历史文化和核心区东部顶点的位置，再加上相对宽松的空间和独特的黄河生态文化环境，将是未来增量创新平台和创新元素比较适宜的聚集空间。开封应该以正在启动的新一轮城乡空间规划为契机，留出足够的高水平大学和高端研究机构等创新平台和创新元素聚集空间，同时学习移植深圳虚拟大学园模式，提供必要的办公空间和生活服务设施，从引进某些创新元素和创新实验室开始，逐步引导高水平大学和高端研究机构的部分功能来此落地，并以大部乃至整体引进高水平大

学或高端研究机构为期望目标。为此，应该争取将增量创新元素空间纳入核心区城市详规，获得省委省政府认可，并争取到省政府约束实施及引导落地的相应政策。

应依托创新元素聚集区，孵化高新技术产业，支撑郑开创新创业示范带建设，培育壮大先进制造业集群，推动开封制造业结构转型和高质量发展。

按照上述思路，开封会形成由宋文化中心、黄河生态生活文化中心、创意文化中心和创新文化中心支撑的强大文化核，培育出规模宏大的文化旅游产业，也会孕育孵化出极具活力的以高新技术产业为主体的先进制造业集群，驱动开封形成螺旋上升的良性发展态势，与核心区的郑州东部主城区和航空港区一起，共同构筑起大都市区最具创造力和活力的核心，共同打造出传统与现代、古典与时尚、本土化与国际化相互映衬的特色大都市区核心区。

（五）打造宜居城市和建设完善便捷的交通网络

人是城市的主体和灵魂，有人就有生产创造与供给，有人就有需求与市场。城市建设和发展的精髓在于增强对人的吸引力，不但是吸引原住民留住，更要吸引增量人群进来，不仅是吸引增量流动人口，更要吸引增量常住人口。打造宋文化中心、黄河生态生活文化中心和创意文化中心，目的是吸引更多的流动人口进来，做大旅游业，同时也创造更多就业机会，吸引更多人口定居，扩大常住人口规模。打造创新文化中心，旨在孕育孵化高新技术产业和新经济，提升财富创造能力，扩大常住人口规模。所以，用以人为本来定义和指导开封城市发展再贴切不过了。

但要吸引和留住增量人口，就要有让人来并让人留下来的理由，除了观光和就业之外，舒适宜居的城市生活条件和生活环境及便捷的交通等是最重要的。所以，除了在上述四大文化中心建设方面发力之外，还要在宜居城市和交通网络建设方面下足功夫。

宜居城市建设方面，主要是从四个方面着力：一是以地热资源开发和清洁能源替代为抓手，减煤减排，净化环境，还原蓝天白云；二是以黄河湿地生态公园建设和城市景观水系打造为抓手，让碧水绿地小桥流水成为城市主基调；三是以"城市双修"和文明行为规范为抓手，让街区井然有序；四是增加优质基础教育供给，满足居民对子女优质教育和良好成长条件的需求，同时建设和完善优质医疗体系，满足居民的健康需求。

交通网络建设方面，亟须解决的紧迫问题和对未来发展会产生重大影响的项目包括：一是高速公路多开口，开宽口，尽快缓解进出市区尤其是节假日进出市区的压力；二是将郑开大道快速化改造尽快提上日程，提高郑开之间主通道的通行效率；三是尽快谋划并督促启动轨道交通系统的规划建设，包括推动郑州市区外围都市区环形铁路建设，并以航空港区至开封西区再到原阳和平原新区为东部绕行线路，与开封北站交会，并从开封北站引出相应的城市轻轨或地铁线路，在此形成轨道交通枢纽；四是规划建设开封外围绕城环路，缓解老城区内外交通压力，并推动形成外部若干个功能聚集中心；五是推动安罗高速和G230国道（开封至封丘、滑县）等南北向跨黄河通道尽快开工建设，推动酝酿多年的濮阳经开封至潢川京九复线铁路立项建设，进一步顺畅南北交通。

七、深度一体化制度设计方案

通过前面的梳理和分析我们可以看到，郑汴港核心区汇聚了整个郑州大都市区各种最重要的功能，从枢纽到商务会展和金融，从创业创新到文化，无所不包，并且以三角多点的空间布局结构，构筑了涵盖郑州金水、郑东、经开、航空港、开封整个主城区、尉氏县一部分及中牟县全部的巨大潜在发展空间。该空间中枢纽中心、商务中心、金融中心、创新中心、制造中心、文化中心等支撑发展的功能中心一个都不缺，还有一个巨大的生态绿心。可以说，这里拥有整个大都市区最好的发展条件和最优的发展空间，这也是《郑州大都市区空间规划（2018—2035年）》将这里定位为"郑汴港核心引擎区"的基本理由。但是，到底如何使其成为"大都市区发展的核心动力引擎",似乎还需要做些更深入的分析,明确方向,找准抓手。

郑汴港作为交通枢纽能够带动物流,吸引制造业乃至人口聚集,并且拥有功能强大的商务金融服务能力,以及带动作用较强的文化及创意产业等,虽然这些可以成为重要的驱动因素,但难以适应技术依赖、创新引领和高质量发展阶段的需要。在该阶段,真正的核心动力引擎是强大的创新能力和持续孵化并不断扩张的高技术新经济形态,包括信息处理技术及互联网、人工智能、生物医药等,这是郑州及其大都市体系中欠缺的,也是郑汴港核心区未来发展的方向和抓手。为此,需要在两个方面从战略上做出谋划和规划,并配套相应的体制机制和政策设计:一是构建高质量创新平台和创新要素高密度聚集区;二是打造高技术新经济孵化成长空间。

基于上述思路,提出如下建议。

第一,在全球范围内招标聘请著名的咨询机构组成优秀的专家团队,征求吸纳科学技术、经济社会、区域城市、前沿产业、教育文化等各领域顶尖专家的意见,形成核心区战略谋划方案。

第二,在全球范围内招标聘请顶尖城市规划设计机构,依据战略谋划方案,以创新平台、创新要素聚集和新经济孵化成长为聚焦点,拿出整个核心区空间的整体规划设计方案,经法定程序评审论证并核准后,使之成为未来核心区建设及发展过程中的硬约束文本,严格遵循。

第三,探索形成深度融合的区域一体化制度设计和制度变革方案。前面我们说过,相对于大都市,大都市区最突出的特点是一个功能区覆盖两个甚至多个行政区域和行政主体,郑汴港核心区就覆盖了郑州和开封两个平行的省辖中心城市区域,有两个同级别的行政主体。在这种情况下,要使在战略上作为一个功能区整体谋划和规划设计的建设发展方案,按照硬约束的原则有秩序地落地,就必须在制度和体制机制上有一个可以深度一体化的设计,否则将会产生以下问题:一是不同区域财力的差异可能导致基础设施建设难以按照规划要求同步到位;二是以各种福利保障为主要内容的基本公共服务供给难以均等化；三是为争取能带来较大潜在利益的优质项目和优质要素落地，可能造成竞争摩擦和整体效率的损失。这些都可能对要素流动造成障碍，影响战略及相应规划的落地实施。制度和体制机制深度一体化的设计可以扫除要素流动的行政区域壁垒，保证同一个功能区按照统一的整体规划建设发展。

一般来说，涵盖不同行政辖区的统一功能区的制度和体制机制深度一体化方案有三种基本模式。

（一）兼并内化模式

兼并内化模式，就是核心城市把同一都市功能区覆盖的另一行政辖区整体或部分兼并内化，变成一个行政区，使功能区和行政区完全重合。美国、日本等国家在大都市及大都市区形成过程中都有兼并或合并的案例，中国也有不少这样的案例，比如合肥合并巢湖、济南合并莱芜、成都合并资阳等。这是将外部区域内化实现完全一体化的模式。开封作为具有国际影响力的宋都古城，不可能以合并的方式使其消失掉，况且，失去独立性的城市，以它为载体的文化核也就不存在了。所以，郑汴港核心区制度和体制机制的深度一体化，不可能通过兼并内化模式来实现。

（二）上海虹桥模式

上海虹桥模式，即上层权威行政主体主持下统一规划和基层区域行政主体分别开发建设和利益独享的模式。上海市政府在市区西部区域以虹桥枢纽（高铁站+机场）为核心规划了面积达80多平方千米的商务功能区，覆盖闵行、青浦、长宁和嘉定四个行政区的部分区块。上海市政府没有像通常建设开发区那样，把统一功能区中属于不同行政辖区的部分切出来，设置一个与各行政区域并列的新区域，成立管委会负责统一规划和建设运营，而是在不触动原行政辖区的前提下，创造了统一功能区内分区域建设管理运营的模式。也就是市政府组织一个虹桥商务区管委会，负责功能区战略谋划及空间和建筑规划设计，并负责监督各项规划和功能的建设落地及各区的规范运营。该管委会为市政府派出机构，人员编制和工资待遇全在市里，所有费用支出由市政府负担，也不收取功能区任何投资运营收益和税收，只提供规划监督和管理服务。功能区覆盖到的四个区各自成立管委会，负责落实功能区规划中涉及自己辖区的部分，筹集建设资金，保证各相关建设项目及时落地，并负责自己辖区的运营管理，独享自己辖区产生的投资收益和税收。这种模式比较适合于郑汴港核心区的制度和体制机制设计。依此逻辑，省政府应该设立大都市区管理委员会，负责大都市区战略谋划和规划，督促规划的落地实施，以及各行政区块的管理和运营，所有费用均由省财政支付，不从大都市区所属各行政区域获取任何收益。各市成立基层管委会（或将其管理运营功能赋予市政府内部相关部门），负责自己行政辖区大都市区覆盖区块的筹资建设和项目引进及运营管理，并获取相应的投资收益和税收。由于大都市区覆盖区域广，各部分情况不一，一体化发展基础和实施条件差异较大，分区块递次推进应该是大都市区建设的基本方式。所以，省政府大都市区管委会可以发布的空间规划为依据，率先对郑汴港核心区进行战略谋划和城市规划设计，开封可由西区管委会代行管委会之职，负责落实开封辖区的规划建设和运营，郑州管委会则负责郑州辖区的规划建设和运营。将这种深度一体化的制度设计率先在郑汴港核心区实践试验，可以为整个都市区的一体化发展提供示范。

（三）美国的区域合作模式

美国的区域合作模式以规划、设施建设、土地开发、税收及公共服务供给等的统一为基础，实现深度的区域一体化。

美国城市发展历史上曾经受到大都市区内部多区域行政主体之间利益重叠摩擦的困扰，学者称其为大都市区的"巴尔干化"。为解决这一问题，他们选择了以下两种解决方案。一种是通过市县合并在大都市区建立权威的政府机构，也就是大都市区中的核心城市通过兼并或合并，把存在独立行政主体的周边地区甚至整个县域纳入其权威行政主体管辖之下。这类似我们前面说的兼并内化模式。另一种是大都市区范围内的地方政府自愿联合，通过政府间协议、松散的大都市区协会、单一功能的特区或功能区解决大都市区的共同问题。一些学者在理论上支持这种解决方案，如斯蒂芬斯（G. Ross Stephens）与维克斯特罗姆（Nelson Wikstrom）就认为联合是提升大都市区政府服务的必要步骤，不仅应当设立单一功能区（如废水处理和供水区）政府，而且应当设立由税收支持的大都市区范围的多功能政府来进行区域规划和提供服务[①]。

在治理实践方面，明尼阿波利斯-圣保罗大都市区的制度安排是这一时期区域主义改革的典型个案。明尼苏达州双子城明尼阿波利斯、圣保罗及附近郊县组成的大都市区面积为12626平方千米，其人口在2006年约350万人。20世纪90年代初，该大都市区采取了区域主义的改革措施，对大都市区各个部分的政治与行政进行整合，其改革方案包括三个核心目标，即公平的住房、财产税共享和再投资，主要手段是区域土地规划和增长管理、福利改革、整合基础设施融资和管理。[②]

这大概也是浙江嘉善—上海青浦—江苏吴江正在探索的一体化模式，也可能是郑州大都市区及郑汴港核心区未来深度一体化发展进程中一种值得尝试的选项。

除了上述三种基本方案之外，还有不同区域之间特殊功能区小范围交叉合作的"飞地模式"和西咸新区那样的"托管模式"，这里不再赘述。

八、保障方案落地的措施

（1）省政府设立大都市区建设领导小组，并在领导小组下设管委会，负责大都市区空间规划基础上的战略谋划和控制性详规制定，并监督规划范围内各市政府严格按照规划落地实施。

（2）在统一空间规划和战略谋划的基础上，分步实施控制性详规，并以郑汴港核心区为率先启动和示范区域，取得经验后递次推开。

---

① STEPHENS G R, WIKSTROM N. Metropolitan government and governance: theoretical perspectives, empirical analysis, and the future [M]. New York: Oxford University Press, 1999.

② ORFIELD M. Metropolitics: a regional agenda for community and stability [M]. Washington, D.C.: Brookings Institution Press, 1997.

第八章 战略篇（二）

"十四五"期间开封面临的重大机遇与应对方案[①]

开封发展机遇始终是与国家战略、河南布局及开封自身的优势联系在一起的。黄域流域生态保护和高质量发展、中原城市群建设、郑州大都市区建设、郑洛新国家自主创新示范区建设、航空港经济综合实验区建设和河南自贸区建设等一系列国家重大战略，对作为重要承接城市的开封是重大发展机遇，需要统筹考虑，结合开封自身优势制定好发展战略和对策。

一、中原城市群战略和郑州大都市区建设下郑开同城化机遇

（一）中原城市群战略定位

为贯彻落实促进中部地区崛起战略，推动中原城市群实现科学发展，打造中国经济新的增长引擎，2016年年底，国务院正式批复《中原城市群发展规划》。该规划的出台，旨在服务"一带一路"建设及中部地区崛起和新型城镇化等国家重大战略，培育发展新动能，推进基础设施互联互通，深化产业体系分工合作，加强生态环境同治共保，促进公共服务共建共享，推动城乡统筹协调发展，构建网络化、开放式、一体化的中原城市群发展新格局。

该战略着眼于国家现代化建设全局，希望通过发挥区域比较优势，强化创新驱动、开放带动和人才支撑，提升综合交通枢纽、产业创新中

---

① 课题组成员：高保中、娄春杰、朱世欣。

心地位，打造资源配置效率高、经济活力强、具有较强竞争力和影响力的国家级城市群。具体定位是：经济发展新增长极。深入推进供给侧结构性改革，强化大都市区引领和中心城市带动，建设高端发展平台，提升城市群综合实力，打造体制机制较为完善、辐射带动力强的发展区域，成为与长江中游城市群南北呼应、共同带动中部地区崛起的核心增长区域和支撑全国经济发展的新空间。重要的先进制造业和现代服务业基地。坚持高端化、集聚化、融合化、智能化战略取向，发展壮大先进制造业和战略性新兴产业，加快发展现代服务业，推动一、二、三产业融合发展，培育一批位居国内行业前列的先进制造业龙头企业和产业集群，建成具有全球影响力的物流中心、国际旅游目的地和全国重要的商贸中心。中西部地区创新创业先行区。发挥国家自主创新示范区引领带动作用，完善区域创新平台，健全区域创新创业生态系统，深度融入全球创新网络，促进各类创新资源综合集成，大力推动大众创业、万众创新，激发各类创新主体、创业人才的动力活力，努力在创新创业方面走在全国前列。内陆地区双向开放新高地。完善连接国内主要城市群的综合运输通道，构建横贯东中西、联结南北方的开放经济走廊，全面加强与周边地区和国内其他地区的合作互动；强化郑州航空港和其他重要交通枢纽的对外开放门户功能，打造对内对外开放平台，营造与国内外市场接轨的制度环境，加快形成全方位、多层次、宽领域的双向开放格局，形成具有全球影响力的内陆开放合作示范区。绿色生态发展示范区。牢固树立和践行生态文明理念，加强生态环境保护，传承弘扬中原优秀传统文化，推动历史文化、自然景观与现代城镇发展相融合，打造历史文脉和时尚创意、地域风貌和人文魅力相得益彰的美丽城市，建设生态环境优良的宜居城市群。

（二）郑州大都市区发展中开封的地位与机遇

1. 郑州大都市区发展中开封的地位

《中原城市群发展规划》提出："把支持郑州建设国家中心城市作为提升城市群竞争力的首要突破口，强化郑州对外开放门户功能，提升综合交通枢纽和现代物流中心功能，集聚高端产业，完善综合服务，推动与周边毗邻城市融合发展，形成带动周边、辐射全国、联通国际的核心区域。""推动郑州与开封、新乡、焦作、许昌四市深度融合，建设现代化大都市区，进一步深化与洛阳、平顶山、漯河、济源等城市联动发展。"

为贯彻落实《中原城市群发展规划》，推动郑州大都市区建设，2019年9月，河南省出台了《郑州大都市区空间规划（2018—2035年）》，提出要构建"一核、四轴、三带、多点"的空间格局。

"一核"即郑汴港核心引擎区，是郑州大都市区发展的核心增长极。开封纳入郑州大都市区核心引擎区。

"四轴"，即完善主要交通干线和综合交通运输网络，提升南北向沿京广、东西向沿陇海等区域发展主轴的辐射带动能力，建设郑焦、开港登功能联系廊道，打造特色鲜明、布局合理的现代产业城镇密集带。开封位于郑州大都市区主要的轴线上。

"三带"，即黄河文化生态带、嵩山-太行山区文化生态带和农区田园文化生态带，共同构成郑州大都市区外围绿环。开封是这一绿环的重要节点和主要构成部分。

"多点"，即次级中心城市、新兴增长中心、重点镇和特色小镇等，构成郑州大都市区多层次发展空间。开封通过"多点"、郑开创新创业走廊、开港经济带与郑州、新郑紧密连接。

2. 郑州大都市区发展中开封的机遇

（1）郑州大都市区化结构演变中开封的融入度将日益提高。在未来的发展中，郑州大都市区将推动高速铁路与城际铁路、市域铁路与城市轨道的无缝换乘，实现区域功能中心与门户枢纽、外围组团、相邻城市中心区间的"三个15分钟"高效衔接。依托开港大道、机登洛城际铁路，推动开港登旅游文化廊道建设。郑州大都市区作为一个有机整体，将以生态、水利、能源、信息等为重点，统筹优化区域生态环保和基础设施布局，构建互联互通、安全高效的大都市区功能网络体系。随着郑州发展空间轴向外延伸，郑州与周边城镇通勤的空间关系越来越紧密，将从"点-轴"结构向"城市-区域"的都市区化结构演变。因此，开封与郑州大都市区的联系会越来越紧密。

(2) 通过产业升级实现区域竞争"变道超车"。产业升级转型是郑州大都市区带给开封的最大机遇。面对全球化分工，5G、大数据、物联网等新一代信息技术与制造技术的集成，大都市区产业结构正在由"低端"向"中高端"迈进。结构调整越早，后期发展越受益。开封传统制造业总体上处于转型升级的过渡阶段，相当多的企业在产业分工中处于中低端环节。开封应借助郑州大都市区发展契机，把握智能制造发展趋势，抢抓产业转移、新一轮科技革命和产业变革的重大机遇，强化传统产业升级和新兴产业培育，促进工业化和信息化、制造业和服务业深度融合，提升农业综合效益，推动开封产业加速向中高端迈进，在区域竞争中实现"变道超车"。

(3) 在融入郑州大都市区的进程中探索城市化发展新模式和新路径。绿色空间的保护增值和创新空间的培育将是大都市区功能提升的重点。开封可以在推进郑州大都市区黄河沿岸地区保护工作方面，培育区域文化、生态、教育、科研、游憩、休闲等多种功能，探索沿线地区城镇化发展的新模式与新路径。通过营造山清水秀的生态空间，打造集约高效的生产空间，塑造宜居适度的生活空间，培育多元化、有活力的创新空间，搭建华夏历史文明国际交往平台，以及探索空间精细治理政策机制。

(三) 推进郑开同城化，做实郑州大都市区

在世界多极化、经济全球化、社会信息化、文化多样化深入发展的背景下，城镇群、都市区等区域空间实体正逐步成为参与全球产业组织和地区竞争的核心主体。

都市区是城市群的主体和硬核，建设中原城市群首先是郑州大都市区的同城化。过去，中原城市群发展主要是以城市为单位的个体融入。未来，中原城市群发展是以郑州大都市区为龙头，以洛阳为省副中心城

市，以南阳、安阳、商丘等为区域中心城市，各自形成以同城化为主要特征的都市圈，各大都市圈又融合发展形成一体化的城市群。在新形势、新机遇、新挑战下，郑州必须加快推进郑州大都市区同城化发展，实现以都市区为单位的集群融入，这样才能使郑州立足中部，更好地发挥优势，为实现国家发展战略做出更大贡献。

郑州大都市区建设可以从市域、都市区、都市圈三个层面展开，构建引领中原城市群的集群主体。一是加快推进郑州下辖县（市）全面融入主城区，实现全市域一盘棋发展。郑州市域层面当前还面临发展碎片化、工作碎片化、政策碎片化等问题，要落实"全市一盘棋"理念，理顺市—区县（市）两级的财政体制、规划管理体制等体制机制，推动辖区县（市）进一步融入主城区，形成体制机制统一高效、要素流动顺畅有序、基础设施通达便捷、人民生活水平大体相当的市域一体化格局。二是优先实现"郑开"都市区同城化。开封与郑州在产业发展、人口流动、公共服务等方面具有十分紧密的关系，在郑汴一体化推进过程中，具备了同城化发展的良好基础。要进一步加强空间规划、轨道交通、产业发展、公共服务、生态环境等多方面多领域的同城化发展，打造整体融入中原城市群的基本盘。三是拓展都市圈腹地，深化与其他周边城市的合作，如在生态、流域保护、产业创新发展等方面合作，做大做实都市圈，为郑州大都市区发展留足余地。

（四）抓住郑州大都市区发展契机，大力推进郑开同城化

1. 总体思路

紧紧抓住郑州大都市区发展契机，打造集"生态屏障、产业腹地、创新中心、文化名城"于一体的同城化发展示范区，把接轨郑州与中原城市群建设、黄河流域生态保护和高质量发展等国家重大战略结合起来，制订实施"1233"行动计划，即全力推进郑开同城化这一中心任务，积极推动交通体系、公共服务两大领域实现郑开一体化，着力推进产业、创新、人才三大重点合作平台对接，深化政策、规划、机制三方面协同，以开放引领、创新驱动建设国际文化旅游名城，打造中原现代

服务业之都、生态宜居魅力古都、郑汴港核心重要支点。

2. 主要任务

（1）紧扣一个行动目标。全力推进郑开同城化发展，推动与郑州政策制度无缝衔接、产业协同更趋紧密、科创合作全域推进、交通体系一体构建、公共服务融合共享，加快与郑州同城化的步伐，力争到2025年使开封成为郑州创新政策率先接轨地、郑州高端产业协同发展地、郑州科创资源重点辐射地、一体化交通体系枢纽地、公共服务融合共享地，建成同城化发展示范区，着力打造中原城市群新一轮发展的增长极。

（2）突出两大关键领域一体化。

1）推进综合交通体系一体化。加快推进"四网一空港一枢纽"建设，加强地铁、高铁、公路、航道等跨区域基础设施与郑州协同规划建设，积极争取郑州交通资源向开封市延伸连接，打造一体化交通体系枢纽地。

——加强铁路轨道网建设

围绕"网络化、通勤化、快捷化"的要求，实施铁路轨道对接郑州"233"工程，着力建成"15分钟轨道交通圈、半小时通勤圈"，力争实现郑州和开封地铁连通。强化开封北站综合客运枢纽的核心地位，进一步提升地铁、高铁、公交等各种交通方式"零距离换乘"的能力；围绕开行通勤客车的要求，加快推进宋城路站改造升级，完善设施，提升功能；争取启动铁路货场迁建，打造多式联运物流平台，构建接轨郑州的货运大通道。

——建设航空港

按照打造新郑枢纽机场重要协作机场的目标，加快推进开封军民合用机场建设，并进一步加强与郑州机场的合作，深化与新郑空港的功能衔接、错位发展。规划建设临空经济区，与郑州开展通用航空、航空零部件、空港物流、航空服务等产业合作，实现借力发展。

——完善公路网

公路方面，完善高速公路网，进一步畅通公路对接。公交方面，加快推动与郑州毗邻区域的公交常态化运营，合力推进新能源汽车分时租赁项目，提升公交区域一体化水平。

——打造信息港

强化信息基础设施与郑州的对接，加快推进规划衔接、标准统一、技术协同，重点争取与郑州国家级互联网骨干网络实现直通，推动电话、宽带、移动网络互通共用，进一步提升开封信息网络的速度、服务质量。依托全国新型智慧城市标杆市和乌镇互联网创新发展综合试验区建设，积极推进骨干网、城域网、接入网等升级改造，加快下一代互联网（IPv6）、5G应用试点、云计算等部署建设，争取设立互联网国际出口专用通道，打造郑州大都市区一流的"信息高速公路"。

2）推进公共服务一体化。对标郑州基本公共服务标准，逐步建立与国际化城市相适应的服务标准，加快引入郑州优质的教育、医疗、文化等资源，全面提升市民的获得感。

——深化教育领域对接

借鉴郑州先进的教育办学思路和模式，实现教育理念的同步提升。鼓励支持中小学校开展校际结对和交流合作，促进深度战略合作学校不断增加，推进国际学校、附属学校等教育合作项目，实现优质资源共建同享。推动教育高层次人才培训体系互动融合，合作培育教育名师、教育领军人才，实现高端教育人才并轨同育。积极探索课改、考改等领域的联合研究，实现教育改革及其成果同推共享。实现高等教育资源扩面、提质、升等的同城效应。

——深化卫生领域对接

实施"郑开医疗三同"计划，依托郑州名医院、名学科、名专家资源，深化医院管理合作，重点培养一批优质医疗管理团队、技术团队和服务团队，形成一批区域性优势学科、重点专科和专病中心，实现与郑州"技术同城、服务同质、资源同享"，不断推进医疗合作项目，建立联合诊疗中心（院士工作站、分院）。

——**深化社保、文化、旅游等领域对接**

以与郑州"一卡通"为重点，深化市民卡在郑州互通应用，进一步扩大郑开两地医保卡"点对点"实时刷卡结算医院范围，争取首批纳入郑州异地双向刷卡结算地。深化开展郑开多元文化交流，推广宋文化品牌，积极参加郑州各类国际性文化会展活动，争取郑州高规格体育赛事在开封市设立分站（场）。瞄准高端市场，积极引进郑州社会资本及在郑外资康养机构，加强与郑州的文旅资源联动，联合开展红色精品旅游，打造郑州大都市区核心区域高品质文旅健康休闲地。

（3）推进三大平台对接。

1）推进产业合作平台对接。谋划建设开港经济带产业合作新平台，深化开发区、高新区、服务业集聚区等与郑州重点产业平台的对接合作，力争实现五个左右的重点平台与郑州产业平台紧密合作、利益共享。与郑州加快建立"统一规划、协同招商、同步建设、共享品牌"的合作机制，积极探索在收益分配、要素保障等方面的创新合作机制，实现共赢发展。以平台为载体，积极推进产业合作，把握郑州产业转型升级窗口期，聚焦重点产业领域，深化分工协作，着重推进电子信息、高端装备制造等先进制造业和现代物流、科技信息等现代服务业合作，全力构筑郑州大都市区智能制造之城和现代服务业聚集地。

2）推进创新合作平台对接。围绕建设郑开科创走廊，着力培育对郑创业创新平台，力争打造全球有影响力的郑州科技创新中心副中心。进一步深化与郑州重大创新平台及高校科研机构的对接合作。集中规划建设一批重大科技基础设施、重点实验室、科技成果转化基地，大力引进高端科研机构，高水准建设一批孵化平台，共建一批高水平研发机构和产业创新中心。

3）推进人才合作平台对接。重点打造人才合作平台，建立郑州人才创业园、开封新型产业研究院、人力资源产业园等人才合作平台。深化与郑州欧美同学会、郑州人才协会、海外人才网等的合作关系，共同谋划推进一批重大人才活动，聘请一批引才大使，设立一批引才工作站（点）。制定人才与平台合作支持政策，持续推进"郑·育""郑·挂""郑·联""郑·溢"四大计划。深入推进赴郑挂职锻炼"五个一批"计划。

(4) 深化三方面协同。

1) 深化政策协同。加强发展共谋，进一步强化接轨郑州的战略谋划，加强与郑州开展战略协同、功能互补研究，进一步构建开封在郑州大都市区、中原城市群中的区位节点优势。加强政策共享，进一步梳理开封政策、规章制度及办事规则与郑州的差异，研究制定承接郑州非核心功能的相关配套政策，率先复制推广郑州自贸区投资便利化、贸易自由化等方面的创新政策，并重点在开发区、保税区逐步推广，努力消除与郑州的政策落差。加强智库共研，深化智库合作研究机制，建立紧密型合作关系。

2) 深化规划协同。加强规划引领，按照加快推进郑开同城化的目标，在发展战略、空间布局、功能定位等方面与《郑州大都市区空间规划（2018—2035年）》进行深度对接。开展郑开同城化的规划研究，进一步明确城乡发展、基础设施建设、产业布局等内容，强化全面接轨的落脚点与着力点。建立郑开规划实施的协调推进机制，探索编制郑开规划实施蓝皮书，推动与郑州规划全面对接、协调统一，更好地实现融合发展。

3) 深化机制协同。建立双层双向对接机制，积极争取市级层面建立省与开封市联席会议等对接协调机制，并争取建立与郑州市的协调推进机制。加强与郑州的常态化交流，优化党委政府、部门区域、商会协会等与郑州多层面对接协调机制，每年组织党政代表团赴郑州学习考察，加强与郑州对口部门的日常联系，形成接轨郑州的工作新格局。深化与中牟等毗邻区域对接合作机制，共同推进落实合作事项，着力在社会治理、生态环保、联合执法等方面开展紧密合作，提升区域融合水平。

郑开同城化推进框架如表8-1所示。

表 8-1 郑开同城化推进框架

目标定位	集"生态屏障、产业腹地、创新中心、文化名城"于一体的同城化发展示范区
总体行动	全力推进开封全面接轨郑州示范区建设这一中心任务,积极推动交通体系、公共服务两大领域实现郑开一体化,着力推进产业、创新、人才三大重点合作平台对接,深化政策、规划、机制三方面协同
功能定位对接	承接郑州非核心功能疏解
交通基础设施对接	轨道交通、公路公交、铁路网、航空港
产业对接	先进制造业体系;现代物流、金融、信息、软件和服务外包、文化旅游等现代服务业;都市农业;建筑业;园区对接
人才科技对接	人才科技平台建设;高层次人才引进;干部人才挂职培训;科技企业合作
公共服务对接	医保双向;文化、医疗、体育等社会事业;异地养老;文化交流
生态环境对接	沿黄河生态走廊;黄河生态保护战略协同区;生态环境共保共治

二、主动融入郑洛新国家自主创新示范区,打造郑州大都市区科技创新中心副中心

(一)国家自主创新示范区的经验

2016年4月,国务院正式批复建设郑洛新国家自主创新示范区。河南省委省政府高度重视,把郑洛新国家自主创新示范区建设作为河南实施创新驱动发展战略的重大机遇和重要实践,引领带动全省创新驱动发展再上新台阶。2016年5月26日,中共河南省委、河南省人民政府印发《郑洛新国家自主创新示范区建设实施方案》,从总体要求、战略定位、空间布局和功能布局、发展目标、重点任务、保障措施等方面对郑洛新国家自主创新示范区建设进行了全面部署。

国际上区域创新体系主要有五种模式：一是由市场推动形成，没有专门管理机构的自然发展模式，如美国硅谷；二是由政府设立专门机构管理的政府管理模式，如日本筑波；三是由大学设立专门机构管理科学园或孵化器的大学管理模式，如英国剑桥；四是由各方组成的董事会管理的公司管理模式，如印度班加罗尔；五是由政府、企业、银行、大学和其他机构共同管理的基金会管理模式，如法国索菲亚。

这些模式共同的成功经验有：①风险投资的介入拓宽了企业的投融资渠道。硅谷很多高科技企业巨头都曾受惠于风险投资，如苹果公司、微软公司等。②政府采购拉动市场需求与企业技术发展。硅谷的迅速崛起与美国政府购买电子产品、导弹产品、计算机产品等密不可分。印度班加罗尔出台了"强制性的政府购置国产IT产品"政策，促进了IT产业发展。③产学研体系的形成与发展。硅谷、剑桥、索菲亚等高科技园区都布局在高校密集区，注重区域经济与大学等研究机构的互动发展。④企业集群化效应。集群中的企业不仅能够获得范围经济收益，更方便地获得专业化的要素，而且集群内企业间的竞争将促进企业创新活动的开展。

国内目前自主创新示范区建设的经验有：①政府规划推动与财政支持并举；②突出优势产业和集群效应；③注重高层次人才和创新团队的引进及培育；④探索实施产学研合作及科技成果转化机制。

（二）以郑开科创走廊为载体打造郑州大都市区科技创新中心副中心

开封毗邻"郑洛新"，主动融入郑洛新国家自主创新示范区建设这一国家战略，通过自主创新示范区的辐射带动作用，形成郑州大都市区科技创新中心副中心，有效地促进自身创新发展，是开封发展的一大机遇。

郑开科创走廊开封片位于科创走廊东部，东至西关北街，南至郑开大道—大梁路，西至行政边界，北至连霍高速，东西长约20千米，南北宽约5千米，总用地面积78.2平方千米。

郑开科创走廊开封片产业发展定位是作为中原产业发展的引领核心之一，强化科技创新和文化创新能力建设，以创新推动中原地区产业转型升级和现代经济体系建设；积极应用大数据技术，以大数据产业引领和服务于创新能力建设。开封片将构建"2+5"产业体系，即以"科技+""文化+"为发展主线，推动文化、科技与生产制造、生产性服务业、生活性服务业的融合，孵化培育"科技研发""商贸服务""创意设计""文化休闲""教育培训"等产业板块，发挥大数据产业的引领、支撑作用；开展"政产学研"合作，推动科技创新和成果应用。

在区域空间体系上，开封片将围绕节点+创新功能，打造成为丝绸之路经济带的创新节点和文化交流窗口、中部崛起的增长极、中原城市群发展的引领核心、郑州大都市区东西向区域发展主轴的重要组成部分。空间结构为"一廊四楔、两园两镇"。其中，一廊：东京大道—大运河—碧水河—涧水河交通景观复合廊道；四楔：沿安罗高速、运粮湖、园区间绿地、开封西湖的南北绿楔；两园：开封运粮湖引智产业园、开封文化旅游创新园；两镇：开封汴河康养小镇和西湖文旅小镇，两镇包括在两园之中。

（三）开封主动融入郑洛新国家自主创新示范区对策建议

1. 建设目标

全面实施创新驱动战略，全面融入郑洛新国家自主创新示范区建设这一国家级战略，深化科技体制改革，增强自主技术创新动力，强化体制机制保障，在培育创新主体、区域创新合作、推进开放式创新、打造新型产业核心技术创新能力、创新生态体系建设上取得新突破，切实推动"大众创业、万众创新"，通过建设"一廊四楔、两园两镇"，形成郑开科创走廊的"四区一中心"。

（1）人才综合改革试验区。通过人才创业载体建设，实施"人才引进倍增、人才激励培养、创新创业扶持、人才安居安心"四大工程，将试验区建设成为特色突出、人才密集、机制灵活、活力迸发的人才新高地。

（2）跨境电子商务引领区。用好"两区叠加"优势，发挥跨境电子商务政策和自主创新政策的协同作用，获得倍增效应。加快推进国际贸易"单一窗口"、跨境电商示范园区、跨境电商人才培养暨企业孵化平台建设，推动城乡一体化示范区国家级电子商务示范基地和省级跨境电子商务示范园区、杞县省级电子商务进农村示范县等有条件的园区和县区开展跨境电商业务，积极发展跨境电子商务的新型贸易模式，培育跨境电子商务投资、销售、营运、研发、结算等功能性机构，在电子商务服务、互联网金融服务、智慧物流、跨境电子商务、云计算和大数据、网络信用服务体系等领域探索创新。

（3）"三生融合"发展样板区。按照国内一流现代化城区建设和创新创业人才聚居生活的要求，提升城市品位，以城市功能吸引产业集聚，以产业集聚提升城市价值，营造高端品质生活环境，推动产业与城市融合发展。利用开封新区CBD、大型居住区、农村社区安置房等优势，加快完善宜居宜业的城市配套，促进职住平衡，推进生产、生活、生态一体化。

（4）科技金融结合示范区。积极推动科技创新与资本融合，打造科技金融综合体。加强创新，形成以政府主导的债权、股权解决方案和银行、担保等社会金融机构提供的综合解决方案为内容的全方位科技金融产品体系，积极尝试转贷基金、天使投资、跟进投资等新形式，推动政府资金从无偿资助为主向多元扶持为主转变。

（5）区域创新创业中心。以智慧产业化和产业智慧化为突破口，重点发展高端装备制造、电子商务、信息经济、现代商贸等产业。完善人才、技术、资金、产权等创新支撑体系，激发企业、政府、高校、科研机构的创新活力，加强创业苗圃、孵化器、加速器、众创空间等创业创新平台建设。集聚国内外大企业总部及其研发中心、营销中心等功能性机构，为开封新区发展提供科技支撑。

2. 建设途径

（1）打造创新要素集聚高地。

1）引进和培育高端人才和创新团队。以人才综合改革试验区建设为契机，以引才渠道多元化、选才机制市场化、育才方式产业化、量才标准精细化、爱才服务个性化为导向，构建产学研平台，实施领军型创新创业团队引进培育计划，打造招才引智品牌活动，引导创新人才集聚和协作。加快培育创新人才和技能型人才，规划建设国际化的"人才特区"，建设一支能力突出、规模宏大、结构合理的创新型人才队伍，力争建设成为国内外高层次人才向往集聚、创业创新活跃的人才高地，增强创新驱动发展的智力支撑。

2）引进和建设一批科技创新平台。在郑开科创走廊进行重点创新平台规划布局，"十四五"期间努力将其打造成为开封西区创新驱动发展的增长极。与河南大学和其他科研机构等开展合作，发挥在原创知识和基础研究领域的核心带头作用。建设好高新技术产业平台，深化合作机制，挖掘产业潜力。

3）全力打造城市科技创新核心功能区。充分发挥创新资源优势，进一步创新体制机制，积极优化创新创业环境，建设以一流的基础设施、社会配套设施、生活设施为主体的研发环境、孵化环境、生产环境、人居环境和生态环境。将产业发展与开封新区建设结合起来，从单纯的产业聚集发展向产城融合的科技新城转型升级，实现产业聚集、人口聚集、资本聚集与城市功能的融合。

（2）推进创业服务体系建设。

1）深入开展公众创业创新服务。探索完善创新投入引导激励机制，制定相关文件，推行"创新券"工作，深化科技管理制度改革，加强政府购买服务力度，推动科技资源开放共享，大力营造"大众创业、万众创新"的局面，进一步提升区域创新能力。鼓励科技中介服务机构规范化、专业化、网络化发展，完善专业化服务标准，不断拓宽服务领域。

2）打造大众创业生态体系。以孵化器为核心，进行创业服务，推进创业者、投资者、孵化器间的合作交流。同时向前端拓展，建设创业苗圃，孵化创业团队和项目；向后端延伸，建设加速器，为高速成长企业发展提供空间和延伸服务。聚焦"大众创业、万众创新"，积极打造众创空间，拓展新型孵化。

3）营造良好的创新文化氛围。积极营造"大众创业、万众创新"的氛围，加强科研与学风建设，提倡诚实互信、团结协作的团队精神，引导公众形成创新发展、提升价值的正确取向，同时通过积极的方式方法激发公众创新创业的热情与活力，带动区域创新全面发展。

（3）强化企业主体创新地位。

1）以大平台带动骨干型企业做大做强。当今世界很多重大发明都来自企业，应引导骨干型企业重点关注新兴领域，利用好大平台与扶持政策，以研发大项目提升核心竞争力，促进传统产业转型升级。同时，组织申报国家科技项目，主动推荐申报省市级重大创新项目和市创新链产业链项目。

2）以大项目带动成长型企业壮大上市。积极组织申报科技型企业资质，鼓励承担国家创新基金与市级以上科技计划项目，进一步加大研发投入，注重产品创新与知识产权保护，以提升企业资质提高企业竞争力与估值，推动企业上市。

3）以大培育带动初创型企业破壳生长。大力宣传国家、省、市各类科技政策，引导企业加大科技投入，鼓励科技创新，用足用好企业研发经费加计扣除等税收优惠政策。深入研究省市科技创新政策和项目管理办法，做好企业项目申报指导工作。

（4）促进科技金融创新发展。

1）做强股权投资基金。迈克尔·波特在《国家竞争优势》一书中提出经济发展分为要素驱动、投资驱动、创新驱动、财富驱动四个阶段，可见金融创新发展十分重要。一方面，要大力引进国家、省、市重大政府类产业基金项目，有重点地选择重量级市场化基金项目，以基金合作促产业招商，真正做到产业"招进来"、税源"落下来"、成效"产出来"；另一方面，要大力发展创业投资引导基金、天使投资基金，加大对种子期、初创型、成长性项目的培育，优化创业生态，激发创新活力。

2）做优债权风险基金。进一步创新设计适合科技型企业的贷款模式，积极探索"助保贷""百人贷""高新贷""过桥贷"等新的金融产品，扩大合作银行范围，做大风险池盘子，加大贴息力度，提高对小微企业的输血功能。

3）打造被投企业集聚区。要围绕打造有全国影响力的被投企业集聚区这一目标，出台鼓励被投企业落户的一揽子政策，凡风投机构投资的企业，可以采取"跟进投资""投贷联动""租税联动""引税奖励"等形式给予扶持，以最优惠的政策吸引最优秀的成长性、成熟型科技企业落户并形成产业集聚，推动科技金融从"播种子""选苗子"向"摘果子"方向转变。

三、充分利用郑州航空港经济综合实验区和河南自贸区的通道与制度叠加优势，在融入"一带一路"建设中打造开封对外开放新格局

与东部发达地区相比，开封作为中西部内陆城市，在信息、技术、资本、人才等要素的流动性竞争中处于弱势，产业发展基础薄弱，经济发展制约因素较多，在以水路、陆路、空运等交通为主体的资源流动配置中显得发展滞后。但随着全球市场的逐步开放和扩大，由交通和网络所带来的"枢纽经济"能够使一个经济体快速融入全球经济产业的价值链体系，从而能够将一个内陆城市转变为对外开放的前沿地，甚至是内陆开放型经济高地。国家"一带一路"倡议的实施无疑为临空经济区带来重大机遇，面对这一国家倡议，推动临空经济的发展将是开封的一个重大机遇。开封可以借郑州航空港经济综合实验区的东风发展航空经济，利用河南自贸区形成的制度创新优势，在融入"一带一路"建设中走出一条符合区域实际的临空经济发展道路，打造开封对外开放新格局。

(一) 郑州航空港经济综合实验区的战略定位与产业布局

郑州航空港经济综合实验区是 2013 年由国务院批准设立的航空经济先行区，规划面积 415 平方千米，规划人口 260 万人，是一个拥有航空、高铁、地铁、城铁、普铁、高速公路与快速路等多种交通方式的立体综合交通枢纽，是中国内陆首个人民币创新试点、三个引智试验区之一、河南唯一一个区域性双创示范基地、河南体制机制创新示范区，将作为郑州国家中心城市建设的"引领"、河南"三区一群"国家战略的首位、河南最大的开放品牌、带动河南融入全球经济循环的战略平台。郑州航空港经济综合实验区发挥陆桥通道优势，提升"一带一路"建设重要节点城市郑州、开封的功能，联合打造电子信息、汽车及零部件、装备制造、有色金属、生物医药、能源化工等产业集群，形成具有较强实力的先进制造业和城镇集聚带，强化对新亚欧大陆桥国际经济走廊的战略支撑作用。

(二) 郑州航空港经济综合实验区带给开封的机遇

郑州航空港经济综合实验区拓展了开封发展的空间，为郑汴一体化转向郑开同城化提供了新的角度。在郑州航空港经济综合实验区被批准设立之前，郑汴一体化的发展主要是以交通线路为依靠，沿交通干线形成郑汴产业带，从而拉近两城市之间的实际距离。这样的郑汴一体化发展太过单一，而郑州航空港经济综合实验区为郑汴一体化的立体化推进提供了新的角度。《郑州航空港经济综合实验区发展规划》指出，郑州航空港经济综合实验区是郑（州）汴（开封）一体化区域的核心组成部分，包括郑州航空港、综合保税区和周边产业园区，规划范围涉及中牟、新郑、尉氏三县（市）部分区域。该规划明确提出郑州航空港经济综合实验区是郑汴一体化区域的核心组成部分，其在郑汴一体化过程中的地位可见一斑。

郑州航空港经济综合实验区为郑汴一体化指明了新的方向。郑州和开封目前正处于产业转型中，传统产业转型和经济结构调整需要一个相对艰难的过渡期。相比之下，临空经济作为一种新兴经济形态，以机场为依托，以航空运输产业为指向，实现了航空配套产业、临空制造产业及现代服务业的产业集群，形成了以临空产业为主导，多种产业有机关联的临空产业体系。从世界范围来看，临空经济呈现出较强的发展势头，在区域转变经济发展方式、调整经济结构、实现产业升级中发挥着助推器的作用，已经成为区域经济发展的增长极和重要引擎。可以看出，郑州航空港经济综合实验区依托高端制造业和服务业，直接在中牟、新郑、尉氏三县（市）部分区域构建较为成熟的高端产业链，从而可以为郑州和开封提供良好的示范效应，为正在转型中的两城市指明方向。

郑州航空港经济综合实验区为郑汴一体化提供了新的动力。郑州航空港经济综合实验区对临空产业体系的需求必将对郑州和开封两市形成倒逼机制，使得两市在产业转型和发展中发展与郑州航空港经济综合实验区相适应的临空产业群。郑州航空港经济综合实验区投入运营之后，良好的效益会对郑汴一体化乃至中原城市群建设产生示范带头效应。

郑州航空港经济综合实验区为郑汴一体化提供了新的产业结合点。产业的对接一直是郑汴一体化进程中的重中之重，郑州和开封两城市在产业上是否契合直接影响两市的经济发展和功能定位。开封目前的产业构成还不能够与郑州形成高度的互补，而郑州航空港经济综合实验区的建设则需要两市共同发展临空产业群，这可以作为两市产业协调合作的一个突破点。在经济全球化加速的背景之下，城市闭门造车式的发展不再具有优势，城市间协调合作，发挥城市集群的优势得到了广泛的认可。

郑州航空港经济综合实验区作为郑汴一体化区域的核心组成部分，为郑汴一体化提供了新的角度、方向、动力和产业结合点，在全面立体的郑汴一体化过程中必将发挥不可替代的作用。相信在郑州航空港经济综合实验区建设的推动下，郑州和开封两城市能够把握这一发展契机，进行全方位多层次的协调合作，全力发挥作为中原经济区核心增长极的示范带头作用，以点带面，带领中原城市群实现中部崛起的目标。

(三) 河南自贸区为开封带来的制度红利

开封积极主动融入自贸区，共享自贸区的相关政策，将有助于打造良好的营商环境，实现内陆与沿海沿边协同开放，进而推动城市的转型发展和对外开放。

(1) 承接产业转移，推进经济转型。河南自贸区的设立在中原城市群中必将引发新一轮产业洗牌。企业总部、贸易平台、金融服务、跨国公司、电商后台等受政策的吸引会更多地向自贸区聚集，从而倒逼传统制造业和配套产业向自贸区及周边城市进行产业梯度转移。自贸区通过产业整合实现中原城市群各城市间产业的错位发展，进而形成产业梯次，推动资本、技术、人才的流动，这必然给处于郑州大都市区核心位置的开封带来新的发展转型的机遇。

(2) 推动外向型经济发展。河南自贸区进一步促进中原城市群在全球化的竞争浪潮中找准自身的产业定位，打造自己的区域特色和城市品牌，努力避免城市间的同质化发展。外向型经济的发展，扩大对外开放，有助于外向型企业更便利、更快捷、更广泛地接受开放政策的辐射，降低国际采购和物流成本，分享国际一流的配套服务，实现以自贸区为跳板进一步走向世界，拓展开封对外开放合作的空间。

(3) 促进产业结构调整升级。在适度放宽管制的背景下，自贸区的金融和投资自由化改革将加快开封的产业升级步伐，高端产业、高端人才、高新技术的大量涌入必将带动整个产业的革新，进一步促进企业创新和转型，产生跟随效应；自贸区将强化产业分工协作，加速发展现代服务业特别是生产性服务业，大力培育新兴服务业，全面提升传统服务业，积极拓展服务业空间和服务业内容，发挥开放带来的竞争效应和示范效应。

(4) 深化改革开放和制度创新。自贸区的建立是重大的体制机制变革。河南自贸区的设立有助于开封创建中部内陆改革开放合作先行区和制度创新试验区，加强政策的统一性和协调性，构建国际化营商环境生态区，进而推动开封的快速发展。

（5）实现开封与郑州大都市区协同融合发展。河南自贸区以郑州、洛阳和开封为内核，这必将推动开封与郑州的协同发展，实现优势互补、产业互融、企业互动。自贸区将联动各经济单元，协调各经济主体的利益，确保资源的合理开发利用。同时，通过方便快捷的沟通交流，可以加强城市间的政策统一性和协调性，建立利益分享机制、协调机制、税收分享机制，消除各城市之间妨碍人流、物流等经济要素全方位流动的政策和制度壁垒，对接国际竞争合作准则，从而提高合作效率。

（6）集聚人才，构建国际人才体系。人才匮乏是制约开封发展的短板和瓶颈。在自贸区建设的背景下，开封将以更加积极的姿态实行特色化、差异化的人才发展策略，构建梯度推进、层次分明、因业聚才、注重实效的国际人才体系，积极吸引海外高端教育科研机构进入自贸区发展，为开封的未来发展提供人才支撑。因此，开封应当加快引进战略性新兴产业、旅游业、环境保护、绿色发展、教育医疗等方面的高端人才，主动接轨国际市场，积极融入全球经济一体化进程，拓展海外业务，开拓海外市场，提高自身的国际竞争力和影响力。

（四）充分利用通道与制度叠加优势打造开封对外开放新格局

1. 目标任务

按照国家和河南省实施自由贸易区战略的目标任务和安排，全力推进商品、服务、资本、技术人员等生产要素在开封与自由贸易伙伴间的自由流动，使开封的对外开放迈上一个新台阶。力争到"十四五"期末，开封与自由贸易伙伴之间的贸易占比超过50%，引进自由贸易伙伴的外资提升到85%以上，对自贸区的投资实现较快增长。

2. 扩大货物贸易

在全面融入国家自由贸易区网络的同时，重点加强与韩国、澳大利亚及东盟等自由贸易区国家和地区的贸易投资合作，切实提升合作规模和水平。

（1）掌握降税清单动态。及时掌握和宣传自贸区降税清单实施政策，引导企业增加降税清单出口贸易，合理利用退税部门优先退税的政策，最大限度地享受关税减让所带来的实惠。

（2）利用好原产地政策。积极引导企业了解和利用原产地规则，促使企业主动申领各类自贸协定优惠原产地证，利用优惠原产地证与客户共享关税利好，降低进出口货物成本。

（3）鼓励转口贸易。引导企业利用自由贸易区的关税优惠，通过自由贸易区国家和地区向与其有关税优惠协定的第三国开展进出口贸易，促进开封进出口贸易的发展。

（4）及时调整市场结构。利用区域性优惠政策寻求扩大产品出口市场的新途径，在巩固美国、日本、欧盟市场的同时，扩大东盟、俄罗斯、印度、澳大利亚、新西兰、韩国、智利、巴基斯坦等自由贸易区市场，减少和分散贸易风险，促进贸易市场多元化。

（5）增加高端设备和高新产品的出口份额。充分利用国家对机电和高新产品出口的鼓励政策，降低"两高一资"产品的出口，不断提升产品的附加值，使开封高端设备和高新产品出口比重达到50%的目标。

3. 积极引进外资

以优势产业、旅游服务业、服务贸易、基础设施、环境保护、国企改革等领域为重点，突出优势，积极对接，提升利用外资的规模和质量。

（1）积极融入自贸区和"一带一路"建设。加强与国家、省自贸区和"一带一路"建设的衔接，努力推动开封优势产业和企业积极参与自贸区经贸合作和"一带一路"建设，重点参与中韩、东盟自贸区及中巴、孟中印缅经济走廊建设。借力自贸区和"一带一路"沿线国家与开封产业结构的互补性，实现开封产业结构调整和产业转型升级。

（2）优化产业园区发展。立足开封八大主导产业，优化产业园区建设，吸引自贸区伙伴国家的企业投资，利用其先进技术和理念，推动开封产业转型升级。

（3）进一步开放金融领域。大力引进外资金融机构，吸引有实力的境外金融企业到开封设立分支机构。鼓励境外银行业机构在开封发起设立村镇银行，与城市商业银行、农村信用社开展合作。鼓励外资发起设立创业投资企业、融资性担保机构、融资租赁公司、小额贷款公司和互联网金融企业。鼓励符合条件的企业境外上市融资。

（4）大力开放现代物流业。加快物流园区建设，完善功能配套，构建对接自贸区、"一带一路"的东出西联、承接南北的物流网络，推动现代物流业与关联产业互动融合发展，提升标准化、信息化、便捷化水平，打造协同中原城市群、辐射全国、联通国际的现代物流发展格局。鼓励外商投资物流设施、物流网络、信息配套服务等，以功能完善、业态先进、绿色环保、市场广阔等优势，吸引更多的国际知名物流企业落户，助推开封建设成为现代商贸物流重要基地之一。

（5）扩大科技创新国际合作。支持开封科技企业、科研机构、高等学校与自贸区伙伴国家建立长期稳定的战略合作伙伴关系，共同建设科技合作平台和研发机构，培育一批具有世界先进水平的国际联合研发中心。完善国际科技合作机制，创新合作模式，通过加强国际合作，积极构建开放融合、布局合理、支撑有力的科技创新体系。

（6）坚持绿色集约持续发展。坚持环保优先方针，积极引导外资投向环保基础设施领域，引进能源消耗少、污染排放小、可资源循环利用的外资项目。引导传统制造业企业利用境外先进技术进行生态化改造，采用节能环保、清洁生产新技术新工艺，发展循环经济。强化土地集约利用，对重大外资项目的用地需求予以保障。加强用地结构控制，集中有限的土地资源用于产业项目，集中建设配套设施，提高基础设施共享程度和利用效率，以实现绿色集约持续发展。

4. 发展境外投资合作

（1）推进优势产能合作。支持和引导开封八大优势产业与自由贸易区国家和地区通过投资、并购等方式开展合作，在国外设立生产基地，促进开封优势产能转移，拓展产业转型升级空间。

（2）开展境外工程承包。支持开封工程企业"走出去"，积极采用

PPP、EPC等国际通用方式，联合投标或分包自贸区国家和地区基础设施重大工程项目，带动相关设备、原材料出口及劳务输出。

（3）积极参与自贸区建设。鼓励有实力的企业到自贸区国家和地区，以获取先进技术、知名品牌、高端人才及营销网络等要素为目的开展并购投资。支持企业在市场潜力大、产业配套强的自贸区国家和地区设立研发、分销、物流中心，提高跨国经营能力和国际竞争力。

5. 加强推动和保障机制

（1）加强协同推进。建立开封市涉外部门联席会议机制，将开封落实国家和省自贸区发展战略的有关工作纳入重要议事内容，组织推进工作，协调解决有关问题。各相关部门要结合职能，积极做好政策培训、信息收集、交流合作、人才引进等日常工作。

（2）提升贸易便利化水平。有关部门要进一步推进"三个一"等通关作业改革，加快电子口岸建设，加强与自由贸易区开展数据交换。加快推进跨区域检验检疫一体化进程，全面落实"两直、三通"通关新模式。

（3）优化政务环境。落实扩大外商投资快速审批试点相关政策。简化审批程序，减少外商投资的各类审批事项，实行"一个窗口"对外，开展"一站式"服务，提高行政效率。

（4）完善"走出去"服务。发挥政府产业引导基金的作用，吸引金融资本和社会资本投入，缓解企业"走出去"面临的融资困难。做好APEC商务旅行卡网上申报和推介工作，提高申办工作效率。

四、大力推进黄河流域生态保护和高质量发展国家战略，以古城保护与修缮和文旅融合为契机打造开封历史文化名城

黄河被誉为"四渎之宗"，是我们中华民族的象征。源远流长的黄河文化是中华民族的主体文化，其中包含的内在精神与价值对中华文明乃至世界文明都产生了深远影响。习近平总书记2019年9月在河南省考察时，对如何保护好、传承好和弘扬好黄河文化资源做出了重要指

示。开封作为沿黄流域的重要古都之一，应全面落实习近平总书记指示精神，坚持高标准起点、高标准谋划，历史人文并重，在城市形象提升中进一步立足于开封宋都文化资源优势、焦裕禄精神发源地优势，着力实施"三区一基地"发展战略，高质量建设"一带、一馆、一城、一中心、一讲述地"等项目载体，以古城保护与修缮和文旅融合为契机，不断提升"历史文化名城"这一文旅品牌的竞争力。

（一）大力推进黄河流域生态保护和高质量发展国家战略

黄河流域生态保护和高质量发展目前已成为国家战略。为推进这一重大战略，开封市深入贯彻"共抓大保护，不搞大开发"的发展理念，结合自身实际和优势，制定了开封市的四大战略（即"三区一基地"发展战略）和六项工作举措，高质量建设"一带、一馆、一城、一中心、一讲述地"等项目载体。

1. 四大战略

（1）打造开封黄河文化核心展示区。建设黄河悬河城摞城展示区、千年中轴线展示带、宋文化传承展示名城等工程，讲好"黄河故事"，延续历史文脉，坚定文化自信。

（2）打造开封水生态文明建设先行区。突出开封北方水城特色，加大沿黄湿地、森林、水系保护力度，推进黄河滩区生态修复，强化水资源节约利用，建设生态宜居魅力古都，引领黄河流域水生态文明发展。

（3）打造开封黄河流域大都市区文旅融合高质量发展示范区。大力推进文化旅游产业标准化、绿色化、智能化、融合化、国际化、高端化，建设开封、郑州大都市区文化交往中心，打造郑州大都市区文化核。

（4）打造新时代传承弘扬焦裕禄精神基地。大力弘扬焦裕禄精神，将其融入贯彻落实"三起来""三结合"重要指示、扎实实施乡村振兴战略的实践当中，以焦裕禄干部学院、焦裕禄纪念馆等为依托，建设新时代传承弘扬焦裕禄精神基地。

2. 六项工作举措

（1）加强生态保护与修复。提升污染防治能力，抓好森林屏障、湿地公园和水生态系统修复工程。

（2）提升水资源综合利用水平。执行最严格的水资源管理制度，发展高效节水农业。

（3）补齐基础设施建设短板。持续推进黄河河道综合治理和河堤改造加固，完善滩区基础设施。

（4）保护、传承和弘扬黄河文化。深度挖掘黄河文化的价值，推动文化旅游融合发展，提升黄河文化品牌的国际影响力。

（5）着力推动高质量发展。加快开港经济带、郑开双创走廊、大运河文化带、黄河生态带建设，高水平承接新兴产业布局和转移，打造优势产业集群。

（6）积极推进体制机制创新。深入实施"四水同治"，探索建立全域土地综合整治利用和生态补偿政策机制，加快生态保护市场化改革。

"一带、一馆、一城、一中心、一讲述地"项目分别如下。

"一带"即沿黄生态廊道示范带，以生态为基、文化为魂，打造一条集绿色生态、文化展示、休闲娱乐、科普研究于一体的复合型生态廊道，进一步树立和谐共生的生态智慧。

"一馆"即黄河悬河城摞城展示馆，打造自然黄河悬河奇观展示地，展示开封"依水而生、因水而兴、因水而衰"的历史文脉，彰显百折不挠、生生不息的斗争精神。

"一城"即宋都古城，加快实施宋都古城保护与修缮工程，更好地传承弘扬上承汉唐、下启明清的宋文化，着力打造"黄河明珠、八朝古都"，激发同根同源、革故鼎新的家国情怀。

"一中心"即国际黄河文化交流中心，依托千年铁塔、百年河大和明清古城墙，打造黄河国际文化论坛永久会址，提升兼容并蓄的开放格局。

"一讲述地"即东坝头中国共产党治黄故事讲述地，深入践行习近平总书记在开封视察时的重要指示精神，大力弘扬焦裕禄精神，打造国家红色基因传承教育基地，进一步砥砺民惟邦本的为民初心。

（二）开封黄河文化旅游与"三区一基地"建设深度融合的资源基础

黄河干流在开封市境内88千米，流经四区一县12个乡镇，流域面积达264平方千米。开封在黄河流域生态保护和高质量发展中潜力很大，具有文化资源优势、政治资源优势、郑汴一体化先发优势、黄河研学资源优势。开封需要结合这些优势，统筹协调黄河的保护与开发，规划发展黄河文化旅游，将开封黄河文化旅游与"三区一基地"建设深度融合，拓宽旅游范围，发展全域旅游。目前，开封已经具备了很好的资源基础。

1. 自然生态资源丰富

近年来，开封坚持走黄河流域生态保护和高质量发展深度融合的创新之路，全面打造国家生态园林示范城市和国家森林城市，注重把沿黄、近郊、城区协调发展摆在更加突出的位置，大力实施周边高速、国省县道、河渠和森林公园建设等示范工程，特别是以清理沿黄"四乱"为切入点，在全社会倡导树立绿色发展理念，大力开展"保护母亲河"绿化活动，不断提升黄河生态防护功能。据相关统计，近年来，沿全市过境黄河流域造林绿化面积逐年跃升，已达8万余亩，其中黄河大堤、河滩淤区区域绿化面积已达300余亩。目前，黄河开封段已成为三季有花、四季常青的绿色生态长廊，为开发黄河文化旅游资源、改善黄河沿岸生态环境、发展地方经济奠定了坚实基础。同时，黄河河道冲刷、淤积形成的河心滩、嫩滩、河汊较多，湿地面积大，野生动植物品种丰富，为开封的生态平衡和经济发展提供了丰富的资源保障。开封市柳园口省级湿地自然保护区按照"五位一体"绿色发展理念，全面提升湿地生态建设水平，湿地自然保护区中心区已成为候鸟迁徙的主要栖息地。其中，湿地风景区森林覆盖面积已达90余亩，拥有四季花木30多种，水源地黑池水域面积达1000余亩，水质清澈，波光粼粼，柳林成荫，环境静逸，成为名副其实的天然绿色氧吧。湿地生态环境的改善为谋划实施好赵口灌区二期、悬河展示馆、沿黄绿廊等项目和工程提供了有利条件。

2. 人文历史文化厚重

根据《开封市黄河志》记载，自金明昌年间黄河全部南徙"夺泗入淮"以后，黄河开始流经开封辖区，黄河在开封境内迄今已有700多年的历史，穿境黄河裹挟着黄土高原的泥沙淤积于河床，使开封段河床逐年升高，造就了开封河段闻名中外的"悬河"奇观，同时也给近代开封带来多次严重水患。据史料记载，开封境内黄河曾发生大小决口300多处，开封城被水围困15次，淹没4次，以至形成从地面下10米多深的魏大梁城到唐汴州城、北宋东京城、金汴京城、明开封、清开封城，"六城相叠，城摞城"的独特历史地貌。大梁门北侧发掘出的三层古马道，被誉为"中国地下赵州桥"的古州桥遗址、宋代城门遗址、清代民居院落、镇河铁犀、林公堤、毛泽东视察黄河纪念亭等，以及独特的民间文化黄河河工号子和丰富的流散在民间与黄河有关的神话传说等，更是开封鲜活的原生态文化的缩影。虽然"母亲河"黄河流经大小城市达100多座，但能与黄河历史人文渊源至深的开封相比的城市屈指可数，这些深厚的资源禀赋恰恰是打造开封黄河文化核心展示区、流域大都市区和文旅融合示范区的优势所在。

3. 地理环境和区位优势

黄河中下游的分界点在郑州桃花峪，黄河在下游冲积出较广阔的大平原，开封正处于这一平原的冲积扇地区。开封黑岗口、柳园口黄河风景旅游区背靠驰名中外的滔滔黄河，距开封市区较近。开封区位交通优越，既有陇海、京广、京九铁路，也有郑徐、连霍、日南、大广、郑民五条高速公路，郑开大道、郑开物流通道、郑汴路直通省会，乘车到新郑国际机场仅需30分钟。随着郑徐高铁及安罗、商登两条高速公路建成通车，城市区位优势将更加凸显。

（三）通过古城保护与修缮突出集约型文化呈现

商业是现代城市发展的基础，历史文化是现代城市发展的底色，旅游业是现代城市资源的综合体现。开封黄河文化和宋文化遗产的差异优势，正是开封历史文化名城牌匾的内涵所在，需要通过开封古城保护与修缮这一契机，在大力推进黄河流域生态保护和高质量发展国家战略中，将其充分和丰富地展示出来。黄河文化核心展示区建设不仅是开封城市气质提升的重要途径，更是引导"文商旅"融合创新发展的风向标，是对"历史文化+跨界增值"的全新探索，将实现开封集约型文化的集中呈现。提高"三区一基地"功能建设在城市建设整体布局中的权重，培育新经济增长极，在当前开封经济社会发展中尤为重要。开封作为八朝古都，迄今已有4100余年的建城史，相继有夏、魏、后梁、后晋、后汉、后周、北宋和金在此定都，特别是在北宋时期，开封成为当时世界上第一大国际都市，孕育出了上承汉唐、下启明清，影响深远的优秀宋文化。在数千年的历史长河中，勤劳智慧的开封人民创造了灿若星辰的宫廷文化、府衙文化、忠烈文化、民俗文化、园林文化、饮食文化、菊花文化、戏曲文化、书法文化。开封非常重视对宋城文化的继承和延续，为促进区域协调发展与历史文化传承，政府将文化遗产保护贯穿于城市建设和管理之中。开封花费长达数十年的时间，通过技术修复和城市规划恢复开封"一渠六河"，在景观设计的基础上考虑适宜的空间尺度感和良好的河岸可达性，使1条环城滨水风景绿道串联"大梁故事""南熏百泉""冯将入汴""曹门双瓮""安远胜景"5个城池节点，打造出5座滨河公园，变幻出"利汴烟柳""一线牵""菊台金波""景墙叠翠""塔影行云""古槐码头""烟波浩渺""浮岛栈道"8段特色滨水岸线，实现环城水系的华丽变身，将历史背景元素与现代城市规划有机整合。

（四）在开发和保护中打造历史文化名城的深厚底蕴

1. 突出黄河文化现代解读，构建文旅融合品牌体系

当前，开封着力打造的文旅融合软品牌主要包括"问祖寻宗""黄腔豫调""书法蕴城""环城漫迹"四大品系，硬品牌主要包括以宋城外开封黄河文化资源为核心的"悬河展示馆""沿黄绿廊"和"河工号子"、以宋都内城及周边消费资源为主体的"漫步环城滨水线"和"我家住在汴梁城"、以盘点区域水系夜经济消费资源为内容的"夜行书生"、以养老市场为目标的"诗书传家"等。同时，以全新的视角、全新的定位，全面推广模块化营销，通过大数据聚焦不同年龄、不同地域、不同职业、不同文化的消费对象，进一步优化游客的自主选择权，通过模块化的自由组合，带给文化旅游体验者以全新的感受，不断提升黄河元素内外兼修的文化名城的品牌影响力和吸引力。

2. 突出集约时间，打造 48 小时"宋都内外"深度游

与新型媒体策划平台深度联合，着力打造"宋都内外"精品生活游，推介"周末深度游"的系列产品，探索拓展周末 48 小时精品游，引导不同领域、不同层次的旅游消费者体验"在图书馆带你用乐高粒了解宋韵古建筑""在宋庭制造时间定格回忆录""在清明上河园来一场千年的邂逅""在武侠城与水浒豪杰们把酒言欢""与书法大家同书"等多个"宋都内外"深度游产品的魅力，从而真正实现品牌落地，形成一批具有国际品质的特色产品。

3. 联合专业化平台，构建非物质文化遗产与现代生活的契合点

打造"宋都内外"旅游品牌，需要与专业化平台合作，实施"匠心体验"文化遗产旅游示范品牌工程，持续增强示范品牌的引领力，重点培育发展朱仙镇木版年画、开封盘鼓、汴京灯笼张、汴绣、大相国寺梵乐、麒麟舞、二夹弦、仪封三弦书、第一楼小笼灌汤包子、传统糖塑（吹糖人）、滕派蝶画、宋词乐舞 12 项非物质文化体验品牌，强化宣传推广，丰富品牌文化内涵，注重互动核心元素构建，进一步发掘非遗旅游项目产品张力和经济价值，真正做到非遗文化活化利用。

4. 深挖宋韵文化，烹制"地道宋都文化艺术大餐"

结合前期不同人群选择的文化旅游体验线路，大力推广更多的主题文化体验产品，力争在每条主题线路中都加入角色渲染元素，即由非遗传承人、黄河文化和宋文化研学人等担任分享人，充分发挥人才专长，不断增加产品宣传深度，让游客身临其境般地享受产品文化大餐。特别是在美食游中，要丰富开封古城美食内涵，把传统美食与现代消费有机融合，拉长消费链条，消减景点聚集劣势，让简单低级的"果腹"游变成精品"美食"文化体验游，有效提升古城美食文化的经济效益。如"宋味儿食足"的"文化分享人"在讲解老开封进食文化的同时，可以带游客亲自参与第一楼小笼灌汤包子制作、同锤一份花生糕、品尝大刀面、吹一个家人形象的糖人，并针对美食旅游中的高端客户设置"小吃宴"；"宋腔宋韵"的"文化分享人"可以陪游客体验豫剧祥符调、河南坠子剧目精粹，感受老开封人的生活方式；"梦游汴梁"的"文化分享人"可以带领游客在开封水系中体味大宋都城慢生活，使游客仿佛置身于张择端的图画中。

5. 融合宋文化生活元素，打造时尚兼古典的都市生活方式

相关部门可以联合包括开元名都大酒店、中州国际酒店、开封建业铂尔曼酒店、又一新、豫源饭店、皇宋大观文化园、小宋城、鼓楼里及七盛角在内的 9 家星级酒店及品牌餐饮，共同推出"宋都内外"下午茶，融合宋文化生活元素，打造时尚兼古典的都市生活方式。"古州桥""地上悬河""鱼跃龙门""琉璃塔""城摞城""木版年画"乃至"汴西湖银沙滩"，都可以出现在商家的茶点中，使游客在星级酒店中边体味宋韵文化边度过悠闲惬意的午后时光。相关部门还可以与大流量的自媒体合作，在相关公众号中统一发布酒店及餐厅活动动态，引导消费者积极参与其中，促进开封文、商、旅的深度融合。

五、开封市"十四五"时期制造业高质量发展机遇

制造业是立国之本、强国之基，要把制造业高质量发展放到更加突出的位置，采取有力措施推动先进制造业和现代服务业深度融合，坚定不移建设制造强国，并把推动制造业高质量发展作为经济工作的重要任务。如何贯彻落实好党中央、国务院的决策部署，采取更有力的举措推

动制造业高质量发展,加快建设制造强市,是开封市"十四五"期间一项艰巨而重大的战略课题。

(一) 开封市推动制造业高质量发展需要坚持的基本原则

推动制造业高质量发展必须坚持以习近平新时代中国特色社会主义思想为指导,深入贯彻习近平总书记关于河南的重要讲话和重要指示,以供给侧结构性改革为主线,始终坚持制造业立市不动摇,大力发展新技术、新产业、新模式,推动质量变革、效率变革、动力变革。在推动制造业高质量发展中需要把握以下四大原则。

1. 坚持统筹推进与分类施策并重

加强对全市制造业高质量发展的组织领导,强化顶层设计和科学统筹,把制造业全方位布局和区域空间优化布局结合起来,在"全市一盘棋"增强发展整体性、协调性、联动性的基础上,注重规划引领,根据区域发展资源禀赋、产业基础和发展定位,一地一策、一县(区)一策,体现制造业的特色性、层次性和差异性,形成一体发展、各具特色、优势互补的制造业发展格局。

2. 坚持转型升级与创新驱动并重

加大技术改造投入和支持力度,加快推动传统优势企业在技术创新、智能制造、质量品牌等方面取得新突破,实现产品升级、流程升级、功能升级,逐步从价值链中低端迈向中高端,通过"腾笼换鸟",实现"凤凰涅槃"。同时,大力推动企业加快研发机构建设,突破一批关键核心技术,掌握行业领域话语权,形成核心竞争力。

3. 坚持打造龙头与集群发展并重

高度重视大型龙头骨干企业在推动制造业高质量发展中的支柱和引领作用,采取重点倾斜、重点支持策略,加快培育一批行业龙头和"专精特新"隐形冠军、独角兽企业,带动大中小企业协同发展。充分发挥特色产业集中、集聚发展的优势,推动制造业创新链、产业链、资金链融合衔接,加快形成一批产业链相互融合、相互支撑、特色鲜明的产业集群。

4. 坚持市场主导与政府引导并重

充分发挥市场配置资源的决定性作用，强化企业主体地位，大力弘扬新时代企业家精神，鼓励企业做强做大做优。同时，更好地发挥政府作用，加强政策和要素供给，优化政务服务，出台推动制造业高质量发展的指标体系、政策体系、标准体系、评价体系和绩效考核体系，注重运用经济、法律和必要的行政手段，倒逼、引导和激励制造业高质量发展。

（二）开封市推动制造业高质量发展的主要路径

1. 深化供给侧结构性改革，加快传统产业转型升级

深化供给侧结构性改革，加快传统产业转型升级，努力提升供给体系的质量，是一个国家不断发展的关键动力和重要标志，是转变经济发展方式的根本出路，也是新时代推动制造业高质量发展的关键所在和基本路径。推动制造业高质量发展的难点在于加快传统产业的转型升级。首先，需要通过引入新技术、新业态、新管理、新模式改造提升传统制造业。应实施制造业重大技术改造升级工程，支持制造业企业瞄准国际同行业先进标杆，加大研发投入力度，全面提高产品生产技术、工艺装备品质和能效环保水平。开展质量提升行动和品牌推广计划，推动消费品工业增品种、提品质、创品牌。实施绿色制造工程和节能减排计划，通过相应的税收、会计、折旧等政策，推动工业资源全面节约和循环利用，积极发展绿色金融，实现生产系统和生活系统循环链接。其次，应用新一代信息技术对传统产业进行全方位、全角度、全链条的数字化改造，推动体系重构、流程再造和管理创新，在传统产业中形成新的数字工厂、数字制造、数字支付和数字生活。通过智能改造、绿色改造、技术改造，推动家电、纺织、化工、轮胎、农机、造纸、家具、建筑陶瓷等传统制造业"脱胎换骨"，加快产业内部结构调整和品质提升，推动传统产业向智慧服务和智能制造拓展，加快产业链再造和价值链提升，提高精准制造、敏捷制造能力，扩大高附加值的中高端产品的比例，使其焕发新活力，形成新优势。

2. 鼓励"大众创业、万众创新",推动新兴产业发展壮大

"大众创业、万众创新"作为新时代下推动新兴产业发展的双引擎,是推动制造业高质量发展的重要一环。用足用好"大众创业、万众创新"的政策红利,充分发挥企业的市场主体作用,依托创新创业带来的科技投入增加和劳动力素质提高,能够提升全要素生产率,进而推动开封制造业高质量发展。战略性新兴产业是当前经济新的增长点,加快发展战略性新兴产业,推动人力、资金等要素升级,有利于形成新兴产业、科技创新、现代金融、人力资源等协同发展的制造业生态体系。应毫不动摇地实施《中国制造2025》国家行动纲领,重点发展3D打印机、高性能医疗器械、高档数控机床、工业机器人等高端装备制造业,加快新能源汽车等节能环保产业创新发展,构建新一代材料产业体系,在航空航天装备、海洋工程装备、信息网络、生命科学、高性能医疗器械、核技术等关系未来的核心领域强化发展,培育一批战略性新兴产业。应通过创新促进新技术、新产品和新业态发展,促进跨界融合创新,使创新创业形成燎原之势,成为产业发展新动能,为先进制造业发展创造有利条件。先进制造业具有先进的生产模式和生产技术,所生产的产品附加值高,具有较强的竞争力且发展前景广阔,生产过程兼具信息化、集成化和系统化等特点。大力发展位于制造业金字塔尖的先进制造业,是开封制造业转型升级的重要途径、制造业高质量发展的核心根本和实现新旧动能转换的有力抓手。

3. 以推进智能制造为主攻方向,大力发展数字经济

新工业革命带来的智能制造和数字经济,为开封制造业实现高质量发展提供了可能和契机。新一代信息技术和智能制造技术是新工业革命的核心技术,今后20~30年是新一代信息技术和智能制造技术发展的关键时期。开封应抓住这一千载难逢的历史机遇,集中优势战略资源,重点突破关键技术和关键领域,加快人机智能交互、增材制造、工业机器人、智能物流管理等技术和装备在生产制造过程的应用,推动开封制造业实现转型升级和高质量发展。智能制造推动制造业在自动化和信息化的基础上实现智能化，它是基于边缘计算、云计算和越来越多的智能设备所产生的数据及深度学习的算法，对制造业全价值链和制造全过程的智能化改造。发展智能制造是推动制造业高质量发展的主攻方向，应在科学规划的基础上建设人工智能产业园、人工智能创新示范基地、人工智能物流基地、人工智能研发中心等项目，推进计算机视觉、智能语音处理、制造工艺仿真优化、新型人机交互、智能决策控制等核心技术的研发及应用，打造新一代人工智能产业链。开封制造业要真正走上高质量发展之路，必须扭住核心技术攻关这个"牛鼻子"，加快制造业供给侧结构性改革，补短板、强弱项、填空白，持续推进技术创新和产业创新，推动制造业加速向数字化、网络化、智能化发展，培植发展数字生产、新媒体、影视、动漫游戏、数字家庭等融合性产业，大力发展数字经济。数字经济属于多元融合性的新实体经济，包括数字化研发、数字化创新、数字化制造、数字化管理、数字化服务等多个维度，已成为世界公认的新经济、新业态、新动能和新引擎。发展数字经济有助于推动制造业优化资源配置、提升全要素生产率、调整产业结构、重塑实体经济核心竞争力、打造新时代新发展的新动能、实现转型升级和提质增效，进而推动制造业高质量发展。数字经济对制造业高质量发展的支撑作用，既表现在运用新一代信息技术对研发、生产、物流、管理、服务等环节进行改造提升上，也体现为由制造业数字化催生了新业态、新模式、新体系乃至新理念。

4. 突出融合发展理念，推动制造业转型发展

党和国家提出，要树立融合发展理念，建设网络强国、数字中国、智慧社会，推动互联网、大数据、人工智能和实体经济深度融合，发展数字经济、共享经济，培育新增长点，形成新动能。制造业高质量发展中的融合理念是一个多维概念，不仅包括技术融合、产品融合、产业融合和业务融合，也包括战略融合、思维融合和商业模式融合。现阶段，需要通过推进信息化与工业化深度融合、新一代信息技术与制造业融合、生产性服务业与服务型制造业融合发展，推动制造业转型升级。随着新一代信息技术的创新融合与市场需求的变动，原有的产业边界正在逐步消融和模糊，互联网、大数据、人工智能与实体经济出现深度融合，催生出许多新产业和新业态，数字经济、智能制造、工业互联网应用成为产业转型升级的新方向。在"互联网+"的影响下，以云计算、大数据、移动互联网为代表的新一代信息技术与实体经济不断融合发展，改变了制造业现有的模式和业态，加快了传统行业数字化、智能化转型的步伐。开封应抓住这一历史机遇，在制造业领域全面推广工业化与信息化深度融合的管理体系，增强新型工业软件、数字化制造、虚拟仿真等新一代信息技术服务生产制造的基础能力，支持企业加快数字化、网络化、智能化改造，实现数字经济与制造业融合发展。深化制造业与互联网融合发展，大力发展工业互联网，积极培育网络化协同、个性化定制、在线增值服务、分享制造等"互联网+制造"的新模式。依托制造业集聚区，建设一批生产性服务业公共服务平台，推动服务业与制造业的融合发展。服务型制造是服务业和制造业相互融合后产生的新型制造模式，它能够通过网络化协作和个性化定制实现"制造向服务的拓展""服务向制造的渗透"，最终为顾客提供"产品服务系统"，使企业在为顾客创造最大价值的同时实现自身价值增值。围绕研发设计、绿色低碳、现代供应链、人力资源服务、检验检测、品牌建设等，加快制造业服务化转型，推动制造业向价值链中高端跃升。以产业转型升级需求为导向，积极发展服务型制造业，引导和支持制造业企业从主要提供产品向提供产品和服务转变，提高制造业的盈利能力。

5. 加快产业链整合，推动制造业走向全球价值链中高端

按照"协同创新、智能提升、服务支撑、品牌打造、绿色改造、全球合作"的理念推动制造业产业链整合。在产业链整合过程中，需要把握智能制造这一主攻方向，支持制造业企业加快数字化、网络化、智能化改造，推动工业互联网发展，积极培育基于互联网的个性化定制、在线增值服务、分享制造、众包设计等新型制造方式，培育新的经济增长点。紧紧围绕打造创新链和生态链来整合产业链，加强关键核心技术攻关，加强受制于国外的关键零部件和重大装备制造的产业化发展，重点发展工业软件、新材料、新能源、高端装备制造、新一代信息技术、海洋产业等战略性新兴产业。发挥创新驱动发展的决定性作用，形成创新链、价值链、生态链和产业链一体化发展的新型产业分工体系，提高开封制造业整体竞争力。围绕《中国制造2025》提出的十大重点产业领域，推动产业链、供应链与价值链整合与重塑，壮大一批核心竞争力强的骨干企业和领军企业，培育一批专注细分领域的"单项冠军"企业，打造一批高水平的"中国制造2025"示范区和国家新型工业化示范基地，形成因地制宜、特色突出、区域联动、错位竞争的制造业发展新格局，提高开封制造业发展的深度与广度。

6. 正确处理政府与市场的关系，推进制造业投入要素的市场化配置

推动制造业高质量发展需要良好的市场环境，要建立完善的社会主义市场经济体制，通过供给侧结构性改革激发市场活力，充分发挥市场配置资源的功能，将有效市场和有为政府有机结合起来，为制造业高质量发展提供可行路径。目前，在制造业要素投入方面，还不同程度地存在着一些体制机制障碍，必须通过全面深化体制机制改革加以解决，确立竞争政策的基础性地位，破除限制要素自由流动、优化配置的天花板和形形色色的壁垒，进一步打破行政性垄断，防止市场垄断、市场分割和市场保护，打开制造业高质量发展的空间。正确处理政府与市场的关系，发挥政府的"守夜人"作用，降低制造业高质量发展中的交易成本。政府要更多地转向提供功能性、社会性支持政策，积极强化宏观调控、市场监管、公共服务和社会管理等公共职能，规范契约执行，优化市场环境，释放经济社会发展活力。积极培育新要素资源，清理制约人才、技术、数据等要素自由流动的制度障碍，充分发挥市场机制放大社会生产力的乘数效应。在促进科技成果转化、知识产权保护、扩大新技术新产品市场空间等方面进一步加大支持力度，形成有利于创新创业的制度环境。

（三）开封市推动制造业高质量发展可以采取的重大举措

1. 实施规划引领工程

制造业科学规划布局是实现高质量发展的重要前提。要从全市制造业科学精准配置、良性循环发展的高度，编制实施先进制造业发展规划，促进产业规划与国土空间规划有效衔接，绘制全市制造业产业地图，发挥产业地图的引领作用，推动重大项目与产业地图精准匹配。坚持以特色化、差异化为导向，立足空间和产业两个维度，对全市及各县区制造业进行科学布局和定位。

2. 实施投资促进工程

没有投资就没有产出，高质量、高水平、高效能的投资是实现制造业高质量发展的重要条件。一方面，要大力抓好重大项目建设，引进储备一批重大项目，对新引进的投资规模大的制造业项目给予专项支持，重大制造业项目污染物排放总量控制指标、能耗指标及用地指标由市统筹调剂支持。另一方面，瞄准制造业投资新热点，大力支持在八大产业领域建设一批重大项目。同时，不断改善投资环境，持续增强投资软实力，对引进重大项目开通"直通车"服务，完善重点制造业园区、重大项目在道路交通、教育医疗、康体娱乐等方面的公共配套服务，增强投资吸引力。

3. 实施生态重塑工程

优越的产业链生态是制造业良性循环、可持续发展的重要依托。推动制造业高质量发展必须紧紧抓住产业链生态这个关键要素，加大补链稳链强链控链工作力度，不断提升产业基础能力和产业链配套水平。补链方面，要实施产业基础再造工程，针对重点产业链缺失、薄弱环节，特别是关键零部件，精准引进和储备一批项目，加大自主研发力度，确保制造业产业链完整、安全。稳链方面，建立全产业链保护机制，研究制定产业链整体扶持政策，对产业链上的关键节点、"链主"企业和掌握核心技术的关键人才给予精准扶持，切实解决他们的突出困难和问题，确保企业有发展、人才能留住，保障产业链的稳定性。强链方面，通过创新驱动为产业链发展赋能，引导传统产业加快转型升级，大力培育和发展战略性新兴制造业，推动制造业向全球价值链高端攀升。控链方面，发挥龙头骨干企业的作用，吸引更多上下游企业集聚成链，着力提升大企业的综合竞争力和产业控制力，打造产业链上下游紧密协作、大中小企业融通发展的制造业产业生态圈。

4. 实施集群发展工程

制造业产业集群化发展是壮大制造业、提升抗风险能力、保障产业稳健发展、提升核心竞争力的重要举措，也是世界制造业发展的潮流和趋势。目前，开封市正在加紧培育以奇瑞汽车等为代表的汽车及零部件产业，以开封空分、开元空分、黄河空分、东京空分等空分企业，中联重科开封产业园，茂盛机械等农业（粮食）机械为代表的装备制造产业，以精细化工园区内的东大化工、晋开化工、九泓化工等为重点的精细化工产业，以兰考"5+1"畜牧业、杞县大蒜、祥符花生、通许食品等为代表的农副产品加工产业，以鑫盛纺织、海澜之家等为代表的纺织服装产业，以开封制药、辅仁药业、优德医疗、自贸区健康谷等为代表的医药和医疗器械产业，以开封炭素、汉晶高新、开封特耐、杞县聚甲醛和铝型材等为代表的新材料产业，以兰考恒大家居产业园、尉氏碧桂园家居产业园及居然之家、红星美凯龙等为代表的家居产业等8个制造产业，未来要在提升产业发展水平、壮大产业规模上加大支持力度，力争打造创新领先、龙头带动、配套完善的先进制造业产业集群。

5. 实施园区提升工程

园区是制造业高质量发展的重要平台载体。应重点推动园区提质增效，为制造业发展提供坚实的支撑和保障。一方面，优化园区布局，促进生产要素在园区集约高效配置，在土地指标约束日益趋紧的情况下，打造全新的产业载体模式。另一方面，进一步优化工业园区发展环境，加大力度提升园区基础设施建设水平，以产城融合为导向，大力改善园区周边配套条件，提升公共服务水平。

6. 实施创新驱动工程

创新是制造业高质量发展的核心支撑，只有通过自主创新才能实现制造业产业链、价值链全面升级。要发挥企业在创新中的主体作用，支持企业加大研发投入，逐步推动规模以上制造业企业研发机构全覆盖，加快设立企业研发费用财政奖励资金，对企业研发投入给予普惠性财政奖励。进一步加大高新技术企业培育力度，鼓励高新技术企业建设高水平研究院，支持高新技术企业开展关键核心技术攻关和科技成果转化，对参与国家和省级重大工程建设、产业技术和技术标准研发的企业落实相应的奖补政策。要大力推动重大科研基础设施和大型科研仪器设备开放共享，特别是要鼓励和支持企业有序参与建设和使用国家大科学装置和省实验室等重大创新平台，突破核心关键技术，提升产业发展水平。要围绕制造业产业链部署创新链，聚焦核心基础零部件、关键基础材料、先进基础工艺、工业软件和重要产业技术基础等方面精准发力，推动技术创新成果转化应用。

7. 实施技改转型工程

技改是制造业高质量发展的重要手段，也是推动转型升级的强劲动力。要实施制造业企业数字化转型，谋划一批突破性、带动性、示范性强的数字化技改重点项目，加快企业上云发展，推进跨行业跨区域工业互联网平台建设，加快实现规模以上工业企业数字化改造诊断全覆盖，建成一批示范生产线、示范企业。要实施制造业企业智能化转型，制订制造业企业智能化改造计划，鼓励企业应用先进数控技术改造基础制造装备，提升现有装备加工效率、生产精度和控制水平，支持企业大规模运用工业机器人等智能装备，开展智能示范车间、智能工厂创建活动，逐步建立面向生产全流程、管理全方位、覆盖产品全生命周期的智能制造模式，提高劳动生产率和产品质量稳定性。要实施制造业企业绿色化转型，大力发展绿色制造，以安全生产、中水回用、余热余压余气余能回收处置利用、废水处理等领域为重点，全面推行清洁生产，推动企业利用减污、治废、节水、节能等先进工艺和技术设备，加快建设一批绿色工厂、绿色企业、绿色园区、绿色供应链，严控高耗能、高污染行业项目上马。

8. 实施强企壮企工程

企业是制造业高质量发展的主体，要稳步推进制造业企业优胜劣汰，培育形成更多具有国内国际竞争力的制造业领军企业和创新型企业集群。一方面，要加大大型龙头企业培育力度，聚集一批规模优势明显、具备产业链整合能力的骨干企业，尤其是终端产品和整机企业。建立企业培育库，大力支持企业兼并重组，推动上市企业开展以高端技术、高端人才和高端品牌为重点的跨境并购，鼓励引入顶尖技术、管理团队、商业模式、营销渠道等资源，形成一批技术含量高、发展质量好、产业带动强的行业龙头企业，实现打造一个企业、带动一个产业链、形成一个产业集群的目标。另一方面，要打造一批隐形冠军企业。鼓励企业通过境内上市和境外上市并重、直接上市和间接上市并重、上市和挂牌并重，提高企业对接多层次资本市场的能力，引导企业聚焦主业，主攻细分行业，加强自主创新、协同创新和产学研合作，突破更多核心关键技术，打造一批"专精特新"隐形冠军和独角兽企业。

9. 实施品牌铸造工程

品牌是衡量制造业发展水平的重要标志，也是制造业高质量发展的努力方向。要通过质量标准提升、核心技术攻关、智能化改造、新模式新技术新工艺应用等手段，让开封制造技术更先进、制造更智能、产品更高端、品牌更响亮。一要打造一批名企。加大对知名龙头大企业的服务力度，构建根植本土、面向全国布局的创新、生产、销售和服务网络，争取更多企业进入中国500强，支持隐形冠军和独角兽企业专注细分行业领域，打造一批在全国具有品牌影响力的"百年老店"。二要打造一批名园。瞄准集约化利用、高效化配置，重点推进具有开封特色的产业园区建设，打造一批有特色、有核心技术、有品牌影响力的园区。三要打造一批名品。通过采用新工艺、新材料、新装备，进一步放大东大、空分、晋开等的品牌效应，让老品牌焕发新活力，同时挖掘市场需求潜力，聚焦健康、时尚、智能等新需求，不断开发拥有自主知识产权、较高附加值和市场竞争力的新产品，打造一批开封制造新品牌。

10. 实施金融支持工程

推动制造业高质量发展不能关起门来搞，必须用好国际国内两类市场、两种资源，走开放合作、互利共赢之路。应以各类开发区、高新区、工业园为载体，创新跨区市合作机制，以产业链为主体，推动重点产业合作和分工协同，实现产业链区域优势互补、协调发展。要加强国际制造业深度合作，支持开封制造业龙头企业与"一带一路"沿线国家和地区开展国际产能和装备制造合作，建立全球化产业体系和跨国供应链。用好国务院赋予郑州机场的第五航权，积极参与建设"郑州—卢森堡"空中丝绸之路，充分利用河南自贸区、郑州航空港经济综合实验区货物和人员出入的便利度、自由度，探索开封跨境电子商务与工业互联网融合发展新模式，扩大开封制造业的原料采购和货品集散半径。

（四）推动开封市制造业高质量发展的政策建议

在发挥市场配置资源决定性作用的基础上，更好地发挥政府作用，弥补市场失灵，维护公平公正的市场秩序，对于推动制造业高质量发展至关重要。

1. 强化组织领导

始终坚持制造业立市，进一步强化制造业在开封经济社会发展中的基础性地位，实施"一把手工程"，建立以市主要领导任组长、强有力推动制造业高质量发展的领导小组，加大统筹协调推动力度，加强对县区工作的指导。完善以制造业为核心的产业发展工作导向机制，编制开封市制造业发展中长期规划，围绕"两城两都一支点"的发展定位，推动区域制造业优势互补、错位发展。各县区要完善制造业发展工作机制，党委政府主要领导要亲自抓、亲自部署、亲自推动，及时研究解决本地区制造业发展中遇到的重大问题，形成市县（区）联动、上下联动的整体工作合力。

2. 强化要素供给

加大政策供给力度，坚决落实国家、省、市已出台的各项惠企政策，在已出台的支持制造业发展政策措施的基础上，根据市场和企业需求，继续出台针对性强、含金量高、好用管用的政策措施，形成政策叠加效应，切实为制造业企业纾困解难。加大金融服务力度，支持制造业企业上市和挂牌融资，提高直接融资比重，鼓励金融机构创新金融产品和服务模式，增加制造业中长期贷款和信用贷款。要设立政策性融资担保机构，大力发展风投创投，支持中小企业和种子期、初创期企业发展，着力解决制造业企业融资难、融资贵、融资慢问题。加大土地供给力度，优先保障重大制造项目、重要产业集群、重点制造园区和工业基地用地，优先盘活利用存量建设用地，推广建设与使用高标准厂房，用于标准厂房建设的工业用地，鼓励采取"限地价、竞租金、竞自持"的出让方式，鼓励各县区进行工业用地连片收储开发，合理利用地上地下空间，提高土地利用效率。加大人才支撑力度，坚持高水平引进与高质量培养相结合，重点引进一批高水平的战略科技人才、领军人才和创新团队，大力推动高水平大学建设和职业教育发展，培育一批具有工匠精神的应用技能人才，打造一支与制造业全创新链、全产业链相匹配的高素质人才队伍。

3. 强化环境营造

大力促进制造与服务紧密结合，为制造业高质量发展提供良好的发展环境。要大力提升生产服务，聚焦发展现代物流、工业设计、科技服务、信息技术服务、电子商务、节能环保服务等生产性服务业，完善生产、检测、认证、人才培训、创业辅导等公共服务平台功能，促进制造业与生产性服务业深度融合，提升服务功能和服务水平。要全面优化政务服务，持续推进"放管服"改革，大力推进"数字政府"建设，整合各部门权责事项和政务数据资源，加强数据共享和政务协同，完善政务服务平台，不断提升服务效能，切实解决好制造业企业关注的痛点、堵点、难点问题，为企业办事提供更多便利。要保护企业家人身和财产安全，对侵害企业家人身、财产安全的违法犯罪案件，实行挂牌督办制度，对恶意阻工、强迫交易、寻衅滋事、暴力讨债、敲诈勒索等违法行为，要依法依规从重处理。进一步完善产权和企业家权益保护机制，特别是要依法保护制造业企业的发明专利、实用新型专利、外观设计专利、商标、服务标记、厂商名称等独占性权利，营造公平正义的市场秩序和竞争环境。

4. 强化考核考评

加快构建以创新指数、竞争力、亩均产出、单位能耗增加值、全员劳动生产率、净资产收益率、研发经费支出占主营业务收入比重等为主要指标的制造业高质量发展指标体系，并建立逐级统计和定期报送制度，适时组织第三方机构对制造业企业进行科学评价，按照评价结果将企业分为优先发展类、鼓励发展类、提升发展类、限制发展类等，进行分类施策，采取正向激励和反向倒逼并重，支持优质企业加快成长，倒逼一批能耗、环保、安全、技术不达标企业依法关停退出。同时，要加大对县区推动制造业高质量发展的检查、督促、指导，对工作成效明显的给予表彰，对工作不力的进行整改和问责。

第九章　战略篇（三）

开封空间布局再研究[①]

开封，位于黄河中下游冲积平原，古称东京、汴京，为八朝古都。开封是首批中国历史文化名城，中国八大古都之一，迄今已有4100多年的建城史。通过对开封城市空间布局的历史演化与现状进行梳理和分析，可以为新时代开封城市空间再布局、再调控提供有益参考。

一、开封空间布局历史演化与现状分析

（一）开封空间布局历史演化

从城市地理特征上讲，开封历史上基本属于平地型城市，城内整体地势比较平坦，无太大起伏。开封在战国时成为魏国的都城，称大梁。古大梁城位于今开封城的西北部（包括今西北城郊的一部分）。唐建中二年，开封（当时称汴州）重筑城池，其城墙规模宏大，奠定了今日开封城的雏形，城市空间结构较简单，城市规模较小，布局相当紧凑。北宋时期，开封成为全国政治、经济和文化中心，人口最多时发展到150万人，城市空间结构的最大特点是出现较为明显的功能分区，如行政区、商业区、住宅区、风景区等。

明清时期，城市外围城墙重筑，城市以"坊制"划分为大宁、永安等8坊，类似现在的对城市市区的行政区划分。然而，开封地势低洼，历史上城池数次被洪水冲垮，城内大部分建筑遭毁，对城市空间结构的影响十分巨大。明末清初时，逐渐形成了"水中有城、城中有水"

[①] 课题组成员：王永苏、杨建涛、刘岱宁。

的城市空间形态，为今日拥有"北方水城"的美誉奠定了基础。

清末民初，开封作为省会和府治所在地，先后修建了铁路和公路，交通运输事业得到发展，城市功能开始逐渐增强，但城市活动主要在明清城墙范围之内。1910年开通的汴洛铁路使开封城市的发展走向越过了古城墙向南发展，城市面积在南门外得以扩展，这里也就是现在禹王台区的前身。由于交通方式的改变，城市的空间结构出现了外延式扩张，但各种功能用地还处于分散化时期，城市空间呈现低密度水平扩展。

中华人民共和国成立以来，对开封城市空间结构和布局的规划调整发生了重大变化。1956—1958年，明确提出了向东发展的规划方案，用地功能分区意向明确，但由于人口扩张、工业发展和用地规划过于乐观，仅生活用地占新规划用地的比重就达50%以上，城市发展架构拉得过长，导致其后的零星开发、星罗棋布。20世纪60年代的规划理念是充分利用现状、充分利用旧城，造成对旧城区过度开发，用地混杂，环境污染严重，"北方水城"特色遭到较大破坏。另外，西郊工业区开始形成，到70年代城市向西发展开始提上日程。改革开放以来，城市发展延续了东西方向上的持续扩张，城市用地跨过陇海线南向开发。20世纪90年代以来，由于旧城改造与产业发展的需要，政府出台"退二进三"政策，推动了城市外围型生活小区开发，有序疏散了旧城人口，城市空间发展与经济增长的关系越来越紧密。尤其是随着西区经济技术开发区的批建、市委市政府等行政中心的西迁，着力发展西区、对接全省行政中心郑州的规划导向初见端倪。21世纪以来，"郑汴一体化"战略的提出明确了开封未来空间发展的导向：向西发展。当前，城市西向开发日益推进，郑汴一体化进入升级阶段，郑州大都市区背景下的"郑汴港"城市三角成为发展重点。习近平总书记2019年视察黄河并提出黄河流域生态保护和高质量发展的国家战略，为黄河流域城市-区域发展描绘了新的发展蓝图，大河"美"市、大河"兴"市成为开封城市发展的重要选择。

整体上说，开封的自然条件和环境塑造了开封的基本形态，道路、水脉和城墙是开封的重要骨架,城市功能分区、行政区划使得开封的空间肌理清晰,同时以城墙为界,形成内聚式发展格局,结构相对独立。铁路、轻轨等的出现外向连接拓展了城市空间,城市外延式发展格局开始呈现。中华人民共和国成立以来,受工业发展等的影响,开封城市规划过于宏大,城区重心东移导致产业星罗棋布,城区开发造成历史景观破坏等问题。在中原城市群、郑州大都市区等更加宏大的国家和区域发展战略实施的背景下,开封城市空间正在进行可持续性重构和形塑。

(二)开封空间布局现状分析

1. 交通区位优势明显,郑汴港"黄金三角"即将呈现

开封地处中原,交通便利,连接欧亚大陆桥的陇海铁路从市内穿过,京广铁路(高铁)和京九铁路左右为邻,连霍、大广、郑民和安罗高速公路基本框定了中心城区的外围轮廓。郑开城铁、开港大道、黄河公路大桥、新开封黄河大桥有力地打开了开封外向联系的通道。尤其是 2006 年以来,郑汴快速通道——郑开大道和郑开城铁的正式通车通勤拉近了郑州和开封两城之间的距离,开港大道的建成通车将使开封的外向交通条件进一步得到改善,郑汴港"黄金三角"即将呈现。优越的地理位置使开封成为连南通北、东出西进的枢纽城市,沿陇海铁路线东西开放、外引内联的区位优势又使其成为豫东地区的开放中心城市。

2. 城市建设用地面积较小,与城市功能定位不符

开封市位于中原腹地、豫东平原,西连省会郑州市,东临商丘市,南接许昌市、周口市,北靠黄河,南北宽约 92 千米,东西长约 126 千米,总面积约 6266 平方千米,辖四县五区(城乡一体化示范区)。开封市 2000 年市区面积为 362 平方千米,2005 年到 2017 年都是 546 平方千米,这一数字 13 年间保持不变。2017 年,城市建设用地面积为 125 平方千米,占市辖区面积的比重为 6.88%,这一比重仅相当于全省平均水平的四成,近邻新乡的 1/4,省会郑州的 1/8。这对于一个升级腾飞中的城市、全省新兴副中心城市来说,无疑是一个无形的制约,与城市功能定位应有的空间架构不符。

3. 人口城镇化发展迅速，人口外流严重，但主城区有较强的人口聚集效应

随着经济快速发展，开封市农村劳动力外出流动活跃，开封市城镇常住人口日益增加，城镇化发展随之进入快车道。但开封市近年来常住人口一直小于户籍人口，且差距不断拉大。2019年，开封市常住人口与户籍人口相差70.28万人，人口净流出现象明显，人口城镇化率仅为50.28%，低于全国10个百分点。这说明开封市城镇化水平仍不高，人口外流现象严重。虽然开封市整体人口外流现象严重，但开封市区有一定的人口聚集效应（见图9-1、图9-2），开封中心城区每年净流入接近10万人，表明市区尤其是主城区有较强的人口聚集效应。

图9-1　2005—2018年开封市区户籍人口与常住人口变动情况

数据来源：《开封统计年鉴》。

2009年以来，郑州大都市区内人口聚集能力最强的区县分别为金水区、中牟县、管城区、新郑市，同时这四个区县均位于郑州市的东部和南部地区。此外，龙亭区在开封市整体聚集能力不强的情况下仍然显示出了较强的人口聚集能力，而结合人口数据来看，开封市实现了常住人

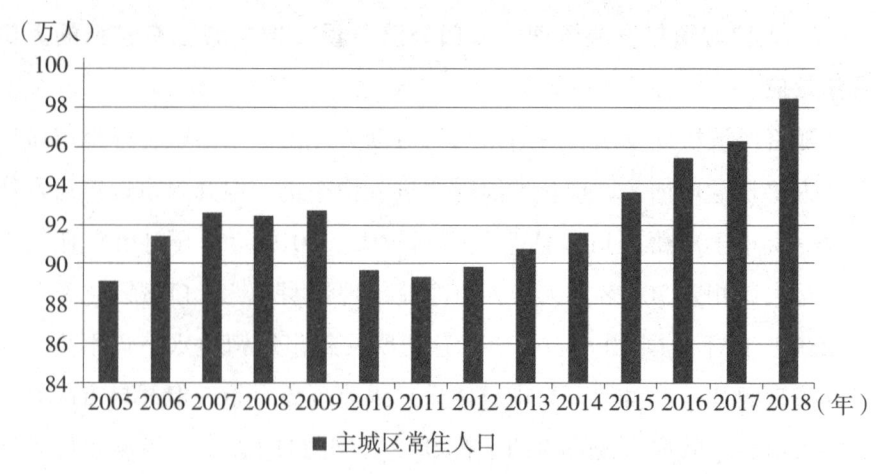

图 9-2　2005—2018 年开封市主城区常住人口变动情况
数据来源：《开封统计年鉴》。

口明显增长的区县为龙亭区和尉氏县。这些区域也是郑东新区、郑州航空港经济综合实验区、汴西新区的所在地，这些结果反映出近年来河南省推进发展航空港、郑东新区、郑汴一体化等战略给开封市带来了机遇。

4. 城区服务功能较弱，县域经济竞争力不强

从区域 GDP 构成看，开封市 GDP 总量 2011 年破千亿元，2018 年突破 2000 亿元关口，完成 2002.23 亿元，至 2019 年，GDP 同比增长 7.5%，但整体经济实力仅相当于郑州市的两成。分县区看，杞县、通许县、尉氏县、兰考县、祥符区（原开封县）均在 200 亿元以上，市区各区除城乡一体化示范区（原金明区）达到 166 亿元外，其他龙亭区、顺河回族区、鼓楼区和禹王台区均不足百亿元。在产业构成方面，由于历史原因，龙亭区和鼓楼区两区二产比重仅为两成，各县区二产比重也多在四成左右，工业基础与实力相对其他城市明显不足。从一般公共预算收入看，2015 年全市突破百亿元（108.3 亿元），至 2019 年达到 154.86 亿元，而市本级仅占 1/3 强（2017 年比例）。从常住人口城镇化水平看，龙亭区、顺河回族区、鼓楼区、禹王台区和城乡一体化示范区 2017 年常住人口分别为 13.9 万人、24.6 万人、15.3 万人、13.8 万人和 28.7 万人，均不足 30 万人。参照民政部《市辖区设置标准（征求意见稿）》规定的"最小的市辖区人口不得少于25万人"，开封各市辖区人口集聚功能尚显不足。

同时，郑州大都市区其他城市中，新乡下辖辉县和卫辉2个县级市，焦作有沁阳和孟州2个县级市，郑州则更多，有5个，而开封目前仍为0个。开封县域经济发展与全省全国先进县域还有很大的差距。可以佐证的一点是，2017年，全市8个产业聚集区中，除政策优势明显的兰考县产业聚集区外，仅有通许县产业聚集区"四上企业"从业人员同比增加7.6%，其他各产业聚集区涨幅基本为0，甚至尉氏县产业聚集区的这一数字为-29.7%，全市整体同比为负值（-4.4%）。因此，农业县工业化发展与县级市改造建设有待破题。

5. 西向对接优势升级，弱核牵引态势尚未改观

开封市中心城区位于城市的西北区域，与郑州市中心城区距离最近，近年来的郑汴一体化有力地拉近了两者的物理距离，日益便捷的交通实现了两地交通一体化的发展，开封对接郑州发展的优势更加凸显。然而，中心城区空间规模、经济规模都较小，若以中心城区为头部，尉氏县和兰考县为两翼，祥符区、通许县和杞县为骨架，要成为腾空的飞鸟，目前还处于弱核牵引的阶段。而且，这一态势在相当长一段时期或许仍难以改观。可喜的是，2014年，原开封县区划调整，祥符区的成立开启了"大开封"建设的新纪元，但如何更快地融入城市发展、改变农业县的面貌仍是着力提升的主要问题。

开封市中心城区（加上城市新区）对全市经济发展的带动力较弱。从开封市区GDP总量与全市GDP总量对比来看（见图9-3），市区GDP占全市GDP比重在2001年到2015年总体呈现下降趋势，2015年之后有所上升，但比重仍低于30%（2018年为25.39%），远低于全省31.3%的水平。经济集聚规模小，经济过于分散的空间格局，不仅反映出开封当前以传统产业为主，创新性产业、高科技产业比重不高的产业结构问题，而且会导致其经济分工水平难以提高，经济效率难以提升，较为突出的负面影响就是难以为生产性服务业发展提供平台支撑。

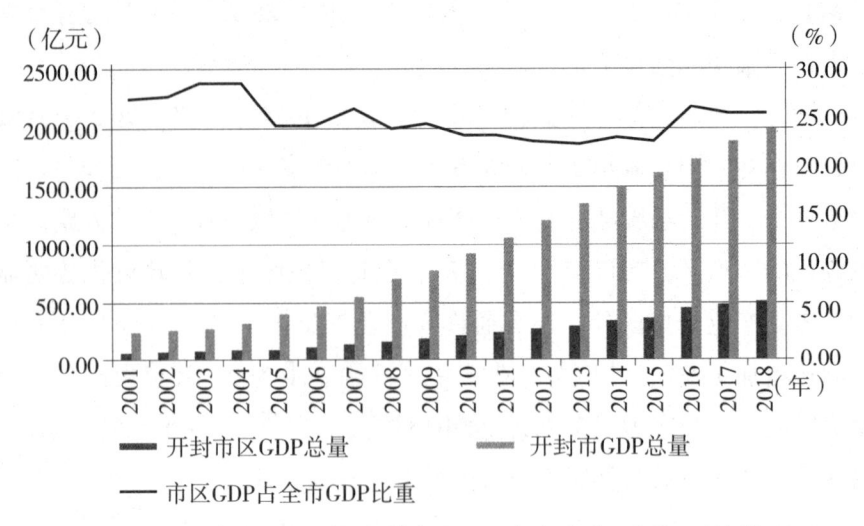

图 9-3　2001—2018 年开封市区 GDP 和全市 GDP 对比情况

数据来源：《河南统计年鉴》。

6. 空间开发失序，区域间经济联系不够紧密

整体上说，开封是平地型城市，这有利于城市的迅速扩展，并且各向基本同性。参照伯吉斯（Burgess）提出的同心圆城市地域结构理论，在自然状态下城市更倾向于围绕单一核心，有规则地向外扩展，形成同心圆结构。因此，外城的拓展基本上是以内城为中心，比较均匀地展开。中华人民共和国成立以来，随着省级行政中心搬至郑州，开封城市空间演进向各个方向发力。以中心城区为核心，东西向的工业区建设、南向过陇海线的开发、近年来向北过东京大道向复兴大道再向北的开发，呈现由中心向外围无限拓展的"摊大饼"格局。与此相对应，城市空间失序开发，区域间经济联系不够紧密，土地利用相对低效。

7. 城市发展战略对城市人地关系调整有重要影响

通过对城市用地扩展的时空特征进行分析发现，1988 年以来，开封市建成区面积增长迅速，由 1988 年的不足 30 平方千米增加到 2017 年的 151 平方千米，30 年时间里，扩展了 4 倍（见表 9-1）。分时间段看，1988—2001 年，城市建成区面积扩展相对较慢，年均增速为

4.8%；2001—2008 年，建成区面积扩展最快，年均增速为 12.76%；2008—2017 年，年均增速相对缓和，为 7.26%。然而，与建成区面积扩展不同的是，市区常住人口的年均增速在各时间段内相差不大，其中 2001—2008 年增速相对更低，2008—2017 年增速相对更高（见表 9-2）。这说明政策（城市战略）效应对城市用地扩张的影响非常明显，但对人口集聚的影响有滞后性。从建成区面积扩展速率与城市人口增长速率之间的关系，即扩展弹性系数来看，建成区面积年均增速始终高于人口增长的幅度，人口城镇化进程明显滞后于城市空间扩展进程。弹性系数数值在三个时间段经历了倒 U 型变化，这表明在城市发展的某个阶段，用地扩张速度远远高于人口增长速度，人地关系不够和谐在某种程度上可表征为建设用地的过度供给或低效承载。欣喜的是，2008 年以来，开封城市发展战略和相关政策的出台有力地改变了城市人地关系的格局，一定程度上抑制了城市建设用地对耕地的大量侵占。预计未来一个阶段，城市建成区面积扩展弹性系数仍会呈现波浪式变化，反弹至一个新的高点，即整体上用地增长与人口增长存在此消彼长、伴生前进的态势。

表 9-1　1988—2017 年开封市市区人口与建成区面积

年份	1988	2001	2008	2017
市区人口（万人）	66.16	78.09	84.80	96.30
建成区面积（平方千米）	29.69	48.22	91.31	151.00

数据来源：《河南统计年鉴》和《中国城市统计年鉴》（1989—2018 年）。

表 9-2　1988—2017 年各时段开封市建成区面积与市区人口增长状况

时期	1988—2001 年	2001—2008 年	2008—2017 年
建成区面积年均增长率（%）	4.80	12.76	7.26
市区人口年均增长率（%）	1.38	1.22	1.51
建成区面积扩展弹性系数	3.46	10.40	4.82

数据来源：《河南统计年鉴》和《中国城市统计年鉴》（1989—2018 年）。

二、开封空间演进的战略机遇

(一) 国家战略引领：黄河流域生态保护和高质量发展

2019年9月18日，习近平总书记在郑州主持召开黄河流域生态保护和高质量发展座谈会并发表重要讲话。他强调，"黄河流域在我国经济社会发展和生态安全方面具有十分重要的地位"。同时指出："黄河流域生态保护和高质量发展，同京津冀协同发展、长江经济带发展、粤港澳大湾区建设、长三角一体化发展一样，是重大国家战略。"这一战略为黄河流域经济转型提供了具有前瞻性的顶层设计，为北方地区向西部开放发展、构建丝绸之路经济带描绘了发展路线，对黄河流域省市发展提出了新的要求，需要郑州、开封等沿黄区域中心城市有更大的担当和创新的智慧。

当前，开封市正抢抓黄河流域生态保护和高质量发展重大国家战略机遇，强力推进黄河文化遗产的系统保护，深入挖掘历史文化蕴含的时代价值，全面启动引领性、示范性项目建设，高质量建设"一带、一馆、一城、一中心、一讲述地"[①]等项目载体，全力推动黄河流域生态保护和高质量发展。

(二) 区域规划叠加：郑州大都市区郑汴港核心引擎区

结合黄河流域生态保护和高质量发展、大运河文化带建设、郑州大都市区建设、古都保护与修缮等规划，启动国土空间总体规划修编，推动国土空间规划一体化，推进城市地上地下一体规划建设。科学编制"十四五"规划、国土空间总体规划、乡村振兴战略规划、产业聚集区

---

① 根据相关规划，"一带"即沿黄生态廊道示范带，以生态为基、文化为魂，打造一条集绿色生态、文化展示、休闲娱乐、科普研究于一体的复合型生态廊道；"一馆"即黄河悬河城摞城展示馆，打造自然黄河悬河奇观展示地，展示开封"依水而生、因水而兴、因水而衰"的历史文脉；"一城"即宋都古城，加快实施宋都古城保护与修缮工程，更好地传承弘扬上承汉唐、下启明清的宋文化，着力打造"黄河明珠、八朝古都"；"一中心"即国际黄河文化交流中心，依托千年铁塔、百年河大和明清古城墙，打造黄河国际文化论坛永久会址；"一讲述地"即东坝头中国共产党治黄故事讲述地，打造国家红色基因传承教育基地。

发展规划等，谋划建设城市-区域发展功能片区，形成中原城市群、郑州大都市区、郑汴港相协调的规划体系，涵盖开封"西强、北美、东兴、南融、中保"的城市空间战略定位。如《郑州大都市区空间规划（2018—2035年）》提出，要构建"一核、四轴、三带、多点"的空间格局。其中的"一核"即"郑汴港核心引擎区"，由"郑州主城区、航空港区、开封主城区共同组成"，功能角色是要成为"大都市区发展的核心动力引擎"。实现该功能角色的路径和抓手主要包括："加快提升郑州国家中心城市核心竞争力和综合服务功能，发挥航空港区对外开放平台作用，构建开封文化与国际交往平台，建设郑东新区与白沙组团高端商务金融服务中心、郑州高新区创新中心、航空港区枢纽中心与开封老城文化中心，推动自贸区郑州片区与开封片区的协作，共同建设郑开创新创业走廊和区域生态绿心，推动郑汴港交通、产业、生态、文化等多方面融合发展。建设紧密协作、高效有序的核心区，带动大都市区一体化发展。"

（三）文化空间转向：集全省之力支持开封宋都古城保护与修缮工作

开封是国务院通过的全国首批历史文化名城。1985年在全省率先完成《开封市历史文化名城保护规划（1985—2000年）》，其后，历届市委市政府始终坚持古城保护的理念，多年来一直坚持保护古城风貌，保持了完整的城市格局和文化肌理。立足新起点，《开封宋都古城保护与修缮规划（草案）》（2019年）作为中心城区的专项规划完成编制并原则通过专家评审。2020年2月28日，河南省开封宋都古城保护与修缮工作领导协调机制第一次会议在开封市召开。会议贯彻落实习近平总书记关于黄河流域生态保护和高质量发展的重要讲话精神，贯彻落实习近平总书记关于古城保护和文化遗产保护的重要论述和批示指示精神，贯彻落实省委省政府的相关决策部署，从全省层面推动开封宋都古城保护与修缮工作。时任省委常委、常务副省长黄强主持会议并讲话，强调要坚决贯彻习近平总书记重要讲话和指示精神，扎扎实实落实省委省政府工作安排，集全省之力支持开封宋都古城保护与修缮工作。会议提出，要进一步完善开封宋都古城保护与修缮规划，争取开封宋都古城保护与修缮及黄河悬河城摞城展示馆建设等项目纳入国家黄河流域生态保护和高质量发展规划，纳入国家规划大盘子。立足开封历史文化底蕴深厚的资源优势，以中心城区古都保护规划为引领，深入发掘、展示宋文化内涵，讲好开封故事，讲好黄河故事，是开封市义不容辞的责任与担当。

(四)"双城记"升级版：郑汴一体化深度发展

2019年12月，习近平总书记在《求是》杂志发表题为《推动形成优势互补高质量发展的区域经济布局》的重要文章，指出"统筹区域发展从来都是一个重大问题"，明确了新形势下促进区域协调发展总的思路，即"按照客观经济规律调整完善区域政策体系，发挥各地区比较优势，促进各类要素合理流动和高效集聚，增强创新发展动力，加快构建高质量发展的动力系统，增强中心城市和城市群等经济发展优势区域的经济和人口承载能力，增强其他地区在保障粮食安全、生态安全、边疆安全等方面的功能，形成优势互补、高质量发展的区域经济布局"。在河南省委省政府的领导和具体推动下，郑州、开封两市共同努力，形成了"五同城一共享"的发展局面，郑汴一体化扎实推进。2019年12月17日，郑汴一体化深度发展座谈会在郑州召开，郑州、开封两市就积极推进郑汴一体化深度发展进行深入对接交流，一致认为要抢抓国家黄河流域生态保护和高质量发展、中部地区崛起、大运河文化带建设、大中小城市和小城镇协调发展等重大战略机遇，围绕规划共绘、防洪共抓、生态共保、交通共联、产业共建、文化共兴、服务共享等方面进行积极探索，在更高水平、更大范围、更深层次上推进郑汴一体化优先发展、深度融合发展，完善规划衔接机制、工作推进机制、政策协调机制，进一步加快郑汴港核心引擎区建设，打造郑州大都市区核心增长极。

（五）城市空间定位："两城两都一支点"

作为开封市高端新型智库，中原发展研究院长期关注开封城市-区域发展，认为过去十余年开封经济走出低谷有赖于"郑汴一体化"政策的驱动，未来实现崛起和复兴仍需依托郑州谋发展，在郑州大都市区体系中找准自己的位置，放大比较优势，大规模吸引人流和创新要素聚集，发展经济新业态，形成制造业增量突破和极具内生动力的增长中心，带动整个城市经济社会发展走上良性运转的轨道。在此基础上将开封城市定位为：国际文化旅游名城、中原现代服务业之都、郑州大都市区重要的创新中心、郑汴港核心区的重要支点、沿黄地区最具魅力的生态宜居现代化都市。2018年7月27日，开封市委十一届六次全会暨市委工作会议召开，明确开封在中原更加出彩中的准确定位，指出在城市和产业转型中要"以创新为驱动建设新型工业化城市，以开放为引领建设国际文化旅游名城，打造中原现代服务业之都、生态宜居魅力古都、郑汴港核心重要支点"，并进一步提出了"西强、北美、东兴、南融、中保"的城市片区规划目标（见图9-4）。

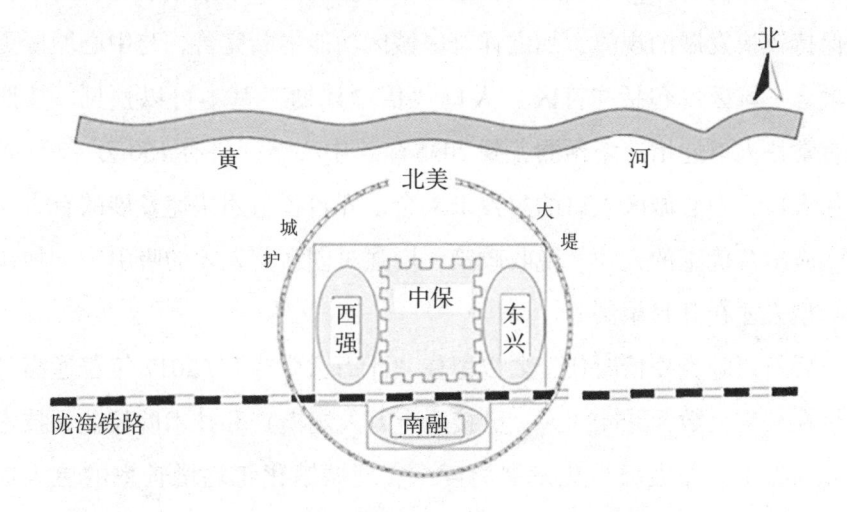

图9-4 开封城市片区规划目标示意图

资料来源：开封市自然资源局。

三、开封空间发展取向与举措

开封发展的关键是经济,经济发展的核心在于打造郑州大都市区的特色优势产业集群,基本途径是优化发展环境以招商引资引智,吸引全市全省全国全球的人流和要素向心集聚,持续扩大城市规模。

通过分析可以发现,历史上开封城市空间格局呈现出内向集聚和"左右摇摆"两种态势,前者不利于古城保护,后者形成了对古城的"围城"之势,也不利于新功能、新产业集聚。"摊大饼"式粗放发展的动力分散,运行效率不高,内部节点功能耦合不够。

(一)城市发展规模预测

扩大城市规模是一个城市提升发展层次的重要方式。2018年,开封市区常住人口规模为98.42万人(不包括祥符区66.78万人),按照近年来市区常住人口每年约增加1万人的态势,2020年,中心城区常住人口将突破100万人口规模。以此为新的起点,预计未来15年,市区常住人口仍将保持当前的增长态势。结合城市在半数城镇化背景下仍将保持较快发展的规律,加之祥符区城区功能不断完善、与中心城区更加融合,城区(包括祥符区)人口"倍增计划"基本可以预见。按照现有常住人口递增速率预测,到2035年,中心城区将有150万~200万常住人口,中心城区人口的集聚未来会是开封各组团快速发展的有力支撑。应出台优惠的人才、税收政策,增强对创新型人才的吸引力,加快创新型人才在开封聚集。

后新冠肺炎疫情时代,要以留住"十万大学生"(2017年普通高等学校在校生人数为95453人,已接近十万人规模)和技术院校蓝领技术人才为抓手,加大城镇化发展力度,实现城镇化年均增长率的更大提升,这也是应对开封市人口结构挑战(老龄化)的重要举措。

(二)城市空间重构的战略取向

在新一轮综合发展阶段已经到来之际,开封要突破半数城镇化,发展方向必须有所侧重，打破以古城为核心的单中心、圈层式发展模式，向区域战略核心地区挺进，接轨郑州、航空港两大门户，抢占战略高地，推进多轴向、网络化发展，提高城市区域地位，打造"两城两都一支点"，实现开封复兴。

综合对当前影响城市发展方向和空间布局的限定要素和引导要素的分析判断，确定城市空间发展重点是扩大城区规模，强化"双核"引领，城区西向融合，形成郑州大都市区郑汴港三角联动发展格局，连通大都市区外围环廊，采取各方发力的策略完善城市空间布局。

指导思想：全面贯彻落实党的十九大精神和习近平新时代中国特色社会主义思想，深入学习贯彻城市区域发展新理念、新思想、新战略，以黄河流域生态保护和高质量发展战略与郑州大都市区郑汴港核心区建设为统揽，以"两城两都一支点"为支撑，坚持"一带三轴、双核多点"的城镇体系格局，着力发展文旅经济，着力提升文创能力，着力增强综合实力，全民建设具有历史文化、人文魅力和现代宜居的新型副中心城市，在推动郑州大都市区、中原城市群一体化发展，支撑中部崛起中做出更大贡献。

"一带"是打造大都市区沿黄的黄河生态文化带；"三轴"是由西向郑州市中心城区东至兰考的北部发展轴，由西南向航空港区东至通许、杞县的南部发展轴，由汴西新区南至航空港区的开港发展轴；"双核"是中心城区和汴西新区两大发展引擎；"多点"是以市域内部的尉氏县、杞县、兰考县，以及朱仙镇、大营镇等为节点，形成多点开花、竞相发展的城镇体系。

在城市中心区规划建设上，要着重突出中心城区和城市新区的"双核"带动，在空间规模有序扩展中，实现以下空间布局目标。

西进西强：以向西、西南发展为重点，发展对接郑州和航空港、面向全域的城市服务职能，承载新型工业化和现代服务业发展，引领城市西向融合发展。

中保中优：控制古城居住人口规模和建设强度，以古城保护与修缮为契机，强化国际文化交流，建设国际文化旅游名城。

北扩北美：适度向北扩张，拓展至复兴大道以北；推进黄河沿岸湿地及水源生态保护，建设沿黄生态廊道示范带。

东调东兴：调整改造东部和东南部地区的功能，加大产业集聚和产业承载能力，提升祥符区城市功能。

南改南融：通过路网和火车站地区综合改造，带动南部城区融合发展，提升南城面貌。

四、开封空间发展战略举措

（一）加快推进大都市区空间协同发展

1. 创建郑汴港国家级城市新区

当前，推进"郑汴一体化"由点轴模式转向"城市三角"网络化发展模式是开封发展的重要现实选择。国家级新区是支撑大城市持续拓展的新空间，是新功能的聚集地、新机制的试验田，是城市最具活力的增长点。随着近年来河南省城市化的发展，建设国家级城市新区的条件已经成熟。从物理空间看，郑州大都市区框架内，郑汴港三点距离最近；从城市功能看，两城一港的城市功能最为互补；从城市-区域发展战略看，城市三角汇聚了整个郑州大都市区各种最重要的功能。因此，以"郑汴港核心引擎区"打造"大都市区发展的核心动力引擎"和国家级城市新区的时机已经到来。2019年8月，省委办公厅、省政府办公厅联合印发了《郑州大都市区空间规划（2018—2035年）》。根据规划，开封将着力发挥文化休闲与国际交往的重要功能，依托自贸区开封片区、郑开创新创业走廊、开港产业带，推动郑汴港交通、产业、生态、文化等多方面融合发展，建设紧密协作、高效有序的大都市区核心区。郑汴港城市三角空间规划示意图如图9-5所示。

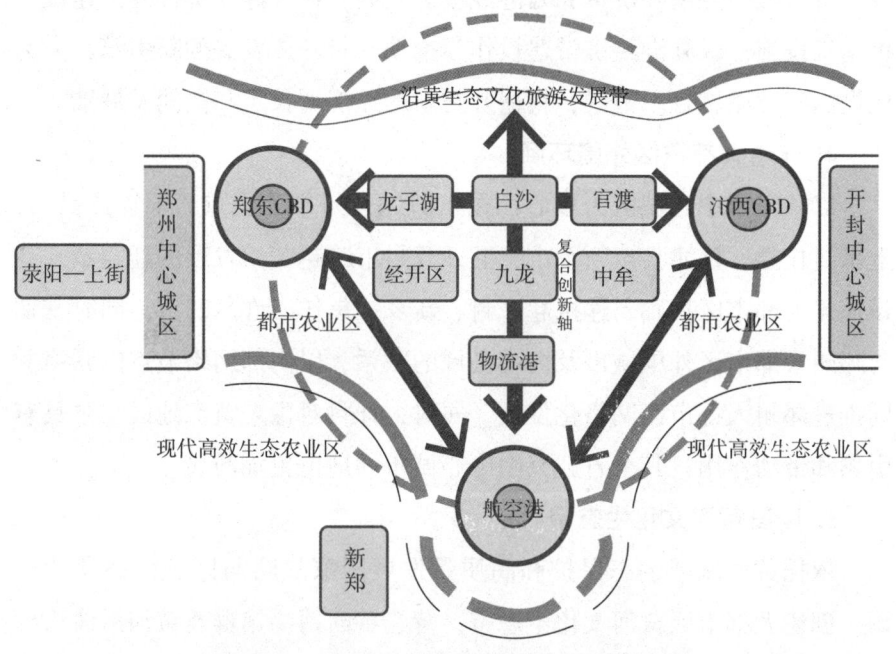

图 9-5 郑汴港城市三角空间规划示意图

2. 深入推进"郑汴同城化"

推进"郑汴一体化"升级版，要持续深化郑汴全线对接，实施一批重点工程，聚力推动郑汴同城发展。要以交通一体发展为先机，以CBD、自贸区开封片区为起点，以新型工业化和现代服务业空间承载为主体，推进产业同城化协力协作，建设两城间南北 10 千米宽的城市产学研示范带（适度规划留白），推进郑汴公共服务、生态环境一体共建共享，推动国土空间规划协调协同，构建便利普惠的同城化机制和大都市区未来发展的战略空间，统筹战略发展布局。

3. 加快建设开港经济带

2019 年年底前开港大道实现全线贯通，加强了开封市及沿线县区与郑州航空港经济综合实验区、郑州国际陆港的经济联系。未来城市资源要以机场为中心来配置，加快发展航空指向性产业；充分发挥开港经济区综合交通优势，着力打造国际航空货运集散基地；以开港大道为轴线，着力推进开港经济带和开港经济区发展，在开港经济带开工建设一批基础设施，以开港经济带建设作为推动开封开放发展的新引擎，大力建设国家产城融合示范区，打造开封新的经济增长点和空间发展轴。

4. 连通大都市区外围环廊

以郑州市中心城区为核心，在东向以开封市为支点，下连许昌市，上串封丘县、延津县至新乡市，翻开开封市跨越黄河发展的新篇章。建设郑州大都市区环廊，连接起开封、新乡、焦作、许昌四市，同时密切与郑州大都市区外围城市及内部县域的联系，以内部网络节点的联络共同推进郑州大都市区网络化发展。届时，开封对豫东黄淮地区也更具有引领和带动作用，其全省新兴副中心城市的地位更加凸显。

5. 建设黄河文化生态带

依托黄河流域生态保护和高质量发展国家战略与区域生态文化资源，创建大都市区黄河文化生态带，营建黄河博物馆群及黄河沿线重要城市微缩景观园等标志性场馆，推进黄河生态保护与绿色发展。要顺应国家战略要求，加快推进沿黄生态文化资源要素整合，加快城市周边生态农业、现代农业、滨河产业、文化产业等的发展，由点到带，推进黄河流域高质量发展、协调发展。

(二) 强化城乡融合与乡村振兴

1. 打造县级城市支点

撤县设市（区）意味着一座县城晋升为市（区），走上了城市化的道路，是实现县域经济快速发展的重要途径。如果一座县城实现"撤县设市（区）"的转变，那么就会告别以前以农业为主的发展模式，工业和服务业将成为经济社会发展的主体，承载更多的城市建设功能。当前，应着力培育和壮大开封的"两翼"县城：兰考县和尉氏县。两县应发挥地理位置接近、交通便利和拥有政策红利等战略优势，积极融入河南"半小时交通圈"，建设大型内陆物流港，在经济发展和城市建设等各个方面都力争达到县级市的标准，力争为县域和开封带来更大的发展机遇和发展空间。

2. 适度打造特色小镇

以县城为中心，着力打造朱仙镇、西姜寨等一批特色小镇，规范引导小城镇、特色小镇和中心村发展，如西姜寨高等教育园区积极融入开港经济带等。另外，建立城乡一体的教育、医疗、养老、文化等公共服务保障机制。

3. 有效实施乡村振兴战略

持续开展农村承包地"三权分置"、集体产权制度改革，做好乡村土地全域综合整治试点工作，有序推进农村人口向城镇转移，逐步盘活农村土地资源，壮大农村集体经济。以乡村规划为引领，着力推进乡村产业、人才、文化、生态、组织"五个振兴"，强化土地、资金、政策等要素保障。落实粮食安全责任制，稳定粮食生产能力，推动粮食产业提质增效。改善农村人居环境，完善百个示范村基础设施和公共服务设施，提升兰考县省级乡村振兴示范县建设水平，打造县区乡村振兴示范带，创建美丽乡村。

（三）促进城市提质增效

1. 推进城区区划调整

根据民政部《市辖区设置标准（征求意见稿）》对市辖区人口规模的要求，借鉴北京、杭州等地城区合并调整的做法，建议适时调整行政区划，合并鼓楼区和禹王台区，实现"小区"变"大区"，弱城区变为"强中心"，逐步壮大城区规模与实力。推进城区人口"倍增计划"，扩大开封市区范围。有序推进新一轮城市区域发展规划编制，为应对未来发展的不确定性，主动进行战略留白，为城市大事件预留发展空间。

2. 土地集约利用，建设宜居城市

坚持以"五城联创"为抓手，加快建设人民满意的城市。改善城市环境，实施一批街景整治工程，着力提升夜市、美化夜景。高标准、全方位完成老旧小区和背街小巷改造。推进开发新区建设土地集约利用，以公共交通为导向（TOD）探索更具可持续性的城市新区模式，建成公安交通指挥中心，拓展数字城管平台功能，建设宜居开封。

3. 古都保护与修缮

借鉴苏州等历史文化名城的规划建设，加强宋都古城保护与修缮，落实《开封宋都古城保护与修缮规划》，开展文物保护性修缮，传承和保护汴绣、盘鼓等非物质文化遗产，建立城市文化基因库，推进城市提质工程。充分发挥高校研学优势，传承弘扬黄河文化、宋文化、民俗文化，争创河南省研学旅行基地。大力支持自贸区开封片区申建国家文化出口基地，积极申报大运河国家文化公园及重点项目，加快朱仙镇国家文化生态旅游示范区建设，高标准打造宋都皇城旅游度假区。在后新冠肺炎疫情时代，顺应潮流，创新发展"虚拟旅游""体验游"，大力做好境外宣传引导，发展国际入境游，争创国家文化和旅游消费示范城市。

4. 强化科教文旅特色功能区建设

沿东京大道密集布局城市科教资源，打造郑州大都市区科教文旅特色功能区，大力度促成国内外高水平大学和高端研究机构等创新平台在郑汴双创走廊开封一侧落地或办分校，如同宁波引进诺丁汉大学。将全市学校尽可能地集中，实现教育规模化。在高校中发展科研，在科研中创新科技，使科技连接产业、装备制造、文化旅游，促进科教文旅的发展。谋划建设创业园，对创业者给予有效支持，加快新产业、新业态的成长步伐。

5. 从 CBD 到 CAZ：打造城市双核

与郑州东区已有商务中心和北龙湖金融岛两个现代化 CBD 不同的是，一方面，开封市寻求构建的是以体育、演艺、会议、购物为中心和重点的 CBD，以实现错位发展、补充竞合；另一方面，比 CBD 概念更合适的是 CAZ（Central Activity Zone，中央活动区），其消除了传统 CBD 在技术咨询、医疗保健等一批现代服务业上发展滞后，居住功能弱化的弊病，可以实现功能复合、土地混合利用，因而开封市应着力打造更加包容的中央活动区和多功能城市中心。尤其是后新冠肺炎疫情时代，城市对包括公共卫生空间在内的城市公共空间有了更多要求，应在进一步完善郑开两城之间交通基础设施和公共服务体系的基础上，谋划建设集文化演艺、体育竞技、会议会展、宾馆酒店、大型购物、观光休闲等功能于一体的大型综合性商业文化休闲片区，打造市民集聚的公共场所。要以规划为引领，尽早尽快促成在新区 CBD 落地。要分流郑州的部分功能，实现宜居宜业，为整个郑州大都市区乃至整个中原城市群提供相应的活动和服务。

（四）完善城市骨架

1. 交通路网

按照现有北面连霍高速、西面安罗高速、南面郑民高速、东面大广高速的城市四至边界，确定开封市区新框架。完成连霍高速龙亭站主体工程，打造城市南北向交通轴线，推进城市千年中轴线展示。推动郑汴港交通一体发展，推进郑开大道快速化改造，加快郑开科学大道等工程建设，通过轨道交通加强中心城区、开封新区与郑州主体功能区的交通往来，规划建设连通开封至郑州南站、开封至新乡或平原新区站的环郑州城际铁路。另外，持续推进城市市政设施的提质扩容。

2. 城市水脉

一是"一渠六河"建立起了城市中心城区水脉，要在现有基础上丰富水体沿线基础设施、绿化与生活服务配套，建设四方连通的滨水空间。二是加快推进宋都水系等工程建设，实现铁塔湖、龙亭湖、包公湖的水体贯通，完成中心城区内部水系连通工程，推进水上一体旅游。三是建设中心城区外部水体，以汴西湖为主体，从金明池、中意湖、运粮湖、银基水世界直到中牟东湖，打造城市西向文化旅游发展的水体名片。四是推进"城市双修"，开展"海绵城市"建设。加强流域生态保护，集约利用水资源，有效开发城区地热资源，开源节流，提高承载能力，并以水资源承载为限谋划城市发展，打造"城中有水、水中有城"的 2.0 版本，再次闪耀"北方水城"这一招牌。

3. 明清城墙

加快推进明清城墙贯通。以古城马道、城摞城遗址为载体，借助现代光影技术，建设城墙玻璃栈道，改扩建古城墙博物馆，通过城垣修复和连接工程，贯通历史上壮观的城墙。创建国家考古遗址公园、国家文物保护利用示范区，建设城墙内环、外环通道以及沿线公园绿地，打造全国"城墙文化"高地。为维护历史文化名城开封的城市总体风貌，复兴宋文化，按照文物保护部门的规划，在现有（或现已恢复）的西门（大梁门）、北门（安远门）的基础上，陆续恢复小南门（新门）、曹门（仁和门）、宋门（丽景门）、大南门（南熏门）等城门，并顺时恢复城门历史命名。同时，积极推进中国明清城墙联合"申遗"工作，让明清城墙在传承文明、承载城市功能、融入现代城市发展中找到位置，体现价值，延续历史文脉。

第十章 战略篇（四）

宋文化深度挖掘和打造魅力古都目标与途径研究[①]

一、魅力古都的文化积淀和核心区域

（一）魅力古都的文化沉淀

作为历史文化名城，开封迄今已有4100余年的建城史，先后有夏、战国时期的魏，五代时期的后梁、后晋、后汉、后周，北宋和金相继在此定都，故开封素有"八朝古都"之称。孕育了上承汉唐、下启明清的宋文化的北宋时期是开封影响力最大最深远的时期。大家熟知的众多历史名人，如铁面无私包青天、满门忠烈杨家将、变法图强王安石、画家张择端等均出自这一时期。公元1000年，坐落在黄河岸边的古城开封是世界上最大的城市，人口超过百万。

如今，开封是我国著名的八朝古都、中国八大古都之一、中国历史文化名城、中国优秀旅游城市、中国菊花名城、中国书法名城、中国收藏文化名城、中国成语典故名城、河南省新兴副中心城市、中原经济区核心区城市、郑州航空港经济综合实验区主体城市之一、郑汴一体化发展的重要一翼。开封区位交通优越。开封西与省会郑州市毗邻，东与商丘市相连，南接许昌市和周口市，北依黄河与新乡市隔河相望。陇海铁路、郑徐高速客运专线横贯全境，京广、京九铁路东西为邻，连霍、日南、大广、郑民四条高速公路相互交织，郑开大道、郑开物流通道、郑

[①] 课题组成员：李燕燕、刘涛。

汴路直通省会，郑开城际铁路连接郑州地铁。开封市辖杞县、通许县、尉氏县、兰考县、祥符区、龙亭区、顺河回族区、鼓楼区、禹王台区和城乡一体化示范区共4县6区。全市总面积6266平方千米，总人口550万人。开封是一座全城一景的城市，人文景观和自然风光交相辉映。拥有国家5A、4A级旅游景区10家，全国重点文物保护单位19处；市内分布有五湖四河，水域面积170公顷，占老城区面积的1/4，因而开封素有"北方水城"之称。开封每年春天举办的中国开封清明文化节、秋天举办的中国开封菊花文化节，吸引了众多国内外游人。

（二）宋文化的特征：包罗万象、成就卓越

宋文化门类繁多、包罗万象，不仅涵盖天文、地理、科学技术，以及众多民间技艺，而且在诗词、音乐、书画、市井民俗等方面都有卓越成就。宋代诗词和书法成就斐然，是宋朝历史文化的辉煌标志之一。宋代诗词是在唐诗的基础上发展而来的，极具自己的特色。宋诗的成就虽然不如唐诗，但在中国文学史上也占有重要地位。宋代著名词人有李煜、柳永、李清照等。宋代著名书法家有蔡襄、苏轼、黄庭坚、米芾。宋代有很多发明，中国的四大发明中，有三项是在宋代发明而成的，分别是活字印刷术、指南针、火药。北宋时期的绘画也得到了进一步发展，山水画、花鸟画更加成熟，传世作品也比较多。北宋时期也经常开展音乐活动，民间艺人非常多。宋朝的民俗文化更是遍布在城市的各个角落，主要体现在餐饮、礼仪、服饰等方面，如今开封许多著名小吃就是在宋朝发展起来并一直延续至今。北宋时期的饮茶之风极为盛行，茶文化渗透到宋朝社会的每一个角落，上至皇宫、官府，下至百姓之家。北宋时期政府取缔了"宵禁"，打破了坊市制度，夜市也开始兴盛起来，商店、娱乐场所经常营业到半夜三更。夜市未了，早市开场，间有"鬼市"，其商业发展水平在中国古代史上是空前的。

（三）魅力古都的核心区域：宋都古城

作为华夏文明的主要起源地、北宋的都城，开封是幸运的，也是不幸的。经过一次又一次的天灾战乱，开封城受到了多次严重破坏。现在开封城地下有六座古都城遗址，形成了令世人叹为观止的"城摞城"奇观。中华人民共和国成立后，在各级政府和社会各界的大力支持下，众多文物古迹得到保护、修缮和恢复。根据开封文物古迹、主要景区的分布，以及《开封市旅游发展总体规划》（2011年）、《开封市旅游产业转型发展行动方案（2017—2020年）》、《开封宋都古城文化产业园区发展规划（2008—2015年）》、《开封宋都古城保护与修缮规划（草案）》（2019年）等，开封魅力古都的空间范围可用"一城一轴、两带三环、五湖十河、十片街区"加以概括。[①] 其核心区域无疑是明清城墙以内面积13平方千米的宋都古城。

根据《开封宋都古城保护与修缮规划（草案）》（2019年）设定的宋都古城保护和修缮工作目标，将沿用北宋东京城厢坊模式，13平方千米的宋都古城被划定为"四厢二十坊"。

二、开封文化旅游发展状况

近十几年来开封旅游业取得的成绩以及各级政府为之付出的努力有目共睹。旅游业是郑汴一体化战略实施以来开封经济最亮眼的板块。这里选取郑州、洛阳、西安、南京及宋文化的另一个代表城市杭州等文化旅游业发展的典范城市，作为我们分析开封旅游业发展状况的对比城市，更多考虑的是通过对比找到差距，明晰开封未来发展的方向和重点。

（一）旅游业增速喜人，呈井喷式发展

开封文化旅游近十几年来可谓呈井喷式发展。2005—2018年开封旅游总收入由50.6亿元增至602.2亿元，年均增速高达20.99%，

[①] 一城：明清城墙内宋都古城；一轴：御街中山路千年城市轴线；两带：古汴河运河文化带、运粮河运河文化带；三环：明清城墙保护环、宋外城遗址保护环、明防洪大堤保护环；五湖：龙亭湖、包公湖、西北湖、铁塔湖、阳光湖；十河：广济河、御河、古汴河、惠民河、利汴河、龙阳河、东护城河、南护城河、西护城河、北护城河；十片街区：双龙巷历史保护区、马道街历史保护区、书店街历史保护区、御街中山路历史风貌区、鼓楼田字块历史风貌区、保定巷历史风貌区、花井巷历史风貌区、河大明伦历史风貌区、顺河东大寺历史风貌区、繁塔禹王台历史风貌区。

2015—2018 年旅游总收入增速更是高达 34.94%。游客接待人次由 2005 年的 1641 万人次，增长至 2018 年的 6807 万人次。从增速上看，2005—2018 年开封旅游总收入增速仅低于西安，而 2015—2018 年开封旅游总收入增速超过课题组选取的五个对标古都。无论是旅游总收入还是旅游总人次，增速均远远超过本省的郑州和洛阳（见表 10-1、表 10-2）。旅游总收入占 GDP 比重由 2005 年的 15.56%，增长至 2018 年的 30.08%。可以说正是开封旅游业带动了开封第三产业的快速发展，成为开封经济发展的主要支撑且作用不断强化。

表 10-1　开封等古都 2005—2018 年旅游总收入及年均增速

城市	2005 年（亿元）	2010 年（亿元）	2015 年（亿元）	2018 年（亿元）	2005—2018 年年均增速（%）	2015—2018 年年均增速（%）
开封	50.6	128.4	245.1	602.2	20.99	34.94
郑州	178.0	509.0	1004.2	1387.4	17.11	11.38
洛阳	104.8	302.0	780.0	1148.4	20.22	13.76
南京	379.0	951.6	1688.1	2460.2	15.47	13.38
西安	178.5	405.2	1073.7	2554.8	22.72	33.50
杭州	465.0	1025.7	2200.7	3589.1	17.02	17.71

数据来源：各地历年统计年鉴、公报。

（二）旅游业体量相比其他古都仍存在较大差距

开封旅游虽然已经成为过去十几年来开封经济发展中一道亮丽的风景线，但与其他古都相比，开封旅游业的总体量仍然存在不小的差距。2018 年杭州旅游总收入已达 3589.1 亿元，开封仅为 602.2 亿元。即便是与本省的郑州、洛阳相比仍然存在不少的差距，即尚不足郑州旅游总收入的 45%，也仅仅是洛阳旅游总收入的 52%。此外，长久以来困扰开封旅游业发展的问题是：游客人均消费低，一日游占比高的情况并未得到根本的解决。以 2018 年为例，开封游客人均消费为 884.7 元，而郑州游客人均消费为 1216 元，杭州游客人均消费则高达 1950 元。

表 10-2　开封等古都 2005—2018 年旅游总人次及年均增速

城市	2005年（万人）	2010年（万人）	2015年（万人）	2018年（万人）	2005—2018年年均增速（％）	2015—2018年年均增速（％）
开封	1641	3469	4492	6807	11.56	14.86
郑州	1792	4832	8674	11410	15.30	9.57
洛阳	2146	6079	10430	13200	15.00	8.17
南京	3308	6497	10234	13400	11.36	9.40
西安	2424	5085	13601	24739	19.57	22.07
杭州	3417	6581	12342	18403	13.83	14.25

数据来源：各地历年统计年鉴、公报。

（三）旅游业的国际化程度弱

在《开封宋都古城保护与修缮规划（草案）》（2019年）中，开封旅游的战略定位之一是"国际全域文化旅游目的地"。但无论是与自身相比还是与其他古都相比，开封旅游业的国际化程度都亟待提高。2010年开封接待游客总人次为3469万人次，其中境外游客20万人次，占比仅为0.58%，远低于杭州4.19%的境外游客占比。到了2018年虽然境外游客接待人次提升至33.1万人次，但其占比却降至0.49%。而同省的洛阳其境外游客接待人次则增幅明显。因此，无论是从自身境外游客接待人次来看还是与其他古都相比，开封旅游的国际化程度都明显偏低。

（四）以宋文化为代表的旅游IP亟待深度挖掘

根据途牛网发布的相关数据，2019年春节，开封游客总接待量为291.55万人次，同比增长0.92%；旅游综合收入为19.91亿元，同比下降1.3%。2019年"十一"假期，开封游客接待总量为517.6万人次，旅游总收入为31.12亿元，同比略有下降。目前开封旅游拿得出手、市场反响大、能吸引游客的旅游IP仍然是几年前甚至是几十年前大家就已经耳熟能详的。虽然近年来开封对境内旅游资源的开发力度很大，但是能称为旅游目的地的"IP"① 十分缺乏，这与前文我们已经指出的宋文化包罗万象、成就卓越的特点看似矛盾，实则反映出当前宋文化的挖掘深度还不够，把它转化成旅游资源以及以开封为旅游目的地开发旅游 IP 的工作还亟待加强。

因此，能否拥有吸引人来的旅游 IP 是一个地方旅游业能否成功的关键。过去十几年开封旅游业能取得显著成绩，恰恰是因为抓住了国民经济发展到一定阶段后消费升级对旅游产品需求急剧膨胀的机遇，把具备 IP 潜质的旅游资源成功打造成了旅游 IP。试想哪一个中国人不知道《清明上河图》，不知道铁面无私的包拯包青天，哪一个不是从小就听杨家将、水浒传的故事。支撑开封旅游的恰恰是基于上述广为人知的历史文化资源而开发出来的旅游项目。

1. 提升老字号品牌，延长现有旅游 IP 的产品链条

老字号是开封古都的名片，人们来到开封，都要去第一楼、又一新、京古斋这些老字号，但是这些老字号已经没有了那种让人去了还想去的魅力，不同程度地都面临着亟须提升品质的状况。另外，开封老城传统景点的整体呈现单一，挖掘不够，没有形成丰富的链条。清明上河园能够成为开封新的城市名片，就是走了一条拉长链条的路子。早期清明上河园虽然依托《清明上河图》的美誉，有一定的知名度和粉丝群体以及明显的地域特色和内容性，但还远称不上旅游 IP。游客到清园主要是因为游客被开封吸引，到了开封后才去了清园。但是随着清园二期以及夜间游园项目、《大宋·东京梦华》项目的成功推出，清园已经成为名副其实的旅游 IP，现在很多人来开封就是因为清明上河园。因此，延长开封旅游市场上已有旅游 IP 的产品链条乃至产业链条，做强做大现有旅游 IP，是开封古都在旅游新趋势下保持竞争力的首要着力点和途径。

---

① IP 的特质主要包括三方面：一是要有一定的知名度和粉丝群体；二是具备内容性和独创性或明显的地域特色；三是必须具备商业的可开发性。

2. 充分利用"互联网+"，打造新的旅游 IP

开封拥有丰富且适合消费体验的资源，如各种各样的老字号、丰富的历史遗存、为人津津乐道的小吃，但很多尚不能称之为旅游 IP，太多东西都是游客来了开封才知道，而不是因为它而来开封。西安市近年来利用"互联网+"打造旅游 IP 的一些做法值得我们去借鉴。可以说，充分利用"互联网+"打造新的旅游 IP 是开封古都持续健康发展，在新的旅游发展趋势中保持竞争力的关键。

3. 抓紧制定出台培育旅游 IP 的支持政策

一部热播影视剧、一首广为传唱的歌曲、一个动漫卡通形象、一段耳熟能详的历史传说等都可以成为旅游 IP，即旅游 IP 既可以是一个地方先天的存在，也可以被后天生产出来。"无中生有"的成功典范无疑是迪士尼，其动漫、电影、主题公园、衍生产品等形成一个完整的产业链条。其实，开封本身具备了太多能成为旅游 IP 的基因，要把它们转化为实实在在吸引游客来开封的旅游 IP，应尽快制定出台培育旅游 IP 的支持政策。例如，鼓励个人或艺术团体创作展现开封某一特色（如美食、历史、古迹等）的作品，当点击量达到一定程度时就给予一定金额的奖励。或者每年随机从来汴游客中抽取样本，让游客填写来汴旅游的原因，如果某些作品已成为来汴旅游的主要原因，就给予创作者奖励。总之，我们不能坐等市场再出现一部热播剧，吸引游客到一个城市寻找其历史痕迹，要变被动为主动，而培育旅游 IP 的支持政策无疑是变被动为主动的重要保障。

三、魅力古都打造的指导思想和核心要义

（一）指导思想

全面贯彻党的十九大会议精神，以习近平新时代中国特色社会主义思想为引领，紧紧围绕统筹推进"五位一体"总体布局和协调推进"四个全面"战略布局，坚持"创新、协调、绿色、开放、共享"的发展理念，以供给侧结构性改革为主线，以转型升级、提质增效为主题，

坚持古城保护"真实性、整体性、持续性、人本性、创新性"的总体原则，挖掘历史文化资源，延续古城历史文脉，采用"双创双修、三位一体、四态融合、五个全域"的规划理念，以文化体验、特色商业、旅游休闲、情景居住、宋都文创作为主导功能，不断优化古城商业设施布局，通过各类项目的不断推进，形成全景、全业、全时、全程、全民的古城全域旅游体系，不断提升古城活力，全力推进实现"古都型国家历史文化名城、国际全域文化旅游目的地、大运河文化廊道魅力之都、宜居宜业宜游的北方水城"的战略定位。

（二）核心要义：吸引更多的人流量

古都可持续发展的关键在于拥有持续的人流量。无论是网上的流量还是线下的人流量，高流量意味着高关注，意味着高商业价值，更意味着高收益。没有了流量，生存便会举步维艰。流量的获得，必须依靠优质的内容，这才是生存之本。为此，要给客户提供优质的体验，这才是最核心的问题。要提升客户体验，增强客户黏性，就要精准把握客户，针对不同的收入人群，分析和满足他们的需要和诉求，从而带来持续的消费流量。

根据旅游投资热点市场分析，目前休闲度假的主力消费客群是新中等收入群体，约 2.4 亿人，占人口总数的 17.3%。随着社会的发展，预计到 2035 年，这类客群的数量会超过 10 亿人。新中等收入群体更加注重细节、质量、品味、创意、个性文化。相对于中等收入群体而言，新中等收入群体主要新在价值观和生活方式上，他们具有清晰的、反映当代商业美学的审美趣味，具有新的消费观念，愿意将更多的时间和金钱投入到自我修养提升上，消费支出中与体验有关的商品和服务越来越多。目前的商业设施除了承担基本的餐饮、购物、住宿功能外，还承担文化展示、文化体验、互动交流、游览体验等复合的功能，每一个商铺都可能是一道文化风景。受移动互联网发展的影响，这群人的工作和生活空间的壁垒逐渐被打破。休闲度假目的地因为其浓厚的文化氛围和优美的自然环境，可以吸引这群人前来，他们可以边生活边创业、边度假边工作。

四、古都整体打造的主题：高品质的体验经济

随着收入增长，消费也在持续升级，从最基本的食品和衣着，转向一般制造业商品，再转向人力资本密集型的服务。从制造到服务转型的拐点发生在2012年前后，这可以从全国城镇家庭消费支出结构的明显变化中得到证明。在2005—2012年和2013—2018年居民各类消费支出的平均增速比较中，服务类支出增速排位显著提升。

（一）消费升级的本质是体验的升级

大消费时代是个性充分释放的消费时代，人们的消费活动逐渐向文娱体验进阶，线下资源步入"强体验时代"。

消费升级的本质是消费者愿意花更多的钱，购买产品的更多附加价值。而产品的附加价值，是通过消费者更愿意为体验、环境、情感和服务买单获得的。所以，除了产品本身的功能和品质外，消费升级多体现在使用体验、品牌、身份展示、品味展示等方面，以给消费者带来精神上的满足。

从社会生产和消费的过程来看，消费升级应具备三重含义。

消费对象升级：消费结构从生存型向发展型、继而向享受型转变，由此引发文娱类、旅游类、服务性消费所占的比例大幅提高。

消费方式换代：消费方式随生产方式和交换方式的升级而发生质变，更多表现在个性化消费和理性消费等方面。

消费制度和观念改变：主要体现为消费者地位提高，服务效率和质量随之增强，也就是消费秩序得到提升。

当然，所谓的体验经济并不是具有颠覆性的经济形态，它基于工业经济和服务经济之上，是经济发展的下一个阶段。体验经济以服务为舞台，以商品为道具，以消费者为中心，创造能够使消费者参与的值得记忆的活动。其中的商品是有形的，服务是无形的，而创造出的体验是令人难忘的。

在传统工业经济里，物流的交付端更多的是工业产品的送达端，而体验经济下，产品的交付端是顾客的体验端，是客户需求的收集端，是产品设计的触发端。所以，消费的升级必然呼唤更深层次的服务升级。归纳起来，从农业经济、工业经济、服务经济到体验经济的演进过程为家庭小作坊→工业标准化→服务定制化→客户参与体验。

随着科技的发展及广泛应用，未来人类工作的时间可能会从现在的每周5天变为每周4天，甚至每周3天，每周剩下的时间将会花在"吃喝玩乐学"上，这是消费升级的最大背景；而消费升级，本质就是体验升级，人们对产品功能的关注将逐渐弱化，更加注重产品对心理需求的满足。因此，未来最主要的商业模式其实是无处不在的服务消费，以满足客户的体验升级需求。

（二）开封古城的业态结构恰与体验经济的特征相吻合

1. 体验经济的特征

短周期性：农业经济的生产周期最长，一般以年为单位，工业经济的周期大多以月为单位，服务经济的周期以天为单位，而体验经济常常是以小时为单位，有时甚至是分钟。

互动性：农业经济、工业经济和服务经济是卖方经济，它们所有的经济产出都停留在顾客之外；而体验经济的不同之处在于，任何一种体验都是某个人身心状态与筹划事件之间互动作用的结果，顾客需要亲身参与其中。

经济价值的高增进性：一杯咖啡在家里自己冲，成本大概3毛钱，但在伴随着轻柔音乐和具有个性装饰的咖啡屋里，一杯咖啡的价格超过30元，而你也认为物有所值。截至目前，为体验付出最高价钱的是有幸进入太空旅游的美国富翁丹尼斯·蒂托和南非商人马克·沙特尔沃斯，他们各自为自己的太空体验支付了2000万美元的天价。而农业经济下一个农民两亩地种一年的产值不过2000元，工业经济下一个工人加班加点干一个月的工资也不过万元。这就是体验经济，一种相对高产出的暴利经济。

交易成为记忆：体验经济下的产品设计和产品提供方式设计可以造成一种感觉，即企业把每一位消费者都看作独特的个人，进而满足他们的个性化需要。在体验经济中，企业不再仅仅销售商品或服务，它提供最终体验并充满感情的力量，这是一种感觉，一种情绪上、体力上甚至精神上的体验，给顾客留下难以忘却的愉悦记忆。

体验经济的特征归纳如图10-1所示。

图 10-1　体验经济的特征

2. 开封拥有丰富的且适合消费体验的资源
——老字号是使人们形成记忆的非常有效的元素

开封拥有众多的老字号，如开封第一楼、又一新饭庄、京古斋、王大昌茶庄、新生饭庄等。其中：

开封第一楼，始建于1922年，中国餐饮业500强，其灌汤包子誉满全国，目前在全国各大中城市发展连锁店30余家；

又一新饭庄，始建于1908年，被誉为正宗豫菜第一家，其名菜、名点达数千种，糖醋软熘鲤鱼焙面、鲜花饼等享誉国内；

京古斋，中国书画经营八大斋之一，也是商务部认定的中华老字号之一，2016年10月16日顺利复业，并成功与中国八大斋之首的北京荣宝斋合作，于 2016 年 11 月 25 日至 27 日在京古斋举办名人字画巡展活动；

王大昌茶庄，始建于 1913 年，建筑风格中西合璧，目前主要经营全国各地高档茶叶；

新生饭庄，始建于 1930 年，是经营清真风味菜肴的餐饮酒店，其品种颇具特色，久负盛名，不仅接待国外友人，还吸引新疆、青海、宁夏等地同行前来观摩学习。

新零售趋势下，老字号门店不只是承载销售功能，也成为展示传统工艺、与消费者近距离开展体验式互动的场所。如今，很多老字号在门店设置了体验场景，让消费者在体验中感受老字号文化，这在一定程度上提升了品牌认知度，推广了品牌文化，并能够刺激消费。可以说，老字号"卖的不只是商品，更是一种文化氛围"。当前，文化消费已经成为越来越多消费者的选择，体验场景或博物馆也是老字号企业迎合消费者的文化消费需求创新而成的。老字号企业只有按照消费者的需求创新，适应社会发展需要，才能日新月异。

——开封历史遗存丰富

开封拥有大相国寺、善义堂清真寺、人民会场、王大昌茶庄、三民胡同清真寺、万福楼金店旧址等历史遗存。其中：

大相国寺，全国重点文物保护单位，明代至清代建筑；

善义堂清真寺，省级文物保护单位，清代建筑；

人民会场，市级文物保护单位，近代建筑；

王大昌茶庄，市级文物保护单位，清代建筑；

三民胡同清真寺，市级文物保护单位，清代建筑；

万福楼金店旧址，市级文物保护单位，近代建筑。

开封古城的业态结构恰与体验经济的特征相吻合，如短周期性、互动性、交易成为记忆等，并且现实中最难以被电商分流的是与场景强相关的行业。

（三）将鼓楼夜市改造升级为最为亮眼的名片

鼓楼夜市是鼓楼商圈的一大亮点，也是开封市的名片。随着人们的收入水平和生活水平不断提高，夜生活需求强烈，发展夜经济有很大市场。然而，目前鼓楼夜经济以地摊购物等形式居多，仅仅停留在低端吃吃喝喝或者物质消费的层面，业态比较单调，层次比较低，质量不高，外部环境不优，供给适应不了需求。这是传统夜市面临的基本状况。

1984年，中国首个灯光夜市——西湖夜市在广州市越秀区的西湖路上出现，小吃、百货摊位摆满了整条路，成为一代广州人的记忆，但由此带来了占道经营、污水排放、噪声扰民等城市管理难题。2001年，以西湖夜市为代表的传统夜市在广州退出。但夜市并没有消失，而是转为室内化和街道化。室内化，即将商家转移到可以遮风挡雨的室内；街道化，即将商家聚拢起来以吸引更多客流。这种集聚发展的趋势在成都、杭州、长沙等地也很明显，串联了夜购、夜食、夜秀等种类。

目前国内夜市除了食、游、购外，"夜秀""夜展""夜读""夜跑"等新兴业态正日益受到消费者追捧，集美食、购物、运动、音乐、酒吧、观光等服务业业态于一体的夜间经济示范街、特色消费商圈、社区消费新场景等逐渐增多，推进了产业结构优化，促进了消费增长。这些专注于精神需求满足和健康品质生活供给的业态创新，正在成为夜经济的新增长点。

基于此，开封鼓楼夜市的改造升级也迫在眉睫。鼓楼夜市主要由三部分组成：马道街夜市、书店街夜市和鼓楼广场夜市。马道街以服装商店为主，书店街以地摊及门店为主，鼓楼广场以小吃为主。马道街夜市的状况最为糟糕，到了人流极为稀少的地步；书店街夜市过去以服装为主，现在以小商品杂货为主，消费水平降级；鼓楼广场小吃成名较早，但目前问题同样比较突出。由于地摊经营的方式长期以来没有改变，造成大量中等收入群体的流失；由于小吃品种没有改变，甚至质量下降，造成外来与本地的回头客大量减少；而且小吃沿街摆放，占道经营，甚至摆到了街道两边的商场门口，直接影响商场的夜间经营，减少了商场的营业收入。此外，夜市地摊小吃带来的油浸清扫费等卫生环保费用每月达10余万元，而财政只收取摊位费，维持成本较高。

基于国内夜市的成功案例以及鼓楼现有的空间布局，课题组认为小吃街可考虑布置在鼓楼的东南片区，与鼓楼里连成一片，类似成都的宽窄巷以街道-园区布局。小吃街上固定门店的门面不大，鳞次栉比，卫生有保障，且品质精细，样样好吃，游客可以边走边吃，处于游玩状态。小吃街与马道街有通道连接，人流互动，门庭若市，可以给马道街夜市带来人气。同时，也可以引入时尚潮玩酒吧，迅速点燃年轻人的消费热情。

（四）让开封处处散发浓郁的文化创意气息

开封最大的优势资源在于深厚的文化底蕴和丰富的文化内容，开封的发展一定要发挥出文化的优势，发展知识密集型、文化密集型、科技密集型的新兴产业，这些产业集中体现为文化创意产业。文化创意产业涉及的内容主要包括广播影视、动漫、音像、传媒、视觉艺术、表演艺术、工艺与设计、雕塑、环境艺术、广告装潢、服装设计、软件和计算机服务等。鼓楼有一条书店街，街名听起来富含文化品位，可在书店街布局一些文化创意类活动。

1. 形成文化艺术品交易市场

按艺术品的表现形式分类，艺术品可分绘画、书法、篆刻、雕刻、雕塑、摄影、陶瓷、玉器等。在中国艺术品拍卖市场成交数据中，占总成交份额80%以上的艺术品有三大类：中国书画、瓷器杂项、油画及当代艺术。开封在整个都市区的功能定位体现在文化核上，发展艺术产业是开封的主攻方向之一。

书店街现有的京古斋就是经营古玩书画的老字号，应积极引入古玩书画店，书法、美术等工作室，加强与各种文化协会（行业龙头）联谊，聚集各种艺术品交易平台和拍卖行，与全国各地的文化艺术品市场形成供应链和价值链。在开封书店街一旦形成交易市场，财富生成机制便被创造出来，会进一步吸引更多优秀的批评家、艺术家、收藏家在此集聚和往返，以及更多的画廊、画店、艺术家工作室或展示中心等艺术创意元素在此落户。同时，也就意味着聚集了高净值人群和大量资金。

2. 聚集各种工艺设计体验店

观光与休闲体验最大的不同就在于：观光游客往往考虑的是多去几个景点，其动机在于增长见识，回头率低；休闲体验游客则倾向于在同一目的地停留多日，重在体验，会重复消费，其动机在于体验娱乐。在鼓楼实地调研发现，一家由河南大学大学生创设的制作各种工具、器具等模型的手工作坊店，很受年轻人欢迎，他们希望进一步拓展空间。如今木艺课程变得很流行，不少年轻人对把玩木头充满了兴趣。在手工作坊里，许多年轻人都在制作自己喜欢的作品。有人想亲手做礼物送给亲友或爱人，而更多的人是为了在这里放松心情。

此外，雕塑、刺绣、互动性娱乐等都具有强烈的体验价值；服装定制设计目前也被中等收入人群接纳，很有市场需求。

3. 充分认识到新媒体的重要作用，加强与文化新媒体的合作

互联网的普及，使跨界融合的趋势不断加强，产生出强大的市场容量。开封古都拥有众多的老字号和历史遗存，每一个老字号和历史遗存背后都有一部历史画卷，很适合用于生产具有互联网特性的内容产品。开封应通过与新媒体合作或成立传媒公司，利用新媒体平台生产知识服务产品，开展互联网式生产与销售，迅速提高影响力，从而提高回报率。而提高回报率的核心则是把故事变成集体记忆和认同，做到讲的故事可以让大家相信，然后把故事展现出来，让大家去现场体验，再让现场体验的游客去体验周边产品，然后为周边产品付费，形成线下内容与新媒体结合的产品链。固有的内容不传播出去就被淹没了，通过传播介质的变革，转变为创意产品，可以产生经济效益和社会效益。

西安近年来在旅游营销宣传中就充分利用了新媒体。2018年，抖音、头条指数与清华大学国家形象传播研究中心城市品牌研究室联合发布的《短视频与城市形象研究白皮书》显示：西安以"摔碗酒""西安人的歌""大雁塔"等元素走红网络，以89.1亿次视频播放量位居抖音之城第二名。在"摔碗酒"的热度过去后,"毛笔酥"和"蛋黄肉夹馍"又掀起第二轮风潮。其市场反响正如前文表 10-1 所示的那样,西安在旅游体量已经很大的情况下,其旅游总收入仍然保持了 33.5% 的高速增长。开封应学习西安的先进做法,围绕文化主线打造创意性项目,实现人气聚集,引爆区域,增强开封古都的持续吸引力。

4. 让书店街真正成为带有书香味道的一条街

鼓楼书店街极具记忆符号,但是目前的书店大多规模小,经营模式老化,已不能适应现代人对阅读的需求。所以,代表着某种文化气质和生活方式,提供丰富体验的书店已然成为城市新标配。书店街应有一家标志性的书店或引进一家连锁书店,其装修特征要鲜明,要创造最佳阅读体验。

全方位营造开封书香氛围可采取以下措施。①用情怀增加消费者黏性。任何一种产品只要赋予其故事性,便会勾起特定人群的情怀,从而引发共鸣。真正有生命力的东西是经久不衰的,而书店的生命力正是源于其背后的故事和情怀。书店应以开放的姿态为每一位顾客提供免费阅读服务,并发挥文化交流功能,开展读书分享会、观影会、科普类学术讲座、周末诗歌朗诵会等文化活动。②利用名人效应开展营销。发挥名人效应是营销中的制胜法宝,书店如果能善用名人效应,那一定能在营销上取得巨大的反响,例如,请文化界名人站台,邀约电影、电视剧剧组在店内取景。③用藏书提升书店调性。书是书店的根本,要吸引更多的图书爱好者,可以收藏更多经典的书籍,如限量版的世界名著、作者亲笔签名的图书等。④用主题式体验形成差异化优势。如今,主题式体验正在席卷商业各大业态。之所以要打造主题式体验,其根本的目的就在于实现差异化竞争,从而形成长久的品牌优势。书店也可以根据消费者的兴趣、爱好、年龄及社会角色等因素来定位。

总之,鼓楼书店街不仅要提供舒适惬意的阅读环境,更要打造一种集人文创意、文化活动、艺术展览、生活休闲等于一体的文化生活空间和情景式消费体验。鼓楼书店街应成为市民休闲以及游人必去的地方。

（五）鼓励开设酒吧、茶馆等休闲场所，让游客有处可闲

茶馆、酒吧是一个城市的时尚元素，能使人放松身心。无论是休闲旅游还是商务活动，在茶馆、酒吧的互动交流往往能够让人有特殊的感受，给人留下美好的印象和回忆。例如，丽江酒吧在全国享有盛名，并逐渐发展出一种艳遇文化。同样，开封的茶馆、酒吧要注入特有的宋文化，尤其是茶文化。宋代茶风炽盛，京都开封曾是全世界茶文化的中心，孟元老的《东京梦华录》及张择端的《清明上河图》中都描绘了东京汴河两岸茶坊生意兴隆的繁荣景象。

大宋贡茶应成为鼓楼代表性的休闲品牌。随着社会经济的发展，人们生活水平和文化品位的提高，环境优雅、富含品味的茶馆、茶楼、茶舍逐渐兴起。开封具有良好的宋文化品牌，但具有宋文化特色的大宋贡茶的价值却没有得到很好的挖掘。应找准历史与现实、经济与文化的契合点，使具有饮用、观赏、收藏价值的贡茶，以及具有典型大宋文化特色，高、中、低档的各色茶馆成为开封休闲、体验、旅游的新亮点。

再现宋代斗茶技艺，使其在国内独树一帜。煌煌五千年来，茶从药用、食用演变到后来的饮用，不仅使用价值被充分挖掘，而且围绕茶的饮用也形成了独特的茶文化。例如，"唐煮""宋斗""明冲泡"，分别体现了唐代的古典之饮、宋代的浪漫之饮、明代的自然之饮。但唯有宋代的斗茶文化由"品"上升到了"玩"的至高境界，为当时的优雅生活注入了情趣，并且由"玩"的性情衍生出各种各样的杂耍。

如今，以汉唐文化为主流的西安和以明清文化为依托的北京分别于几年前再现了大唐宫廷茶文化和清代宫廷茶礼，并在国内茶艺界得到了很高的评价，成为当地旅游文化的一个亮点。只有大宋的斗茶文化仍然沉寂于历史书本上。政府可成立宋代茶文化研究机构，组织一些茶文化专家、学者进行挖掘和整理，使大宋的斗茶文化从史料中走出来，增强开封的宋韵特色。

特别需要关注的是，近年来茶叶消费市场稳步扩大，消费人群接近4.7亿人，同时消费人口向低端化、年轻化发展，茶文化已经不是传统的代名词，而是融入了现代时尚元素。例如，Tim Kobe 是全球知名的策略设计公司 Eight Inc 的创始人，当年他和乔布斯合作，共同设计打造了苹果全球第一代体验店，开创了苹果全新的消费体验。如今，他在中国再次出手，选择与小罐茶这样一个与中国传统茶品牌完全不一样的现代茶品牌合作，打造现代茶舍。

开封可以考虑开设酒吧、咖啡馆、茶馆、特色主题餐厅和一些雅致的特色小店。这些场所的环境要优美，可设置被郁郁葱葱的花草环绕的露天桌椅，让客人要么三三两两地坐下来聊聊天，要么一个人静静地坐着，看着来来往往、有着不同故事的游客，感受悠闲时光。休闲文化可能让那些原本打算暂时逃避纷扰心绪的人，最后决定在这里定居，享受开封的悠闲人生。

（六）打造环境优质的民宿和精品酒店

民宿是文旅产业的重要组成部分。民宿以"慢节奏生活、体验式家居"取胜，不同于一成不变的旅馆房间、千篇一律的酒店服务，能够使人体验到各个地方的特色风情和独有的故事，并获得更多与人邂逅的机会。民宿的核心在于当地特色的人与故事，如果一个有着丰富阅历、独特人生经验与一技之长的老板或老板娘为客人提供亲情服务，如同一位老朋友展示自己家乡一般展示当地风俗文化特色，则可以为民宿带来无数回头客。

民宿在整体设计和日常运营上趋于个性化，但房间内基本功能的布置渐趋标准化；民宿注重一种生活形态和生活理念的输出，注重体验式环境的营造；民宿越来越注重休闲度假属性的植入，为住客打造一个舒适温馨的休憩空间；民宿具有青年旅社般的社交氛围，注重民宿主人与住客、住客与住客之间的交流和互动，使民宿形成一定的社群文化。

民宿依赖于周边景观空间的设计，因此不仅应整治周边环境，建设良好的街区景观，维护历史街区整体景观形象，突显宋风宋韵，而且要依托开封浓厚的人文底蕴，将书画、梵乐、夜市、美食等文化元素与民宿融合，丰富民宿人文景观特色与体验式游览，从而带动整个文化产业发展，促进整个产业链形成良性循环。

特别值得一提的是，很多地方发展旅游时，卖点做得很足，但是现代化的设施不到位，现代化的服务不到位，人来了旅游体验非常差，住宿环境恶劣，随意被宰，这样的旅游不可能有很大的发展空间。所以，建设民宿要进行现代化的生活配套，保障卫生、网络、通信、供水、排污、交通等服务，实施老街道道路、排污管道、电力线路、广电、电信等基础设施改造项目，最大限度地修复古民居建筑，改善老城的基础设施。虽然是民宿，但基础设施是现代化的，内部用品的卫生要达标，如抽水马桶、床单被罩的卫生等都要得到保障。安全、卫生、舒适的现代化基本生活配套是留住客人的基础，只有保障到位才有可能让客人来了不想走，下次还想来。

此外，要开展老城环境整治工程，重点是绿化、亮化、美化、净化项目。例如，设置各式各样的绿化小景，在增加街道生活气息的同时，使空间变得丰富灵动。

为了让各类游客都能在开封住得舒适惬意，吸引客人在此长时间停留，可采取高中低档混合开发的方式，既提供环境优美且价格低廉的民宿，也提供精品度假酒店，形成多种层次兼备的住宿业态，满足不同层次、不同消费能力的度假者的需求。

(七) 打造工艺美术博物馆群及文化艺术品中心

鉴于开封西区已有一个较大规模的历史博物馆，可考虑在铁塔公园与河南大学明伦校区打造开封古城演变实景博物馆，同时，在老城布局工艺美术博物馆群及文化艺术品中心。工艺美术博物馆群应以汴绣、木版年画、柳（草）编及其他手工艺和工艺美术传统文化为主题，通过历史文物和当代艺术精品的收藏陈列、工艺美术大师及非遗传人的展示传承、丰富新颖的公共参与活动，打造工艺美术与非遗保护的"展示窗口""交流平台"和"行业桥梁"，使之成为集工艺与民间艺术传承、非物质文化保护、社会公共文化服务于一体，具有专业特点、开封特色、历史特征、平民特性的专题类博物馆群落，成为民俗文化的创新载体，也成为开封城市文明记忆的鲜活读本。

五、开封古都的竞争力：打造融合价值链

在观光旅游时代，旅游生产者只要搭建好媒介基础设施就可以了，内容就是历史遗产和自然遗产。而在休闲度假时代，旅游生产者不仅要做好媒介基础设施的搭建工作，也需要做好内容生产，因为单纯的观光型历史遗产和自然遗产已经无法满足旅游者的需求。随着大众旅游时代的来临，旅游产品从最初的1.0观光型发展到2.0休闲型，再发展到3.0度假型，而伴随着大众个性化旅游需求的发展，旅游产品将升级到以"文科融合、业态整合、产品复合"三大特征为核心的4.0版本。

开封与其他著名旅游城市的不同之处在于，老城的文旅内容丰富，各种元素紧凑嵌套，呈现出"景点+特色商业+休闲体验+情景居住"的融合状态，这在国内是不多见的。但游客人均消费低是长期以来的顽疾，这与资源点状分散，互相分割，没有形成产业链和价值链有密切的关系。迪士尼在产业链打造方面是成功的案例，形成了包括动漫、电影、主题公园、衍生产品等内容的完整的产业链条。开封老城作为一个整体，要打造休闲体验品牌，应挖掘深厚的文化底蕴，形成综合完备的商业业态，这是打造开封魅力古都的关键所在。

最后，为确保旅游项目的正常运营，可以考虑成立专门的公司，引进社会资本，按照市场化运营方式，全面负责招商规划、项目策划、市场营销。此外，针对开封目前节假日交通堵塞严重的情况，可以考虑对外来车辆和人流通行进行管控，还可将市域水面打通，形成水上交通，同时在城内引导发展公共交通、旅游观光车、自行车等出游方式，强化智慧交通建设，制定更为精细化的管控策略。只有保障古都内旅游交通的便捷性，使人随时进出、车随时流动，人车顺畅起来，才能保障客流量稳定增长。

第十一章 战略篇（五）

黄河流域开封段生态保护和高质量发展问题研究[①]

——"以黄河带全局、以生态提质量"的发展战略

一、引言

2019年9月，习近平总书记在河南考察期间，郑重提出了黄河流域生态保护和高质量发展的国家战略。黄河作为中华民族的母亲河，已经成为带动全流域经济社会发展的战略长轴。生态保护和经济社会高质量发展融合在一起，成为该流域发展的新理念、新格局和新标杆。开封是黄河中下游的重要城市，是世界闻名的中国八朝古都。1000多年前，开封作为北宋都城，是世界上人口最多、经济文化最繁荣的国际大都市。北宋之后，由于黄河多次决口溃堤，几番改道横流，加上战乱不断，开封随之沦落，由都城变为省城，由省城再滑落到今天的四线城市。因此，开封的再崛起在当前备受关注。

黄河流域生态保护和高质量发展的国家战略，为开封在新时代的复兴带来了历史机遇。如何抓住这一机遇，焕发新的生机，走出一条高质量发展的道路，实现开封千百年来的梦想，为中华民族伟大复兴创造出新的辉煌，是开封的历史使命和时代课题。以黄河带全局，以生态提质量，以开封滨河地带生态型高质量发展示范带作为战略引擎，是开封再现辉煌的战略选择。

---

① 课题组成员：张振立、曹孜、孟骞。

二、以黄河带全局、以生态提质量的发展思路

（一）黄河流域开封段的问题及困局

悬河的隐忧。黄河流经中原，由于流速慢，泥沙多，不断淤积的泥沙抬高河床，使河床高出两岸地面多达 10 米，形成举世闻名的悬河。

悬河是人与自然千百年来博弈的产物。河水泛滥，人们就筑堤防洪；泥沙淤堵，河床抬高，人们就加高河堤。结果是：河道越淤堵，河床越抬高，河堤越加高，悬河态势越严重。一旦遇到特大洪水，悬河破堤决口，洪水就如猛兽冲破牢笼，横流而下，淹没城乡，酿成灾患。

黄河开封段是悬河最为突出的地段。开封段内 70 多千米长的黄河大堤将黄河与南岸的城乡隔开，河床高出堤外地面 10 米左右的悬河，犹如悬在开封几百万人头上的利剑，透出灭顶的寒气。考古发现，因黄河决口深埋开封地下的城池有 6 座之多。北宋以来，黄河在开封及其邻近地区决口泛滥 100 多次。开封得黄河之利成为八朝古都，也因黄河之灾失去历史辉煌。面对带来多次灭顶之灾的悬河，开封岂能高枕无忧？

小浪底水库建成后，拦截了从黄土高原下泄的泥沙，使流经中原的黄河含沙量大量减少；每年汛期开闸泄洪冲淤，使悬河河床明显降低。这确实降低了悬河的安全威胁，但不能彻底解决问题，因为：①小浪底的库容有限，后续动力不足；②中华人民共和国成立 70 多年来，黄河尚未出现历史上最大的洪峰；③千百年后，流域内气候如何变化，地质条件如何变化，我们很难预料。

开封受悬河之困，难排洪涝之忧。千百年来形成的河高城低态势如不彻底改变，开封就难以摆脱堤破城淹的噩梦。

黄河流域生态保护和高质量发展的国家战略，为开封段彻底解决悬河问题，打造长治久安的生态底盘，实现都市复兴带来了千载难逢的历史机遇。然而，人们面对千百年来形成的悬河，特别是在悬河基础上建造的一系列河防工程，既有彻底解决悬河问题的期盼，也有安于现状的心态。要彻底解决悬河问题，就要疏浚河道，重建河防格局，其难度极

大，非开封一市之力所能为，这需要在国家层面下很大的决心，协调上下左右多方面的关系，确保从顶层设计到基层实践各环节相互协调。开封市在服从整体部署的同时，应依据现实情况提出本城市黄河流域生态保护和高质量发展的需求和规划。

悬河的隐忧虽不是迫在眉睫，却是长久之患。不除此患，难保久安。开封是历史上洪灾频发之地，不可存侥幸心理。现正逢黄河彻底治理的难得机遇，应不失时机地提出切实可行、各方互利共赢的解决方案，并报请国家审批。

滩区的困局。开封段黄河滩区涉及开封新区、龙亭区、顺河回族区、祥符区和兰考县5个区县，12个乡镇。滩区内有120个自然村，12.79万人。滩区总面积约281.67平方千米，可耕地35.94万亩。其中高滩区有自然村115个，人口12.29万人；低滩区有自然村5个，人口0.5万人。

黄河滩区的问题，集中在以下三个方面。

一是河与滩的矛盾。河道在滩上滚来滚去，形不成稳定河道，河在滩上流，滩在河中淤，河因滩大而横流，滩因河浅而夺河。

二是滩地利用的矛盾。滩地原本因宽河固堤以防洪涝而形成，是河防的一部分，但在未遇特大洪水的年份，滩地被用作农地。被用作农地的滩地，没有交通、水利等基础设施保障，产出效率低，不确定因素多，洪涝风险大。滩地作为河防用地，即使在每秒30000立方米的流量下，河宽3000米即可，而现状是，河与滩加在一起，宽达10000米以上。作为河防用地的滩地，大多数年份起不到防洪作用；作为滩区中的农地，其经济效益与堤外农地相比，相差甚远。滩区农地，无论从哪个角度来说，都是土地资源的严重浪费。

三是滩区居民的生命财产安全保障问题。开封段黄河滩区内有近13万居民，他们的生产生活保障十分脆弱。从生产上说，他们耕作的农地随时都有被洪水淹没的危险，若洪灾来临，需要行洪和滞洪时，他们就要无条件地放弃农田及农作物，一年的辛苦化为乌有。从生活上说，滩区内缺乏学校、医院、大型商场，生活用品要到很远的堤外购置，生活成本高、质量低。为彻底解决滩区居民的生产生活保障问题，国家下决心要将滩区居民全部搬迁到堤外。十多万滩区居民搬迁存在诸多难题：①搬到哪里都要占用当地的土地资源、生产资源和生活资源；②如何解决他们的就业问题；③一系列建设安置费用如何解决。

上述多方面的问题交织在一起，涉及水利、河务、国土、防汛、农业多个部门，以及中央、河南省、开封市及区、乡（镇）多级政府，牵一发而动全身，形成多重问题锁定的困局。

开封滨河地带的功能定位。大江大河的滨河地带，都是得天独厚的宝地。滨河的港口码头，是交通运输的枢纽节点，适宜发展物流产业；滨河的城镇，是商业繁荣、汇聚财富的地方；滨河的景色，是文化旅游发展的依托。在长江流域，上海、南京、武汉、重庆、成都等大都市，得长江地利而繁荣。在黄河流域，西安、郑州、济南等中心城市，得黄河地利而兴旺。

开封作为黄河流域的八朝古都，为何不能得滨河地利再次复兴？究其原因，因循守旧、自锁生机是根本原因。

开封素有"北方水城"之称，但仅限于市内的湖渠水系，黄河之水未能充分利用，未形成河湖渠一体化的生态大格局。滩区内近300平方千米的滩地加上黄河大堤外300多平方千米的土地，共600多平方千米的滨河地带未能进入开封现代化都市规划建设的蓝图。如果开封形成河湖渠一体化的生态大格局，就会成为以黄河为特色的生态之都。如果将滨河地带600多平方千米的土地按滨河都市的标准规划建设，实现水与城和谐相生，河与市相得益彰，开封的新都市格局就可与国内外的大都市媲美。如果将滨河地带营造成风景如画、功能独特、特色鲜明的生态磁场，在此地带规划建设若干吸引人才、资金、项目等优质资源的高端平台，并以这些高端平台为引领，带动开封智能产业和新兴产业发展，开封的产业格局就会发生浴火重生的变化。

然而，多少年来，开封望河生畏，望河兴叹。在600多平方千米的滨河地带，形成黄河与开封分而治之的二元结构。开封将滨河地带营造成都市化的滨河新区具有必要性和可行性。长期以来，黄河流域开封段600多平方千米的滨河地带是为守护黄河形成的纯生态地带。该地带禁止河防目的之外的开发利用，几乎是经济发展和城市建设的禁区。黄河流域生态保护和高质量发展的国家战略，将生态保护与经济社会的高质量发展结合起来，因此在确保黄河安澜的前提下，该地带的生态资源（河道、滩区、土地、水源、大堤、林带等）都可纳入经济社会发展的资源系统，都可成为促进当地经济社会发展的资源要素。河防与当地经济社会高质量发展统一在同一战略体系中，不再是各行其是、相互排斥的两个体系。有了这个理念，黄河就不再赤条条地奔腾，滨河地带就成为披在黄河身上的新衣。滨河地带越美丽，黄河就越壮观；滨河地带越有人气，黄河就越有生机。因此，将滨河地带营造成河安水清、岸美堤固、鸟语花香、城乡繁华、百业兴旺、天人和谐的地带，作为母亲河的黄河，就会与她的子孙共享天下太平之福。另外，在进行安全评测和水患防范的基础上，以政府力量为主导，引入商业化运作模式和民间资本，将滨河地带营造成宜居宜业宜游的滨河都市新区，不但是必要的，也是可行的。

（二）以黄河带全局的思维框架

黄河与开封相伴而生，命运相连，是无法切割的生态体系和发展共同体。黄河安澜，开封安全；黄河泛滥，开封沦陷。千百年来，黄河主导着开封的命运。宽河固堤的方略，将黄河与开封在空间上隔离开来。数次淹城后，开封向南退避，重建城市。开封在避开黄河之害的同时，也逐渐失去了黄河之利。

黄河流域生态保护和高质量发展的国家战略，将黄河治理与沿黄地带的经济社会发展紧密联系起来，构成了一体化的战略体系。在此体系中，黄河形成的生态格局与沿黄城乡的交通格局、产业格局和建设格局有机地联系在一起，必将形成"以黄河带全局"的新格局。

以黄河带全局，就是以黄河作为开封向东向西发展的轴线，向南推进的主线,向北连通的枢纽,形成以黄河为中心的空间发展格局;就是以黄河水为生态资源,营造堤内堤外连通、河湖渠一体化的生态格局;就是以滨河地带为重点发展区域,营造生态底盘坚实、生态效应突出,环境优美,宜居宜业宜游的滨河都市环境;就是将滨河地带发展与开封古都复兴有机结合起来,形成相互依托、相得益彰的新都市格局。

以黄河为中心的空间发展格局。现在的开封,城市主体在黄河以南。开封向东与兰考、商丘虽有黄河大堤、高速公路、高铁连接,但未形成生态、产业、交通、城建、文化相互依托、区域协同的发展格局,开封在豫东发展的大格局中,缺乏应有的影响力和向心力。开封如果将黄河滨河地带的规划建设向东延伸到兰考,将长达70~80千米、宽10千米左右的滨河地带营造成滨河而居、滨河而兴、滨河发展的宜居宜业宜游都市化地带,开封与兰考之间就形成一条光彩夺人的"珍珠项链",开封借兰考而向东之势更强,兰考得开封之力更加出彩。兰考居开封与商丘之间,兰考崛起,商丘向西发展更能接力借势。以兰考为纽带和连接点,就可以增进开封与商丘之间的生产、流通、金融、贸易协同合作,以产业共建、项目共担的形式激发开封以东的市场活力。与此同时,开封与商丘在豫东地区更能通过协同发展提高各自的影响力。

开封向西与郑州的一体化发展进展较快,已形成郑汴一体化的格局,通过以郑开大道为轴线的双向推进,开封与郑州已联成一体。开封是拥有500多万人口的城市,就其发展定位来看,可充分依靠郑州,借势发展,但不能走完全依附郑州的路子。过分依附郑州,会弱化开封自身的特色优势,失去应有的城市功能和城市地位,容易自降身段、自废武功。开封与郑州都在黄河岸边,开封的滨河地带如果与郑州的滨河地带相向发展,各显身手,各具特色,就会形成黄河南岸并肩而立的中原双子星。

开封向南主要是市辖区外的三个县,即尉氏县、通许县、杞县。目前来看,各县虽亮点纷呈,但整体上城镇布局分散,发展简单粗放,生态上有短板,交通未实现网络化和快速化,产业基础薄弱且缺乏高端引领，城镇建设缓慢且功能不全，文化旅游品牌培育不足，城乡二元格局明显。如果将黄河水引入运粮河、马家河、惠济河、贾鲁河、涡河等境内河流，疏浚拓宽河道，绿化美化河道两岸，在两岸规划建设特色城镇，发展特色产业，就会形成新的生态格局、产业格局和城镇格局。

开封向北因黄河阻隔，与北岸的封丘、延津、长垣交通通道较少。开封段在长达70~80千米的黄河南岸岸线上，未建设连接南北两岸的铁路、高铁、城际铁路。两岸高效互动的交通大格局尚未形成，协同发展的局面尚待开创。开封如能在中央和河南省的支持下，以黄河为轴线，与北岸的封丘、延津、长垣形成两岸协同发展格局，在长达70~80千米的黄河岸线上，形成一河两岸、南北贯通的格局，开封的影响力和聚合力就可成倍增加。开封可率先以黄河南岸滨河地带为试点地区，规划建设与北岸互联互通的新黄河大桥（柳园口）、黄河隧道、城际铁路等，形成连通黄河两岸的交通枢纽，打造发展的制高点。

开封要形成郑州以东、商丘以西、周口以北、新乡以南的枢纽型、都市化区域发展中心，就必须以黄河为东西轴线，向西向东均衡发展。应在规划建设好生态廊道示范工程，建成岸绿景美生态长廊的基础上，规划建设生态格局与交通格局、产业格局、城市格局融为一体的发展格局，将长达70~80千米的滨河地带营造成都市长街。就必须向南全线推进，以中心城区都市化、县城现代化、乡镇特色化、全市城乡一体化的递进层次高质量快速发展，并与北岸的封丘、延津、长垣协同发展，形成黄河两岸南北联动的发展格局。若如此，开封的城市规模、城市功能和城市地位就能提高到新的水平。

河湖渠一体化的生态格局。黄河是中国的母亲河，是中原地区的生态命脉，每年有300亿~500亿立方米的河水流经开封。在诸多生态资源中，水是最基础、最重要的可再生资源。开封靠近黄河，有得天独厚的优势。做好河与水的文章，开封就有可能独领风骚。

营造河湖渠一体化的生态格局，可使开封的发展事半功倍。要营造这样的格局，充分利用流经开封的黄河水是关键。每年几百亿立方米的黄河水从开封地段流过，却不能为开封充分利用，实为遗憾。要充分利用黄河水，就要把每年夏秋两季丰水期流经开封的部分黄河水留住。要留住10亿~20亿立方米的黄河水，就要在滨河地带借疏浚河道之机修建容量相当、具有沉沙功能的蓄水湖。

开封可在柳园口两侧规划建设河湖一体化的蓄水湖。该湖总面积50平方千米左右，可分堤内堤外两个湖区，堤内与堤外建水闸控制流量。有了这样的蓄水湖，开封就有了活的可流动可调控的水源。在此基础上，开挖或改建引水渠，将黄河水与市域内的各水系接通，在"一渠六河"的基础上完善，形成河湖渠一体化的水系网络。以此水系网络为基础，在湖渠岸边植树造林、养花种草、兴建社区和旅游区，就会形成水鱼鸟树花草共生，人与自然和谐相伴的生态大格局。

水陆联运的交通格局。开封以西的郑州、以东的商丘，均是以铁路为中心的枢纽。开封可通过黄河河道的疏浚、港口码头的建设、南北岸的互联互通，形成水陆联运的特色枢纽，与郑州、商丘相互依托、相得益彰，形成水陆空一体化的中原交通格局。开封可在充分论证的基础上提出方案，报请国家有关部门审批，在滨河地带规划建设供货运和客运的港口码头。随着黄河河道的疏浚、黄河的通航，可逐步开通郑州、洛阳、濮阳、济南等地的航线，开通河上旅游的专线。同时，根据惠济河、贾鲁河、涡河、马家河等河道的疏浚通航条件以及与淮河水系的连通情况，开通黄河与其联航的航道，打造水陆一体的文化旅游格局。

高端平台引领的产业格局。郑州作为国家中心城市，其科学教育水平与北京、上海、武汉、西安、成都等城市相比，差距较大，高端人才、新兴产业、品牌企业等具有引领作用的优质资源相对短缺，创新驱动能力相对薄弱。开封作为紧靠郑州、正在实现郑汴一体化的城市，要承担起协同郑州营造环境、补齐短板、缩小差距、开创新局的责任。广州与深圳两市在科教资源、创新体系建设上因互补而形成的创新走廊格局，值得开封与郑州借鉴。

经过精心打造的开封滨河地带是发展科教产业、智能产业和新兴产业的宝地，是吸引优质资源的磁场，它可与郑州科创带连通，并向东拓展，形成郑汴一体化的新纽带。高技术行业和现代服务业具有污染排放少、经济效益好的特点，开封要争取成为黄河流域生态保护和高质量发展的试点城市，率先将600多平方千米的滨河地带作为示范区。应通过一系列战略工程将滨河地带营造成宜居宜业宜游的生态宝地，通过独具特色的运作机制打造吸引优质资源的高端平台，通过高端平台的引领引进和培育一大批优质项目，通过培育和扶持优质项目发展科教产业、智能产业、文化旅游产业等新兴产业，进而重塑开封的产业格局。

滨河新区与古都老城相得益彰的都市格局。开封作为八朝古都，闻名海内外。其古都文明的内涵丰富程度、文明发展高度与北京、南京、西安相比并不逊色。它所缺的，主要是体现现代文明的城市规模、城市功能和城市品位。

开封滨河地带与古都老城连在一起，可形成得天时、地利、人和的都市延伸地带。黄河流域生态保护和高质量发展国家战略的提出，可在体制、政策和发展理念上排除各种障碍，将滨河地带各种资源的充分利用与古都老城的复兴结合起来，形成相互依托、相得益彰的都市发展格局，这是天时。开封滨河地带有600多平方千米的发展空间，该地带有可发展水运的河道，有可再造生态环境的滩区，有70~80千米长的黄河大堤，有堤内外厚密的林带，有可进行城镇化建设的土地资源，这是地利。开封作为八朝古都，享誉海内外；黄河文明在开封荟萃，硕果累累；清明上河园等文化旅游品牌每年吸引国内外游客千千万万；开封靠近滨河地带的地区，已布局了河南大学、开封大学、黄河水利职业学院等高等院校，近十万学子守望黄河，这是人和。

开封滨河地带得此天时、地利、人和，将其按现代化都市标准规划建设成滨河都市新区，是黄河文明再度辉煌的需要，是中原城市群再添亮点的需要，是开封古都复兴的需要。开封滨河地带一旦建成具有现代化都市规模、都市功能和都市品位的都市新区，开封古都老城就获得了新的生机，二者相互依托、相得益彰，这样开封城市规模、城市功能和城市品位就可跃上一个新的台阶，就可再现历史的辉煌。

（三）黄河流域生态保护的三个维度

黄河流域生态保护不是纯生态保护，不是为保护而保护，而是与流域内高质量发展联系在一起的全方位大体系的保护，是为了将黄河建成造福两岸人民的"幸福河"的提质增值的保护。生态安全的永久化、生态美丽的最优化、生态红利的最大化，是黄河流域生态保护的三个维度。

生态安全的永久化。黄河流域生态保护首先是保护黄河的生态安全。黄河生态安全主要包括河道安全、水质安全和堤岸安全三个方面。

黄河河道安全主要指河道的容量够大、河床稳定，能保证最大洪流安全通过。

黄河水质安全主要指河水的污浊程度保持在安全范围内，能为沿黄居民生活用水、工农业生产用水、城乡建设生态用水、黄河自身生态用水提供无害的水资源。

黄河堤岸安全主要指黄河沿岸堤防坚固，遇到最大洪水时不溃堤、不决口。

目前，在中原地带，河道安全的最大问题是：①由于泥沙淤塞，悬河态势严峻，河道容量受限；②由于河道纵比降小于横比降，河道左右游荡，危及沿岸大堤；③中心河道两侧是大面积滩区，滩区居民的生命安全和财产安全受到威胁。

水质安全的最大问题是：①河水中泥沙含量过大，水质浑浊；②流域内支流污染严重，导致黄河水中有害物质超标。

堤岸安全的最大问题是：沿黄大堤建在悬河之上，河床高出堤外地面几米甚至十多米，一旦溃堤决口，两岸城乡恐有灭顶之灾。

黄河生态安全可分常态安全和非常态安全两种状态。常态安全指在气候正常、地质条件正常的年份中，黄河的河道、水量、水质等常规指标处在正常范围内。非常态安全是指在气候条件异常、流域内发生重大地质灾害的特殊年份，黄河仍能按既定河道流通，能将特大洪流安全输送入海，流域内黄河不溃堤、不决口。

我们强调沿黄地带生态安全的永久化，重点是防范在气候异常、地质异常的年份，流域内发生连续大面积暴雨，洪流巨大，洪峰顺流直下，再加上流域内山体滑坡、大量泥沙流入河道，河床冲垮，河道淤塞，河堤溃决，导致洪灾泛滥。虽然特大洪灾或几十年一遇，或几百年一遇、上千年一遇，但遇上了就是哀鸿遍野、城破人亡的灭顶之灾。开封曾是几个朝代经营的中原都市，但遇上黄河溃堤决口，顷刻间就被淹没。城摞城的惨痛历史不可忘记。黄河流域开封地段，是发生洪涝灾害最多的地带，是河防中被称为"豆腐腰"的地带。这个地带的生态安全关系到黄河安澜和中原发展的千年大计。我们要从千年大计的角度看待其生态安全。

悬河问题是中原沿黄地带生态安全的最大隐忧。一旦悬河决口破堤，开封就有灭顶之灾。要使开封彻底摆脱洪涝灾害，就必须彻底解决悬河问题。

在已知的现有规划方案中，尚未涉及黄河河道的彻底治理问题，开封沿黄地带依然处在"地上悬河"的威胁下。在这种状态下，很难解决由悬河带来的诸多根本性问题。例如，在悬河态势下，都市区建设、湿地建设、自然保护区建设、林带建设、堤防建设、滩区土地资源的利用等诸多战略性工程，都会遇到一旦悬河发难，其目标难以实现的问题。要实现生态安全永久化的目标，就必须在疏浚河道、根治悬河的基础上重建河防体系。

生态美丽的最优化。生态美丽是一个相对的概念。绿树成荫，草绿花红，是平面静态的美；山清水秀，鸟语花香，水流潺潺，鱼翔浅底，是立体动态的美；闲游于山水之中，歌舞在行舟之上，是人与自然和谐之美。沿黄地带的生态之美，是以黄河为灵魂，既有平面静态之美，也有立体动态之美，更有人与自然和谐之美的全方位多元素合成的美。所谓生态美丽的最优化，就是指形成这种全方位多元素合成之美。

以现状为基础，不疏浚河道，不使悬河落地，只是在黄河内滩和堤外沿岸建湿地公园，植树造林，固然能美化黄河两岸，但这种美化是内涵浅薄、层次较低的美化，与新时代沿黄都市应有的生态美丽相距尚远。我们要以生态美丽最优化的标准在开封地段营造全方位多元素的合成之美。

生态红利的最大化。所谓生态红利，是指由生态价值衍生的经济、社会和文化价值，它是因生态优化对经济社会文化及各类产业发展所产生的价值溢出效应。因黄河安澜，为流域内城乡发展带来安居乐业；因水资源保障，为流域内的工农业发展和城市建设带来繁荣兴旺；因生态美丽，增加了沿黄地带的魅力，促进了文化旅游业的发展；因生态独具特色，使沿黄地带的城乡充满活力，不断提高开封市对外来人才的吸引力；在水患消除的前提下，黄河两岸农牧业产值、可利用土地资源都将得到大幅度提升，为两岸居民带来源源不断的财富。

黄河流域生态保护追求的是生态红利的最大化。生态红利的最大化，是在最大范围、最多领域、最高水平、最大程度上使黄河生态优化产生的积极效应最大化。主要是：①黄河生态优化的目标尽可能地与沿黄地带高质量发展的目标相一致，优化生态结构，补齐生态短板；②通过黄河生态优化，营造出独具特色、充满魅力的沿黄地带，使其成为吸引人才、资金、技术、项目等优质资源的生态磁场；③通过一系列生态优化工程，在都市区建设、新兴产业发展、生活质量提高、创新基地建设等方面为沿黄地带提供资源支撑。

（四）以生态提质量的理念与思路

为开封高质量发展营造一流生态环境。生态环境是经济社会发展的底盘，是高质量发展的基础和保障。没有一流的生态环境，就没有优质资源在此聚集，就没有高端产业在此发展，就不可能建设高水平、高品位的城市。

开封要走高质量发展的道路，就必须下决心在滨河地带营造一流的生态环境。所谓一流的生态环境，就是生态安全的保障体系是坚实可靠的、永久的，在长周期内可以防范任何灾患的生态环境；是生产消费活动在生态承载范围内，人与自然和谐共生的生态环境；是具有独特魅力的，能吸引人才、资金、项目等优质资源在此聚集的生态环境；是能产生宜居宜业宜游多重效应的，能促进当地经济社会持续高质量发展的生态环境。

黄河流经开封，是开封生态环境中最重要的因素。它决定着开封的地理条件、气候条件、动植物生长条件、区位价值、水资源供给、堤岸安全，以及城乡建设、产业发展、居民生活等多方面的生态质量。黄河是一条无限延伸的价值链，它将自己的生态价值延伸到流域内农业、工业、服务业各个领域，能将其价值增值效应扩展到生产和消费的各个环节。生态环境就是生态价值延伸和价值增值效应产生的空间载体。

营造一流的生态环境，就是围绕黄河这条生态价值链，在开封滨河地带的空间范围内，抓住河、水、岸、滩、堤各个环节和各个层面，以价值延伸和价值增值最大化为目标，营造出最有利于开封经济社会发展的生态环境。

一是做好"河"的文章。河道要疏浚，悬河要从地上河变成地下河，河道要满足通航的要求。

二是做好"水"的文章。水与沙要分离，黄河水要由浑浊变清澈；水资源要充分有效利用，满足开封生态用水、建设用水和生活用水的需要。

三是做好"滩"的文章。滩区土地资源要充分有效利用，使滩区由灾患之地变成景色美丽、魅力无穷的高价值产出宝地；滩区居民居住环境、生产条件、生活条件达到城镇化水平；滩区空间纳入开封滨河新区的规划建设，使其成为开封都市化的一部分。

四是做好"堤岸"的文章。堤岸要从单一的防洪设施变成集防洪、景观、交通等功能于一体、价值链串起的绿色长廊。

做好了这四篇文章，开封的滨河地带就会变成充满生机、铺满锦绣、宜居宜业宜游的生态宝地。

以高品位生态促进高质量发展。生态环境的优劣决定着城市资源要素的素质和聚合力，决定着产业的选择方向和发展高度，决定着城市的功能和品位。无论是新项目的引进，还是老项目引进新资源，生态评估都是项目选择和资源流向的决定性因素。

高品位生态是能吸引高水平人才、先进技术、品牌企业、大量资金等优质资源，具有磁场效应的生态环境。开封经济社会的高质量发展，首先要提高生态品位，增强生态魅力，吸引优质资源，建设高端平台，强化创新驱动能力，形成高端引领的发展机制。

用生态价值链启动人才价值链，用人才价值链启动产业价值链，三链相扣，就会形成以生态引领的高质量发展运行机制。

建立健全"生态+产业"机制，推进产业优化升级。生态价值链是以自然条件和自然环境为基础而形成的价值链。经济社会发展建立在一定的生态基础上，生态价值是否增值，取决于经济社会对生态条件和生态环境的利用效能。房地产业最能说明问题。生态环境好，房地产就升值；生态环境差，房地产就贬值。新兴产业和智能产业同样是这样，生态环境好的地方，人才就会选择在那里创业发展，资金、项目就会接踵而来。

生态作为价值链，其价值增值机制嵌入在各个产业和各个领域。这条价值链嵌入在哪里，哪里的产业就有可能产生价值增值效应。

生态+产业价值链，就是将生态价值链嵌入各个产业，促使各个产业价值增值的发展机制。生态价值嵌入产业，就是通过充分利用生态资源，改善生态条件，优化生态环境，使相关产业获得资源优势、环境优势和可持续发展优势，进而形成由生态支撑的发展系统；就是以生态资源为基础，营造独特的产业发展环境，发展具有区位优势、资源优势的相关产业；就是通过营造宜居宜业宜游的生产和生活环境，吸引优质资源，搭建高端平台，发展智能产业和新兴产业，促使产业优化升级。

三、以黄河带全局的路径和措施

黄河流域生态保护和高质量发展的国家战略已付诸实施，河南省沿黄生态廊道工程已经启动，郑州市已明确依托沿黄生态走廊打造沿黄科创带。开封应抓住机遇，借势发展，在沿黄生态廊道的战略框架内，结合开封实际，发挥滨河优势，突出特色，增加内涵，提高品位，注重实效，在创新探索中开创新的局面。

开封要打造以黄河为中心的空间发展格局，水资源充分利用的河湖渠一体化生态格局，以黄河通航为基础的水陆联运格局，吸引优质资源、高端引领的产业格局，滨河新区与古都老城相得益彰的都市格局，需要一个具有引领和示范效应的战略引擎。

(一) 将开封滨河地带建成生态型高质量发展示范带

黄河流域生态保护和高质量发展是一个涉及范围广、实施条件差异大的国家战略。要实施这个战略，需要统筹兼顾、多方协同，因地制宜、分类施策，试点先行、以点带面。

黄河流域开封段处于黄河下游，是河防中的"豆腐腰"，历史上是洪涝灾害极为严重、灾害发生次数极多的地带。开封到兰考的滨河地带处于豫东鲁西的交界处，生态基础薄弱，在中原经济区的大格局中发展相对滞后。

从全流域来看，开封地段是对区域发展影响最大的地段，其河防问题最多且最严重，当地经济社会发展与滨河资源利用的矛盾最突出。通过理念、思路、方略、政策、措施等一系列创新，采取切实有效的办法，解开死结，走出困局，将该地段建设成生态型高质量发展示范带，具有战略引擎意义。

生态型高质量发展示范带是根据黄河流域开封段的实际，将生态保护和高质量发展融为一体，通过将该地带生态资源、生态环境、生态价值转化为产业资源、产业环境和产业价值，形成的具有示范意义的生态型高质量发展地带。将开封滨河地带建设成生态型高质量发展示范带有三方面的意义：一是实现河防与当地经济社会发展融为一体；二是使生态价值链嵌入产业价值链，促进当地经济社会发展；三是形成以生态为主导的创新驱动机制。

开封生态型高质量发展示范带的目标定位应着眼于五个方面：一是确保黄河永久性安澜，将黄河生态安全的标准提高到千年大计的水平；二是黄河河道疏浚满足通航要求，中型货轮和客运游轮可常年通行；三是黄河水资源得到充分利用，该地段蓄水储水能力达到10亿立方米以上；四是滩区土地资源得到充分有效利用，将滩区改造成河防与当地经济社会发展融为一体的生态型高质量发展绿色长廊；五是将滨河地带打造成宜居宜业宜游的高质量发展空间载体，有步骤、分阶段地发展智能产业、文化旅游业、医养结合的养老业和有特色的新兴产业，建设生态型特色小镇和都市化新区。

建设生态型高质量发展示范带，关键是形成融合与创新相互促进的运作机制。该机制的主要环节是：①将黄河生态保护的目标与当地经济社会发展的目标融合在一起，形成互为条件、相互依托、相辅相成的目标体系；②将水利部黄河水利委员会掌握的滨河生态资源与当地政府掌握的滨河经济社会资源融合在一起，形成资源配置可统筹运作的市场化运作机制；③通过理念创新、体制创新和运作机制创新，破除思想、体制和运作机制上的障碍，形成共识共赢的发展机制；④在融合与创新的基础上，经过科学分析、反复论证、方案优选等程序，制定总体规划；⑤在总体规划的指导下，分期分段分项具体实施；⑥在实施过程中，强调联动协调，鼓励探索创新。

（二）河道疏浚的必要性和可行性

河道疏浚的必要性。黄河进入平原地区后，由于地势平缓，纵比降小，泥沙量大，流速变得缓慢，大量泥沙沿程沉积下来，使河床增高，形成了河床高出堤外地面多米的悬河。同时因河道内的横比降高于纵比降，水流散乱，水道边界不断摆动，形成游荡性河道。近十多年来，滩区为了免受洪涝灾害，修建了生产堤和一系列控导工程，限制河道滚动，使泥沙只能淤积在主槽内，又导致主漕不断抬高，出现了滩唇高于两侧滩地的"二级悬河"。一旦"二级悬河"溃决，洪水势必向两侧横流，冲击两岸大堤，造成大堤崩溃的危险局面。

开封段的黄河是典型的悬河，河床高出堤外地面最高达10米以上。开封段之所以是最易破堤决口的"豆腐腰"，最根本的原因就是面临河床高堤底低的悬河态势。不彻底消除悬河之势，开封段就难以摆脱洪涝灾害。悬河是长期以来实施宽河固堤策略的结果。受历史条件和能力所限，人们在特大洪涝灾害面前只能被动地放大滩筑高堤，将黄河限制在堤高滩大的范围内。这确实减少了黄河更大面积泛滥的风险，对黄河安澜起到了一定的作用。但是这样做的结果是形成河床越来越高、河滩越来越大的恶性循环。

　　要不要根治悬河，要不要疏浚河道，是新时代治河方略面对的重大抉择。黄河流域生态保护和高质量发展的国家战略，不是维持现状、修修补补的战略，而是在新起点上贯彻新理念、瞄准新目标、开创新局面的战略。我们不能满足于"大堤不决口，河道不断流，水质不超标，河床不抬高"的既往目标，而是要充分利用黄河的生态价值，将黄河的生态资源与流域内的经济社会发展资源有机结合起来，形成高质量发展的条件系统，解决历史上长期困扰我们的难题，将黄河由多灾多难之河变成造福亿万人民的"幸福河"。

　　我们要瞄准的新目标是：①黄河从地上河变成地下河，彻底解决悬河问题；②黄河分期分段实现通航，10年内，洛阳以下河段通航入海；③滩区占用的大量土地资源得到充分有效利用，纳入当地城乡发展统一规划；④滨河地带成为宜居宜业宜游的生态型高质量发展绿色长廊，600多平方千米的空间范围内，单位土地面积的产出效益30年内年均递增10%以上。要实现这些目标，首先必须疏浚黄河河道。

　　河道疏浚的可行性。河道疏浚在科学论证、规划设计、工程施工等方面不存在科技上行不通的问题，在人、财、物等方面不存在国力不足的问题。它真正的障碍是认识上尚未达成共识，体制上尚未形成合力，利益上尚未形成实现共赢的机制。只要相关各方将思想认识统一到黄河流域生态保护和高质量发展的战略高度，从千年大计的发展大局考虑问题，就有可能达成共识。只要上下左右协调配合，进行体制政策的创新,就有可能形成合力;只要利益相关方各守规则、各尽本分、各尽所能,就能实现各得其所。

工程施工不影响汛期过水。疏浚河道时,可从河道中心向两边开挖。以当年10月到次年5月为施工周期,每千米为1标段,每标段200辆工程车进场施工(配套挖沙、装车、碾压、维修、保障设备),每施工周期每辆工程车可完成5万立方米的工程量,200辆工程车可完成1000万立方米的工程量。中心河道疏浚的主体工程可在当年度施工周期内完成,不影响汛期洪水经过。河道挖深10多米,就会带来每千米河道挖出的上千万立方米泥沙堆放在哪里的问题。我们的设想是,将挖出的泥沙向大堤外铺开,增加大堤宽度。同时在滩区宽广的地方堆成山丘,在山丘上植树造林,形成滩区内的山丘林带。

(三) 沉沙湖建设和河湖渠一体化

疏浚河道的同时,我们可在滩区宽广的地带挖建沉沙湖,将每年河道带来的泥沙引入沉沙湖中,实现沉淀后的水沙分离。然后,每隔一段时间从湖中抽沙或挖沙,将抽出或挖出的泥沙或堆丘造林,或厚培两岸大堤。挖湖堆丘,营造景观,是不少城市公园建设的手笔。挖沙淤背,厚培大堤,是山东滨河地带成功的实践。开封段内,可在柳园口附近,在大堤内滩区、大堤外顺河回族区各挖一个面积25平方千米左右的沉沙湖,打造河湖渠一体化的生态格局。

沉沙湖建设。一方面,可将每年流入河道的泥沙引入湖中,借此维持河道的顺畅;另一方面,沉沙湖的深度要可接地下水,可将地下水与河道水融为一体。当黄河水枯竭时,可用地下水补充河道水;当黄河水充沛时,蓄入湖中的黄河水可补充地下水。同时,沉沙湖还可将黄河南岸与北岸的水道连通,为开封地段的通航奠定基础。沉沙湖的建设,可使水沙分离,在开封地段形成河湖一体的蓄水格局。

经过河道疏浚、山丘林带和沉沙湖建设,不但可彻底解决悬河问题,也可形成具有景观效能的新生态格局。沉沙湖建成后,其蓄水能力可达到10亿立方米以上,可通过黄河闸口调控湖水流动。在此基础上,可规划建设河湖渠一体化的水生态景观格局，使"一渠六河"有更多更大的活水流动，使柳园湖（拟建的沉沙湖）、龙亭湖（含包公湖）、汴西湖三大湖面通过御河连通，形成河湖渠一体化、古都新城映在水中的都市景观。

（四）将滩区改造成多功能的生态型文化旅游区

黄河两岸大堤之间的土地面积远远超过河道过水行洪所必须占用的土地面积。如果按最大行洪流量30000立方米/秒计算，在水深8米、流速2米/秒的状态下，河道宽度3000多米即可。但现实状况是，南北大堤之间相距10千米之多，除河道正常用地外，大部分土地是为行洪、滞洪备用的滩区。大洪水、特大洪水几十年甚至千百年一遇，正常年份滩区大量土地处于闲置状态。

河道疏浚后，原来的滩区可分为两部分。一部分是河道型滩区，该滩区既具有行洪和滞洪的河道功能，又具有观赏游览的文化旅游功能。另一部分是在滞洪河道外建景观大堤，将景观大堤与原黄河大堤之间的原有滩区规划建设为由多个滨河小镇串联起来的多功能绿色文化旅游长廊。前者称为堤下湿地公园游览区，后者称为堤上特色小镇游览区。

堤下湿地公园游览区以亲水自然景色为主。河道向两侧各伸展1500米，共3000米，依次为中心航道1000米，行洪河道1000米，滞洪河道1000米。中心航道是主漕河道，除平时过水外，主要功能是作为客货运输的航道。中心航道向两侧各伸展500米，为行洪河道，属嫩滩型的滩区，在大洪水（每秒20000立方米以下）时行洪，平时具有湿地公园的功能。行洪河道两侧向外再伸展500米，为滞洪河道，属高滩型的滩区，在特大洪水（每秒20000~30000立方米）时滞洪，平时可经营具有观赏游览功能的农业示范园、花果园。堤上特色小镇游览区以特色小镇人文景色为主。

（五）景观大堤和原黄河大堤改造建设工程

在3000米宽的河道（由主漕河道、行洪河道和滞洪河道三部分构成）之外，原黄河大堤之内，建景观大堤。景观大堤具有防洪和景观两种功能。它是以更坚实、更牢固的标准建设的,可替代原黄河大堤的新黄河大堤,大堤上配以亭台楼阁建筑,使其具有临河观景、品茶吟诗的景观价值。景观大堤建成后,与原黄河大堤之间可形成宽达3000米的厚实堤岸,构成坚不可摧的防洪长城。

景观大堤和原黄河大堤之间可规划建设若干各有特色的滨河小镇。一方面可安置黄河滩区的居民;另一方面可规划建设文化旅游设施,形成环河布局的文化旅游带。河道疏浚挖出的泥沙在原黄河大堤外铺放,可将原黄河大堤向外拓宽500米左右。在此基础上,可将原黄河大堤改造成双向16车道(快车道和慢车道各8条)的沿黄快速林荫大道,形成郑州—开封—兰考之间的沿黄交通主干道。

(六) 湿地和林带建设工程

在紧靠中水河槽的嫩滩之上建黄河湿地,具有一举多得、事半功倍的作用。首先,这种亲水湿地有利于水生物的繁衍生长,水陆之间的生态能量转换不受人为干扰。其次,湿地本身具有河道行洪和岸线伸缩的双重功能,来洪时可作为河道行洪滞洪,退洪后可作为岸线约束河道,使河道处于随流量大小任意伸缩的状态。最后,湿地具有水、鱼、鸟、花、树、草和谐共生的自然功能,可形成供游人观赏的自然景观。

在临近中水河槽的地带建亲水湿地公园,便于工程施工,成本较低。中水河槽挖深疏浚后,其泥沙可就近填高二滩和高滩,形成由河道向大堤方向逐步升高的坡势,最下面的嫩滩可因地制宜种植灌木、芦苇、抗涝树木,挖建水道、水塘,修建栈道、绿道,通过自然天成加人工点缀,形成自然和谐、天人合一的生态面貌。

沿黄林带建设可由内向外分为五个层次。一是堆丘造林形成的林带。疏浚河道挖出的泥沙,沉沙湖中挖出的泥沙,除填高二滩和高滩外,还可在沉沙湖旁堆成一个个山丘,在山丘上植树造林。二是湿地林带。建设湿地的同时,可栽种适宜浅水生长的各种灌木,形成湿地灌木林带。三是堤内花果林带。在二滩和高滩上,可种植各种供观赏和采摘的花草、果树,形成花果林带。四是堤岸林带。堤岸林带主要指在原有的黄河大堤防护林带基础上，通过拓宽大堤，将其改造成 100 米宽、16 车道（快慢车道各 8 条）的快速绿荫干道，由此形成的 4 条各 12 米宽的道路林带。五是堤外防护林带。主要指黄河大堤外侧 2000 米范围内，以保护堤岸、优化生态环境为主要目的而培植的护堤林带，由各类适宜生长的树种构成。五层沿黄林带的建设，可形成由低到高、层次分明、景色各异、功能互补的沿黄森林体系。

（七）滨河小镇建设

开封—兰考 600 多平方千米的滨河地带，可建成集生态特色、产业特色、城镇特色于一体的生态型高质量发展示范带。滨河小镇是该地带上闪亮的珍珠。滨河小镇沿拟建的景观大道规划布局。水稻乡、柳园口乡、袁坊乡、刘店乡、东坝头乡，均可成为各有特色的滨河小镇。

滨河小镇的类别主要是：①旅游景点观赏地；②特色服务业（住宿、餐饮、文化娱乐等）聚集地；③特色文化（黄河文化、历史文化）展示区；④智能产业（科研、教育培训、设计策划）培育中心；⑤医养结合的养老中心；等等。

滨河小镇的必备条件是：①基础设施配套齐全，达到城市街区建设标准；②有产业基础和项目支撑，能独立运作经营；③特色鲜明，具有影响力和持续发展能力。

滨河小镇的建设可采取政府主导、专家策划、市场运作的方式，规划先行，以项目为抓手，通过基础设施建设启动，分期分步实施。

（八）滨河新区建设

开封现有 500 多万人口，历史上曾是八朝古都、河南省省会。最辉煌的时候，开封（东京汴梁）是世界上最繁华的都市。无论是从历史复兴的角度，还是从现实发展的角度，开封都需要新的形象、新的品位、新的功能。做足古都的文章固然重要，建设具有新形象、新品位、新功能的新都市更加重要。古都的复兴和新都市的崛起是开封再现辉煌的左右两翼。只有两翼齐飞，才能飞得更高更远。

开封要建设具有新形象、新品位和新功能的新都市，滨河地带是最合适的地方。一旦滨河地带成为生态型高质量发展示范带，就会成为吸引人才、投资和项目的宝地，就会带来一系列的商业机会，吸引各类开发商投身到大规模、高规格的城市建设中。同时，对城市基础设施和一系列公共服务的需求，又会促使政府不断完善各种基础设施和服务体系，不断强化城市功能，形成市场和政府双轮驱动、产业和城市深度融合、自然环境不断优化和经济社会持续发展相互促进的都市格局。

开封滨河地带具有发展成为都市新区的可能性。这是因为：①开封处在以郑州为中心的中原大都市区的核心区域，郑汴一体化必然使开封滨河地带融入都市区建设的大格局；②开封城市发展的布局已延伸到滨河地带，东京大道距离连霍高速不到10千米，城市新区基础设施建设可水到渠成；③开封滨河地带生态环境好，空间范围大，连片开发成本低；④该地带与河南大学、黄河职业技术学院等高校紧密相连，科教资源相对丰富，适宜发展文化产业和智能产业，可形成产业发展的新业态，为开封都市化填补空白、锦上添花；⑤该地带文化氛围厚重，黄河文化、中原文化、北宋古都文化融为一体，可形成有特色、高品位的标志性城区。

开封滨河地带发展成为都市新区的可能性要变成现实，需要一系列的条件。①达成共识。政府方面从中央到河南省、郑州市、开封市及各区镇乡村，民间从工业、农业、商贸、文化、科技、旅游等各个方面，要对该地带发展的应有格局达成共识，形成众志所向的战略目标。②规划先行。要以目标为导向，梳理各发展主体的发展位序、空间结构和功能定位，形成目标明确、定位准确、结构合理、位序分明的总体规划和分项、分区规划。③政策到位。各级政府以及各个部门要制定出有法律依据、有吸引力、有支持力度、有执行效力的各项具体政策，形成可启动、可推进、可规范、可配套的政策体系。④体制和运行机制的创新。在总结和借鉴先进地区成功经验的基础上，结合当地实际，在政府管理、市场运作、社会参与等方面进行制度创新，形成政府低成本管理、市场高效率运作的共建共享的新体制和新运行机制。上述一系列条件的生成，取决于政府和社会各界的主动性、积极性和创造性。开封要实现创新和可持续发展，这些条件是必须满足的。

四、以生态提质量的路径和措施

（一）增强生态魅力，发展滨河产业

生态型高质量发展示范带，其价值链的首端在生态，运行机制的启动和驱动在生态，形象、功能和品位的特色在生态。做好生态的文章，就奠定了高质量发展的产业大盘。

滨河生态产业：生态产业是营造和维护优美的生态环境，将潜在的生态价值变成实在的经济价值，为经济社会发展提供公共环境产品的基础性产业。在产业格局中，生态产业对其他产业具有定位作用和乘数效应。生态产业是在现有生态基础上形成的以绿化、净化、美化生态环境为目的的产业。它不但可创造出直接的经济效益，还可为其他产业的发展营造出环境魅力、区域特色和产业品位。同样的一个产业、一个企业，放在不同的生态环境中，会有不同的形象、不同的成本、不同的效益。好的生态环境，有利于汇聚人气、引进人才，使企业形象好，产品品位高，市场吸引力大。

开封滨河地带具有大力发展生态产业的必要性和可行性。首先，河道疏浚、滩区再造是关系到黄河安澜和滩区扶贫的重大工程，需要投入大量的人力、物力和财力，形成数十亿元计的治河治滩生态产业。其次，湿地和林带的建设及维护是持续进行的滨河绿色工程，需要有长远规划、常年投资、常规队伍，会形成可持续发展的规模较大的滨河园林产业。最后，滨河小镇建设、产业园区建设、都市化建设，都需要良好的生态环境作为支撑。社区、街区、城区的净化和美化，景区景点的建设和维护，公共场所的环境保护，区域内的污水处理等环境目标的实现，都需要多门类、全覆盖、精心管理、高效运作的环保产业。这些产业遍布在各个角落、各个领域，会形成新城区的"美容大军"。

过去曾被忽视的生态产业，随着社会发展进步和人们生活质量的提高，越来越被重视。要想建设高品位现代化城市，首先要营造宜居宜业宜游的高品位生态环境。这是有远见卓识者形成的共识。从发展高品位生态产业、营造优质生态环境入手，规划建设都市新区，是事半功倍的路径。我们要着力发展具有滨河特色的生态产业，为建设滨河都市新区营造一流的生态环境。这些产业主要是：①有关滩区改造、湿地建设、岸线维护和管理的产业，涉及河道疏浚、池塘修建、树木花草栽培、绿道和栈道修建、环境维护、湿地管理等；②有关花果园区建设和管理的产业，涉及各种花园和果园的建设与管理，以及园区的整体净化和美化等；③有关林带建设和管理的产业，涉及堤内、堤岸和堤外多层林带的栽植、维护和管理等；④有关环境维护的产业，涉及河道漂浮物的清理、岸线的维护、景区和街区范围内的清洁和美化等；⑤有关公共生态工程建设和管理的产业，涉及污水处理，垃圾处理，公共厕所等公共工程的修建、维修和管理等。

滨河生态产业是发展旅游业和其他新兴产业的基础，其具有叠加互生的乘数效应。好的生态环境，对吸引人才、吸引资金、吸引项目具有无与伦比的独特效应，对发展旅游业、商贸业和智能产业具有成败攸关的人气效应，对提升服务业和房地产价值具有直接的倍加效应。生态产业所需的人力资源覆盖人群广、培训费用少、管理成本低，发展生态产业对促进当地居民就业、实现滩区居民脱贫致富具有重大现实意义。

滨河文化产业：开封是八朝古都，原河南省省会，文化底蕴丰厚且有多元价值。作为八朝古都，特别是北宋的都城，它一度引领中华文明乃至世界文明。作为原河南省省会，它曾是中原地区的政治、经济和文化中心。作为黄河下游的大中城市，它经历了黄河的沧桑巨变，积淀了深厚的黄河文化。作为黄河、海河和淮河三大流域之间的中心城市，它将中原文化与华东文化、华北文化融合在一起。作为国家中心城市建设的辐射区域，它通过郑汴一体化，融入了中原大都市区的都市格局。作为"一带一路"上的重要节点城市，它向东可通达沿海地区，向西可通达中亚、西亚和欧洲，将陆上丝绸之路与海上丝绸之路连接起来。开封具有的这种多元文化元素，是发展高品位、多形态、多功能文化产业的天然土壤。

文化产业是满足人们精神享受、心灵愉悦、人格升华、知识形象化、意识社会化等各种需求的产业。这种产业建立在文化底蕴深厚、文化教养高尚的社会基础上，开封滨河地带具有这样的社会基础。我们可在开封滨河地带，借助历史积淀、城市禀赋和未来发展趋势，将一系列文化元素培育成有底蕴、有内涵、有活力、有特色、有引领意义的文化产业。这些产业涉及的内容是：①开展文化创意活动，形成文学著作、影视作品、戏曲、绘画、雕塑、舞蹈、摄影等具有形象意义和精神感染力的一系列作品。②文化设施的修建和管理。包括文化书院、图书馆、博物馆、影剧院、音乐厅等可满足人们各种文化需求的场所及设施。③文化元素全方位、多层次、多功能的渗透和体现。我们可将各种文化元素通过不同途径和方式融入每个建筑、每条街道、每个行业、每个服务项目中，通过物的风格和人的风貌体现出来，使其在每个行业中体现出特点、实现其价值。

文化产业是资源占用少、能源消耗少、消费人群多、市场空间大的产业，最适合在生态环境好、城市规模大、居民素质高的区域发展。开封滨河地带一旦发展为高品位都市新区，多种形态的高端文化产业就会应运而生。

滨河智能产业：智能产业是以知识、智慧、技术、技能为主要价值元素形成的高科技含量、高效益产出的新兴产业，它包括电子信息产业、软件产业、机器人产业、无人机产业、"互联网+"产业等高端产业。与传统产业相比，智能产业具有高科技、高效能、高品位、低消耗、低污染的特点，是引领经济社会发展的新兴产业。

最适合智能产业发展的地方是最能吸引高端人才、最能聚集科技资源、最能形成创新氛围的区域。开封虽然不是一、二线特大城市，不可能像北京、上海、广州、深圳那样，发展成智能产业高度聚集的大都市，但它可凭借自身的古都、文化和科教优势，在辖区内打造出一块最适合某些智能产业发展的宝地，形成相对优势，争取拿到"单项冠军"。开封滨河地带可凭借其生态优势、文化优势、古都优势、科教优势，集中力量培育和引进一批独具特色的智能产业。

滨河旅游业：滨河地带本身就是得天独厚的旅游资源。一睹黄河风貌，是许多游客的夙愿。如果将滨河地带的河道景观、湿地景观、园林景观、堤岸景观、特色小镇景观、都市文化景观等景观元素集中叠加在一起，就会形成特色鲜明、韵味独特、功能叠加、超值享受的旅游胜地。

旅游产业是亲身体验、愉悦心灵、精神消费的产业。随着人们生活水平的提高和休闲时间的增多，该产业会不断地拓展发展空间，提升价值品位，深化文化内涵。开封滨河地带的旅游产业要从景区的打造着手，以品位的提升出彩，以内涵的不断丰富发展壮大。如果开封滨河地带通过发展旅游业每年能吸引1000万名游客，且每个游客平均消费1000元，就会带来100亿元的旅游收益。

滨河多功能特色养老业：我国进入老龄化社会后，养老产业进入发展的快车道。目前，养老产业在各地以不同形式兴起，但多数处于层次偏低、功能单一、经营粗放的状态。老年人的需求是多方面、多层次的，只有满足他们不同方面、不同层次的各种需求，养老产业才能实现可持续发展，成为有魅力的新兴产业。

开封滨河地带具有发展特色养老产业的相对优势。主要是：①滨河而居，有水有林，有花有草，环境优雅，视野开阔，活动空间大，可满足老年人闲居散心的需要；②紧靠开封、郑州两个大城市，可使居住者直接享受都市交通、购物、医疗、文化娱乐的便利；③该地带处于郑州大都市区的核心区域，文化氛围浓厚，科教资源丰富，是老年人养心益智的理想之地。发展多功能、有特色的养老业，可从养老庭院的园林化、服务功能的多样化、养老文化的高品位等方面入手，以优美恬静的环境吸引人，以周全舒适的服务体贴人，以尊老敬长的文化感动人。

(二）谋划项目载体，擦亮黄河名片

黄河流域生态保护和高质量发展是一项系统工程，涉及面极广。不仅要做好生态环境保护的大文章，还要统筹生态资源，谋划绿色项目，做好高质量发展工作。对于开封来说，保护、传承、弘扬好黄河文化，就要找准自身定位，把文化和生态融合起来，把保护和利用结合起来，把事业和产业统筹起来，着力在重点环节、关键领域上实现突破。

目前，开封已经在项目建设上起步，积极谋划了"一带、一馆、一城、一中心、一讲述地"等项目载体，具体内容是："一带"即沿黄生态廊道示范带，以生态为基、文化为魂，打造一条集绿色生态、文化展示、休闲娱乐、科普研究于一体的复合型生态廊道，进一步树立和谐共生的生态智慧；"一馆"即黄河悬河城摞城展示馆，打造自然黄河悬河奇观展示地，展示开封"依水而生、因水而兴、因水而衰"的历史文脉，彰显百折不挠、生生不息的斗争精神；"一城"即宋都古城，加快实施宋都古城保护与修缮工程，更好地传承弘扬上承汉唐、下启明清的宋文化，着力打造"黄河明珠、八朝古都"，激发同根同源、革故鼎新的家国情怀；"一中心"即国际黄河文化交流中心，依托千年铁塔、百年河大和明清古城墙，打造黄河国际文化论坛永久会址，提升兼容并蓄的开放格局；"一讲述地"即东坝头中国共产党治黄故事讲述地，深入践行习近平总书记在开封视察时的重要指示精神，大力弘扬焦裕禄精神，打造国家红色基因传承教育基地，进一步砥砺民惟邦本的为民初心。

下一步还要继续围绕河南省构建"一核两极多点"沿黄国家大遗址公园走廊，建设黄河流域开封段地标景观和建筑，围绕黄河故事，推出系列新型文艺作品，打造黄河新IP，在保护中传承，在创新中转化，做活、做热黄河文化。

(三）发展高质量的全域生态文化旅游产业

开封市作为著名的文化旅游城市，市域范围内的历史文化景点游、园林游数量多且规模大，但是由于旅游模式单一、文旅产品相对低端化，门票收入仍然是旅游收入的核心部分，景区周边的住宿、餐饮、购物的发展能力明显不足。由于门票价格相对高，限制了经常性游客的数量和消费水平，也导致更多的外地游客不选择到开封来。大旅游和全域旅游已经成为国内外一些地区成功的经营模式，对提高旅游服务质量、增加城市旅游收入具有重要意义。因此，开封市旅游也需要拓宽视野和范围，突破景区相对集中、产品和服务相对单一的局限，发展高效联通、服务优良的城市旅游综合体。

首先，可在城市北部黄河生态带建设新的集生态、娱乐、文化于一体的旅游区，在荒地和滩涂上加大生态建设力度，形成各类生态长廊和绿道。例如，可依据季节的变化种植柳树、桃花、油菜花、菊花等，形成不同的景观带。其次，从黄河引水开挖人工沉沙湖，河沙堆积后可修建生态绿岛，采取轮换开闸放水的形式，湖底沙土可定期开挖利用；在岛上设置系列休闲娱乐设施，吸引郑州及周边城市的居民在节假日到黄河开封段旅游区游玩，形成集休闲、购物、文化艺术观赏于一体的繁荣旅游市场。最后，可以将开封市内的文化旅游元素融入黄河生态带旅游区。例如，修建汇集清明上河园、包公祠、天波杨府、翰园的简易式旅游园区，并对各景点的特色和文化价值进行文字和图片宣传，使到黄河游览区的游客对开封市内的景点有初步的了解和认识，从而将市内历史文化园林作为旅游的第二站。以全域旅游的观念形成开封旅游的连锁效应，延长游客在开封的停留时间，增加市内住宿和餐饮的消费总额。采取线上线下融合的方式拓展开封市文化旅游业，例如，制作开封旅游景点宣传纪录片，创建开封文化创意产品在线直销店，通过展示和销售具有开封文化历史概念的商品，提升开封对外知名度，为旅游业全面发展开创空间。

（四）创建森林城市模式

2019 年，开封市绿地覆盖率只有 36%[1]，在河南省 18 个地市中排

---

[1] 数据来源：《中国城市统计年鉴 2020》。

末位。且分布不均匀，东北部清明上河园、龙亭公园、万岁山一带城市植被相对集中，南部和西部区域植被数量少，尤其是缺乏储水能力强的高大乔木，街道及小区树冠覆盖率显著偏低。绿化面积不均匀影响城区小气候环境，不利于空气中颗粒物的吸附和城市储水，不利于生态宜居生活社区的建设形成，对城市土地升值和人才引进也造成负面影响。实际上，国内外学者研究发现，城市绿地覆盖率超过40%才能够维持良好的生态循环。另外，生态资源不足限制了开封市全域旅游的发展，在城市生态和基础设施建设存在显著不均衡的前提下，旅游区之间的衔接互动也会变得更加困难，难以实现南北区历史文化旅游和生态旅游的有机衔接。

因此，未来开封市在继续维护原有林地、草地和湖泊的同时，需要依托水资源优势，建设培育新的生态绿地，积极利用丰水期黄河水资源，合理开发开封市地下水资源，形成河湖渠一体化的网状城市水系，连通清明上河园、包公湖、金明池水系，起到相互串联、调节余缺的作用。在南部禹王台和顺河回族区可开挖新的人工河湖，沿湖设置生态绿道、观光走廊，种植景观树木和草坪，提升老城区生态景观水平，实现城市生态建设的整体协调一致性。在西部城区拓展森林绿化面积，在原有荒滩空地上建设经济林带，种植相对耐旱的杨树和桐树，在获取经济效益的同时，起到防风固沙、调节气候的作用。遵循海绵城市的理念，更多地铺设透水砖，完善城市雨污分流系统，提高水资源节约集约利用程度。

从开封城墙到绿博园、野鸭湖一带可规划建设森林公园和湿地保护区，森林公园中设置娱乐休闲设施，建立郊区生物博览园，为郑州都市圈内城市儿童提供亲近大自然、了解动植物生活习性的外部课堂。湿地保护区作为从森林到河流的过渡带，可以起到净化水源、维护生物多样性的作用，在存在污染型生产企业的城郊区域，尤其需要通过湿地建设防止污染向黄河扩散，实现可持续、低成本的自然水净化的效果。在生态保护的同时，为缩小城乡差别、实现乡村振兴，可在湿地和公园周边开辟生态采摘种植园，借助生态观光旅游提高城市周边农户的家庭收入。可从黄河滩区开始建设环城生态绿道，绿道向市内延伸，环绕河湖和绿岛，绿道可采用统一风格建设，设置标志性路灯和休闲设施，鼓励市民在节假日沿绿道骑自行车或步行，体验城市慢生活。

（五）发展循环经济，建立静脉产业园

产业园区具有设施共享、资源集约、废弃物统一处理的优势，尤其是一些污染排放量大的企业（如煤化工、电力、冶炼、建材企业）适合向园区集中，向城市郊区搬迁。开封市当前空气污染相对较少，压力较大的是水污染治理，城市污水处理厂日处理能力有限。不同行业的水污染类型各不相同，将同类产业聚集在一起，针对污染物种类和含量进行集中处理，其效果要好于城市公共污水处理厂统一治理。水污染也同土壤污染直接相关，尤其是污水灌溉农田在污染土壤的同时也会造成农作物产量、质量降低甚至不能食用。开封市东区化肥河一带曾经发生类似事件，需引以为戒。发展循环经济是合理利用资源、减少工业废弃物排放的有效途径。开封市一些产业如食品加工、家具制造、煤化工都属于原材料加工型产业，生产过程中产生的副产品和废弃物可以被充分回收利用，因此要引进新技术，实现上下游产业间的协同合作，通过余热、废渣、边角料的循环利用，达到节能减排的效果。

另外，开封作为旅游和商贸城市，生活废弃物的积累量也是相当可观的，这些废弃物如果得不到良好的处置，不仅会影响城市形象，而且会威胁到居民健康。因此，开封市应该进一步推广生活垃圾分类和回收处置，借鉴日本、韩国、德国和国内上海等地的先进经验，通过合理的奖惩政策推动以街区为单位的生活垃圾分类处理，增建废弃物回收利用企业，提高城市垃圾日处理能力，开展垃圾焚烧发电、废弃物制砖和制沼气等项目。电子产品、家具、建材等废弃物的处置也是当今的朝阳产业之一，开封市可以在相对开阔的城市郊区建设静脉产业园，收集郑州及周边城市的生产生活废弃物，进行集中拆解和回收再利用；同各类大企业开展业务往来，例如为澳柯玛、宇通、华为等生产商提供二手元器件，或在产业园内设置各大厂商的产品回收站，进行废旧电子产品的分类高效回收，并借助大生产企业的研发能力，用先进适用性技术提高废弃物回用的效率和质量。通过静脉产业园的建设促进中原都市圈内废弃物再利用，在保护生态环境的同时，可以实现更好的产出和就业效应。

（六）推进城市能源环境优化转型

2018年，开封市可再生能源消费比重只有7%，低于全国15%的平均水平，而且随着国家新能源目标任务的进一步提高，开封市将面临更大的发展压力。因此，有必要深入挖掘本市可再生能源的开发潜力。

（1）在大型商超、酒店推行地源热泵，小区住户联合安装地源热泵设施。政府可以给予一定的政策补贴，以降低地源热泵的使用成本。也可以采取合同能源的方式，由企业和住户共同承担设备安装成本，分享清洁能源收益。注重地热资源开采的环境效益，尽可能使用只采热、不取水的地热资源开发技术，对于必须抽水的地热开发项目，需要注意资源的补偿修复，及时、精准回灌清洁地下水，以免对地下水环境、地质环境造成破坏。挖掘农村地区地热资源的开发潜能，利用地热资源发展特色农业，在农村地区推广集中地热供暖、地热种植和养殖大棚，依托资源优势更新种养品种，促进农业附加值的提高。在地热资源丰富的区域还可以进行地热发电，实施地热能、风能、太阳能互补供应策略。除此之外，地热资源还可以为开封市旅游业助力，以温泉假日酒店、温泉养生会馆等方式为开封市观光农业增添新内容，提高开封旅游产业对外吸引力，拓展旅游业务范围，使健康和生态概念成为旅游业发展的新亮点，逐渐形成开封市"生态、康养、旅游"的品牌效应。

（2）推进农村地区能源消费转型进程，争取实现90%的村庄通天然气供应管道。建造公共沼气池，实施原材料有偿供给、沼气有偿使用政策，安排专门的管理人员、技术人员进行运营维护。有地热资源的村庄也可以统一建设地源热泵供暖设施，地热资源不足的可以发展地热、电、沼气互补式供暖。鼓励农户种植高产油料作物，开展农村生物质柴油、生物质酒精项目，以质提效，实现农户增收和能源结构转型。

（3）开发利用太阳能资源，鼓励有条件的居民安装屋顶光伏设施，除自己家庭使用之外还可以通过分布式能源互联网向国家出售。利用黄河滩区荒地资源安置光伏设施、风机进行发电，光伏板下可以种植牧草、农作物以提高经济价值，沿滩区建设耗能型企业以实现电力资源就地消纳。大力发展以风能、太阳能为主体的分布式清洁能源，实现对煤炭、石油等不可再生能源的替代。建设可再生能源互联网，及时消纳分散供电户的电力资源。推进城市产业结构优化升级，整合小散化工、造纸、食品制造企业，实现产业集群化、规模化发展，以更好地达到节能增效的目标。

从城市环境建设方面分析，需以生产减排和生活垃圾回收利用为着力点，推进城市生态环保建设进程。

第一，从生产端管控各类污染排放。定期监督检查高排放企业的环保措施实施情况，排查风险隐患，防范重大环境风险事故的发生。重点监控煤化工、金属冶炼、建材等行业的废气排放，淘汰35蒸吨以下燃煤锅炉，强制企业安装先进的脱硫除尘设备。推进高污染企业向城外搬迁、向园区搬迁，要求企业在进入园区以前制定并上报污染减排方案，入园生产过程中组织相关部门进行监管，对不执行方案的企业按照违规违法处置。

第二，采用新的技术和管理方法进行城市节能环保改造。在实行财政金融奖惩政策之外，试行排污权交易，增进企业控制污染的积极性。对高耗能、高污染企业进行重点监管，督促当前年耗能万吨以上的生产企业采用节能技术，实施生产智能化改造，促使其更加集约节约地利用能源。加快晋开煤化工公司煤制油、煤制气工程的探索实践，逐渐降低直接燃煤供能的份额，增加油气资源的生产消费量。

第三，提高生活端污染的管控能力和废弃物回收能力。加强对建筑、道路扬尘的治理力度，采取绿化、洒水、覆盖保护膜的方式控制粉尘。提高生活废水和生活垃圾的回收利用率。为节约土地资源，可考虑建设地下污水处理厂，在城市郊区增建生活垃圾无害化处理厂。开展垃圾焚烧制砖、发酵制沼、发电工程，实现环境保护和经济发展的双重目标。

(七) 发展智能产业，建设数字城市

在信息化时代，数字城市建设是提高城市运行效率、增进居民居住便利度的有效途径。开封市具备互联网、大数据平台应用的优势条件。

(1) 开封市地理位置靠近省会郑州市，在信息网络建设方面更便于实现同城化。例如，郑州的5G站点、信息技术行业的人力资源都更容易与开封协同共享。

(2) 开封市具备数字城市建设的广阔市场。开封市在旅游、教育、医疗等服务行业都具备显著的规模优势，对这些行业进行智慧化、信息化改造，不仅可以提升行业的对外开放度，扩大市场规模，而且能够以此带动交通、城市管理、商贸等提质增效，通过大数据平台和万物互联推进开封市现代化进程。黄河数字化管理也是当前信息技术应用的方向之一，开封市可同黄河上下游城市带协同共建黄河数字化管理中心，对黄河水资源总量、水质状况、水安全隐患进行系统研究和信息共享，以更科学地保护和利用黄河水资源。

(3) 开封市具备人力资源优势。河南大学、开封大学等高校资源可为数字城市建设提供内部技术支撑；城市对外与阿里、华为、腾讯也有一定的项目和人员往来，可在数字技术的应用推广方面获得有效的帮助。

(4) 开封市数字城市建设具备坚实的政策保障和支持。各领域信息平台建设是开封"十三五""十四五"规划的重要内容，在开封市政府部门的推动下，启封故园运营部、河大一附院都对智慧养老、智慧医疗进行过前期的规划探索，并建成和在建数个项目。可以在此基础上，将大数据和"互联网+"应用于各个地区和领域。例如，在朱仙镇打造信息化农业园区，实现生产管理的自动化操作；在黄河游览区发展智慧旅游和交通，为旅游添加现代元素，提升游客的观光满意度；对城市重点耗能及污染企业实施生产智能化改造和在线监管,逐步提高生产的精益化程度,降低对资源环境的负面影响;在开封市内各中小学推广信息化教育,通过多媒体教学、在线授课等方式扩大学生的视野,提高教学质量,将开封市教育产业打造成为省内外知名品牌,提升城市对外影响力和吸引力。